权威·前沿·原创

皮书系列为

“十二五”“十三五”国家重点图书出版规划项目

BLUE BOOK

智库成果出版与传播平台

文化产业蓝皮书
BLUE BOOK OF CULTURAL INDUSTRY

北京文化产业发展报告（2021）

ANNUAL REPORT OF BEIJING CULTURAL INDUSTRIAL DEVELOPMENT (2021)

研　创 / 北京文化产业与出版传媒研究基地
主　编 / 王关义
副主编 / 李治堂　付海燕　佟　东

社会科学文献出版社
SOCIAL SCIENCES ACADEMIC PRESS (CHINA)

图书在版编目(CIP)数据

北京文化产业发展报告.2021/北京文化产业与出版传媒研究基地研创;王关义主编.--北京:社会科学文献出版社,2022.1
(文化产业蓝皮书)
ISBN 978-7-5201-9630-7

Ⅰ.①北… Ⅱ.①北… ②王… Ⅲ.①文化产业-产业发展-研究报告-北京-2021 Ⅳ.①G127.1

中国版本图书馆CIP数据核字(2022)第006501号

文化产业蓝皮书
北京文化产业发展报告(2021)

研　　创/北京文化产业与出版传媒研究基地
主　　编/王关义
副 主 编/李治堂　付海燕　佟　东

出 版 人/王利民
组稿编辑/周　丽
责任编辑/王玉山
文稿编辑/李惠惠　王　娇　李小琪　刘　燕
责任印制/王京美

出　　版/社会科学文献出版社·城市和绿色发展分社(010)59367143
地址:北京市北三环中路甲29号院华龙大厦　邮编:100029
网址:www.ssap.com.cn
发　　行/社会科学文献出版社(010)59367028
印　　装/天津千鹤文化传播有限公司

规　　格/开　本:787mm×1092mm　1/16
印　张:15.75　字　数:235千字
版　　次/2022年1月第1版　2022年1月第1次印刷
书　　号/ISBN 978-7-5201-9630-7
定　　价/128.00元

读者服务电话:4008918866

学术委员会

研创单位简介

为了更好地服务北京文化中心建设和国家及北京市出版传媒产业改革发展，支撑学校建设特色鲜明、高水平出版传媒大学的发展目标，在北京文化安全研究基地、北京出版产业与文化研究基地的基础上，整合学校在文化产业管理、传媒经济与管理、数字出版与传播等学科领域的研究资源及优势，组建了北京文化产业与出版传媒研究基地。基地致力于成为北京文化产业发展领域的研究中心、咨询服务中心、信息资源中心和学术交流中心。北京印刷学院王关义副校长担任基地负责人和学术委员会主任，中国人民大学新闻学院胡百精教授担任基地首席专家，学术委员由来自清华大学、中国人民大学、北京师范大学、对外经济贸易大学、北京交通大学、北京工商大学、北京信息科技大学、国家新闻出版署、商务印书馆、中国新闻出版传媒集团、中国新闻出版研究院等机构知名专家、教授组成。基地下设文化产业创新发展研究、出版传媒产业升级与融合发展研究、数字出版与传播研究三个方向，汇集了以来自校内外的50多名中青年为主体的研究人员。学校新闻传播学、工商管理、传媒经济与管理、出版学以及会计硕士、出版硕士、新闻传播硕士等学科和硕士点对基地研究方向形成坚实支撑。围绕基地三大研究方向，形成了文化创意产业创新发展研究团队、文化产业安全研究团队、出版传媒产业升级与融合发展研究团队、数字出版与传播研究团队、印刷产业发展研究团队等研究团队。

《北京文化产业发展报告（2021）》
编　委　会

主要编撰者简介

王关义 北京印刷学院党委常委、副校长兼研究生院院长，教授，管理学博士，博士生导师。先后在兰州大学、汕头大学等高校任教，曾被共青团中央和国家教委选拔为优秀青年教育工作者公派赴日本留学访问、被北京市委组织部派赴内蒙古武川县挂职任县委常委、副县长。曾在《人民日报》《光明日报》《新华文摘》《经济要参》《经济管理》《中国行政管理》《中国出版》《出版发行研究》《现代出版》等报刊上发表学术论文260余篇。在人民出版社、高等教育出版社、清华大学出版社等出版学术专著和教材50余部，主持国家社科规划基金、国家教委留学回国人员科研启动项目、国家软科学重大项目、北京市哲学社会科学规划项目、原国家新闻出版广电总局重点项目等国家及省部级科研项目20余项。获得全国新闻出版行业领军人才、首届北京新闻出版行业领军人才、北京市拔尖创新人才、北京市教学名师、北京市长城学者、北京高校育人标兵、北京市级优秀教学团队带头人、首都教育先锋集体带头人等荣誉，曾被广东省人民政府授予“南粤教书育人优秀教师”称号。兼任教育部新闻传播学类本科教学指导委员会委员、教育部全国卓越新闻传播人才教育指导专家委员会委员、教育部全国新闻出版职业教育教学指导委员会委员、全国高校出版专业教学指导委员会常务副主任委员、中国企业管理研究会副会长等。

李治堂 北京印刷学院经济管理学院院长，教授，管理学博士，硕士生导师。2005年入选北京市中青年骨干教师，2008年被评为北京高校优秀共产党员，先后获得学校教学名师奖、雅昌教育奖。主持5项省部级和校级教学改革项目，获得校级优秀教学成果奖一等奖1项（排名第一）、二等奖2项（排名第一）、市级优秀教学成果奖二等奖1项（排名第一）。主持国家社科基金，教育部、北京市社科基金等省部级项目以及行业协会等委托项目10余项，发表学术论文80多篇，出版著作、教材20余部，《中国印刷业发展研究报告》获教育部高等学校科学研究优秀成果奖三等奖。主要研究方向为传媒产业经济、出版印刷产业发展等。

付海燕 北京印刷学院科研处副处长，教授，经济学博士，硕士生导师。曾在《统计研究》《世界经济研究》《出版发行研究》《科技与出版》等刊物上发表学术论文30余篇。在人民出版社、知识产权出版社等出版学术专著和教材10余部，参与或主持国家社科基金项目、北京市哲学社会科学规划项目、原国家新闻出版广电总局重点项目等国家及省部级科研项目10余项。

佟 东 北京印刷学院经济管理学院讲师，传媒经济学与管理、工商管理、会计专业硕士生导师，理论经济学博士。曾在《东北亚论坛》《科学·经济·社会》《产经评论》《兰州学刊》《上海文化》《新华文摘》等核心期刊发表论文20余篇。在经济科学出版社、经济管理出版社、北京交通大学出版社出版专著5部。主持北京市社科联、北京市教委、原国家新闻出版广电总局、北京印刷学院等科研项目10余项。主要研究方向为文化贸易、文化产业发展、文化软实力、创意创新管理等。

摘　要

本书聚焦服务北京文化中心建设和国家及北京市出版传媒产业的转型升级发展，整合学校研究资源，明确研究方向，针对北京市和行业发展重大需求和关键问题开展跨学科研究。本书在研究讨论后，形成了相对固定的选题方向，每年按照基本相同的框架组织编写并连续出版，根据文化产业发展及研究成果不断优化调整。这些研究方向是：北京文化产业统计与结构优化研究、北京全国文化中心建设及国际比较研究、北京文化消费及公共文化服务体系研究、北京文化产业发展政策研究、北京文化产业融合发展研究、北京文化产业创新发展指数研究、北京文化产业上市公司发展研究、北京文化产业安全与评价、北京文化软实力与文化传播研究、北京文化产业发展相关开放式研究。

本书研究成果聚焦北京全国文化中心建设和文化产业高质量发展，以文化产业核心层为重点研究对象，包括总报告、政策篇、行业篇、专题篇四个部分，并且突出出版传媒业在文化产业中的地位，将出版传媒研究融入文化产业研究，点面结合，关注理论和实践前沿进展，强调研究原创性、科学性和实践性，为政府决策提供咨询参考。

总报告系统阐述了2020年北京文化产业在整体规模、产业结构、企业经营、产业融合、文化消费、产业集聚、文化贸易、相关政策方面的发展现状，根据发展现状提出北京文化产业发展存在的问题，同时提出针对性对策建议。政策篇通过对比分析北京与其他世界性文化中心在文化产业政策、公共文化服务体系打造、文化产业集聚等方面的协同发展情况，发现北京文化中心建设中现存的问题，结合国际经验，助推北京城市文化品牌建构和城市文化传播能力的提升，并尝试提出北京打造全国文化中心的建设性方略。行业篇以新闻出版业和文化产业上市公司为研究对象。其一，通过新闻出版创新发展指标体系对2015～2019年我国新闻出版业的创新发展条件以及创新发展质量表现，从创新发展基础、产业主体结构、创新发展资源、创新发展环境、创新产出、发展质量、社会绩效、经济绩效等八个方面进行分析评测，以期为新闻出版业的高质量发展提供助力。其二，通过对北京市文化及相关产业上市公司发展环境、发展现状进行研究，构建文化及相关产业上市公司综合能力评价指标体系，对上市公司综合能力进行评价。专题篇分别对北京文化产业统计与结构优化、文化产业安全进行了研究。研究认为要充分利用区域优势资源、调整行业内部结构以及加大文化宣传力度，另外，北京文化产业所处的国内环境、对外竞争力、对外依存度和产业控制力，对维护北京市文化产业安全是有利的。

关键词： 文化产业　新闻出版业　上市公司　产业安全

目 录

Ⅰ 总报告

Ⅱ 政策篇

Ⅲ 行业篇

Ⅳ 专题篇

皮书数据库阅读**使用指南**

总 报 告

General Report

B.1
北京文化产业发展总报告（2021）

李治堂　张露丹*

摘　要：本报告系统阐述了2020年北京文化产业在整体规模、产业结构、企业经营、产业融合、文化消费、产业集聚、文化贸易、相关政策方面的发展现状，指出北京文化产业发展目前存在产业发展不平衡、高质量文化供给仍然不足、文化产业人才存在流失现象等问题，同时提出针对性对策建议：完善文化经济政策体系，优化文化产业结构布局；积极培育多元化市场主体，加大高质量文化产品供给力度；注重文化产业人才建设，打造文化产业优秀人才高地；加强文化产业市场监管，推进相关行业规范化建设；推动文化产业数字化与融合发展，促进文化市场消费；深化文化产业对外交流，全方位提升文化影响力。

* 李治堂，博士，北京印刷学院经济管理学院院长，教授，硕士生导师，主要研究方向为传媒产业经济、出版印刷产业发展等；张露丹，北京印刷学院经济管理学院硕士研究生，主要研究方向为工商管理。

关键词： 文化产业 产业融合 产业结构 高质量发展 北京市

2020年9月17日，习近平总书记在湖南省长沙市马栏山视频文创产业园进行调研时明确指出，文化产业是朝阳产业，大有前途。作为全国文化中心，北京的文化产业发展势头强劲，资源集聚效应显著，在我国经济发展动能转换的关键时期，文化产业支撑首都经济社会高质量发展的责任更为重大。

2020年，“十三五”规划正式收官，“十四五”规划翻开全新篇章。2020年初新冠肺炎疫情的突袭而至对文化产业的冲击巨大，上半年北京市规模以上文化产业企业营业收入大幅下降。随着疫情防控工作步入常态化，社会生产秩序稳步恢复，下半年北京文化产业规模保持扩大趋势，产业结构持续优化，企业经营状况逐渐改善，营业收入和增速都由负转正，“文化+”产业融合发展态势良好，产业跨界深度融合促使新业态不断涌现，文化消费转型使文化产品供给质量大幅提升，产业园服务功能逐步完善，社会效益不断凸显，文化贸易与对外交流持续发力，推动文化“走出去”进一步深化，为进一步推动文化事业和文化产业发展，健全现代文化产业体系和市场体系打下坚实的基础，但北京高质量文化产品供给不足、产业发展不平衡、行业从业人员流失、创新能力和国际竞争力不强等问题依然存在。

一 北京文化产业发展现状

党的十八大以来，文化产业的高质量发展进一步得到国家的重视，相关政策体系不断完善，文化供给质量不断提升，向成为国民经济支柱型行业的目标稳步迈进。近年来，北京牢牢把握全国文化中心战略定位，文化产业发展成果丰硕。在中国人民大学和新华社联合发布的“2020年中国省市文化产业发展指数”排名中，“十三五”期间北京均稳居第一位，2020年综合指数为88.94，创历史新高，文化产业高质量发展领跑全国。

（一）文化产业规模稳步扩大，整体实力全国领先

根据《北京统计年鉴2020》数据，2004～2019年，全市文化产业增加值稳步增加。2004年北京文化产业增加值为398.3亿元，2019年达3318.4亿元，2019年是2004年的8.33倍，相较“十二五”规划期末增幅达到了59%。2004～2019年，北京文化产业增加值年均增长15.2%，占地区生产总值的比重整体保持增长态势，2019年全市文化产业增加值占地区生产总值的比重达9.6%（见图1），比全国平均水平高5.1个百分点，占比稳居全国首位。

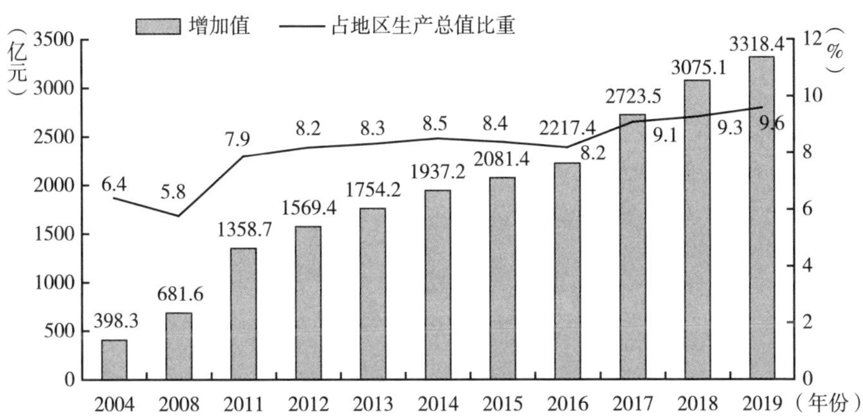

图1　2004～2019年北京文化产业增加值情况

资料来源：《北京统计年鉴2020》，中国统计出版社，2020。

2013～2019年，北京文化产业企业数量及资产规模整体上实现持续增长，发展态势良好。从全国占比情况看，2019年全市规模以上文化企业单位4831个，同比增长24.3%，占全国比重7.9%；企业平均用工人数稳中有增，2013～2019年平均每年增长4.7%，2019年达到54.8万人（见图2）；资产总计19020.3亿元，同比增长14.7%，全国占比达13.9%；营业收入12997.3亿元，同比增长18.6%，占全国的13.1%（见图3）。各指标总量及增速在全国遥遥领先于其他城市。除此之外，北京文化企业发展也走在全国最前列。2020年，完美世界、光线传媒、保利文化3家来自北京的文化企业获评“全国文化企业30强”，歌华传媒、北京演艺集团、四达时

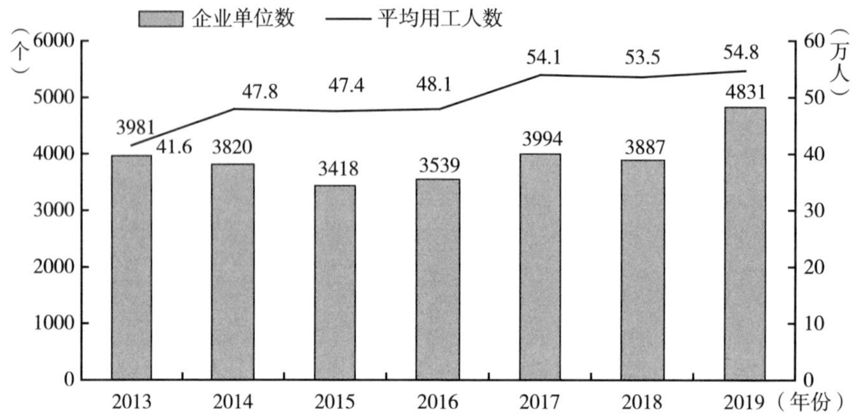

图 2　2013～2019 年北京规模以上文化产业企业单位数及平均用工人数情况

资料来源：《北京统计年鉴 2020》，中国统计出版社，2020。

图 3　2013～2019 年北京规模以上文化产业企业资产总计及营业收入情况

资料来源：《北京统计年鉴 2020》，中国统计出版社，2020。

代、掌阅科技 4 家企业获“全国文化企业 30 强”提名。国家文化出口重点企业、国家文化科技融合示范基地数量均居全国首位，文化领域独角兽企业数量占全国一半左右，上市企业全国占比超 30%。[①]

① 《本市文化领域独角兽企业占全国一半 文化产业增加值占 GDP 比重居全国首位》，北青网，2021 年 1 月 14 日，http：//finance. ynet. com/2021/01/14/3098388t632. html。

（二）文化产业结构不断优化，文化核心领域优势明显

近年来，北京文化产业结构持续优化，文化服务业营业收入所占地区生产总值比重逐年增加，文化核心领域优势明显。北京第四次全国经济普查数据显示，2018 年全市文化产业人均实现营业收入 121.2 万元，是全国平均水平的 2.6 倍。根据北京市统计局数据，2020 年，全市规模以上文化企业营业收入达 14209.3 亿元，同比增长 0.9%，在疫情冲击下实现正增长。文化核心领域支撑作用显著，全市规模以上文化核心领域收入合计 12986.2 亿元，同比增长 3.6%，占全市规模以上文化企业收入合计的 91.4%，比上年提升 2.3 个百分点；文化相关领域收入达到 1223.1 亿元，占比 8.6%，同比下降 20.9 个百分点。

从细分行业来看，2020 年新闻信息服务领域收入 4149.5 亿元，内容创作生产领域收入 2898.8 亿元，创意设计服务领域收入 3374.9 亿元，文化传播渠道领域收入 2459.0 亿元，上述四个文化核心领域细分产业共计收入 12882.2 亿元，占文化核心领域收入的 99.2%（见图 4），占全市规模以上文化企业收入总量的 90.7%，成为推动北京文化产业高质量发展的四大支柱产业，彰显了北京文化产业新旧动能转换中的生机活力。

2020 年，全球经济特别是消费主导的经济领域在新冠肺炎疫情的冲击下按下了暂停键，文化相关行业面临需求萎缩、市场下行的困境，人们的消费观念开始转变，文化市场消费结构出现大幅调整。从春节档影片《囧妈》版权被字节跳动买下，由院线放映转向线上播放开始，大量文化类实体消费借助互联网拓展了新的线上消费渠道，消费者将更多注意力放在了消费品质上，对高质量创新性内容的消费需求大幅增长。在这样的市场环境下，新媒体持续“挤占”传统媒体空间，数字出版发展劲头迅猛，包含新闻服务、报纸信息服务、广播电视信息服务、互联网信息服务的新闻信息服务以及包含出版服务、广播影视节目制作、创作表演服务、数字内容服务等在内的内容创作生产实现大幅增长，两大门类增长率分别达到了 12.9% 和 26.0%，对全市文化产业增长贡献最大。其余细分产业中，文化投资运营与 2019 年

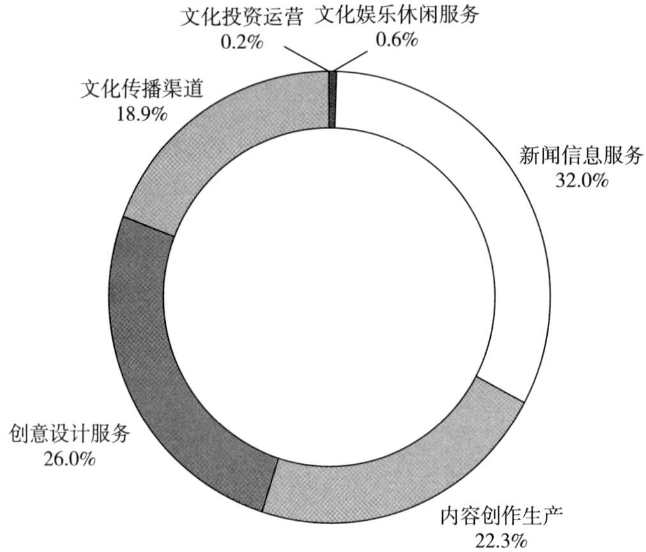

图 4　2020 年北京文化核心领域收入结构

资料来源：北京市统计局网站。

基本持平，无太大变化，但是文化传播渠道、文化娱乐休闲服务、文化辅助生产和中介服务、文化装备生产和文化消费终端生产出现了大幅下降，和上年同期相比下降幅度均超过 15%，尤其是文化娱乐休闲服务产业受疫情冲击最大，剧场、电影院等娱乐场所关停，文艺演出、各类展览大量取消，都对该产业造成巨大影响，导致整体营业收入比上年缩水近 1/3（见图 5）。

通过结构分析可以看出，北京文化产业体量巨大，但是产业内部存在结构性偏差，总体增长绝大部分依靠个别领域，各细分产业发展差距显著。

（三）文化企业经营状况逐渐好转，人均产出有所提升

受新冠肺炎疫情影响，2020 年第一季度我国文化产业受到较大冲击。根据国家统计局对全国 5. 9 万家规模以上文化及相关产业企业的调查，2020 年第一季度，上述企业实现营业收入 16889 亿元，按可比口径计算，比上年同期下降 13. 9%。在这样的社会经济背景下，2020 年上半年，北京文化产业发展情况同样走低，第一季度全市规模以上文化产业企业总营业收入为

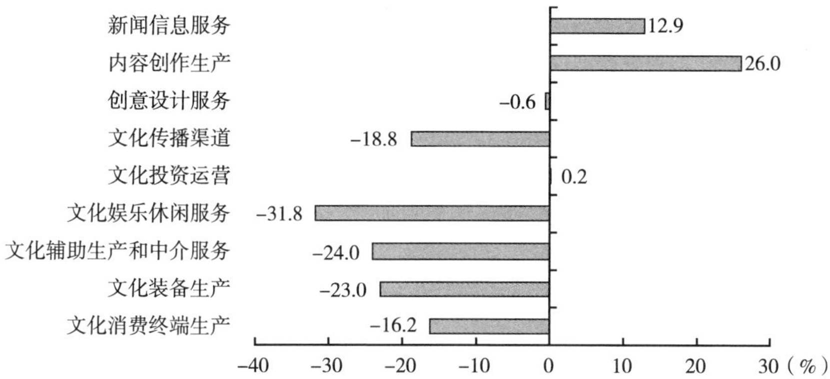

图5　2020年北京规模以上文化产业收入同比增长情况

资料来源：北京市统计局网站。

2609.8亿元，同比下降8.0%。但随着疫情防控工作取得显著成效，社会生产和市场需求逐步恢复，文化企业复工复产扎实推进，全年规模以上文化及相关产业企业营业收入降幅明显收窄，向好态势逐步显现。2020年下半年全市文化产业企业总营业收入整体上逐月增加，第四季度开始实现正向增长，最终全年总营业收入达到14209.3亿元，同比增长0.9%（见图6），在疫情冲击下实现逆势增长，进一步凸显了北京文化产业的韧性强劲，在一定程度上可有效抵御市场风险。

2018年国家对文化产业统计口径进行了调整，从业人员和产业收入指标都明显减少。从调整后的数据来看，2018年1～12月，北京文化产业从业人员平均人数为59.0万人，同比下降1.7%；2020年1～12月，全市文化产业从业人员平均人数为59.3万人，同比下降3.0%（见图7）。该统计数据表明，2018～2020年北京文化产业从业人数基本稳定，各期人数略有浮动，2020年总人数略有下降。虽然疫情导致一部分中小企业经营困难，就业岗位有所减少，但是北京规模以上文化产业企业收入总体实现增长。这反映出文化企业在劳动投入减少的情况下，通过增加技术和资本投入，行业内人均产出水平不断提高，劳动生产率有所提升。

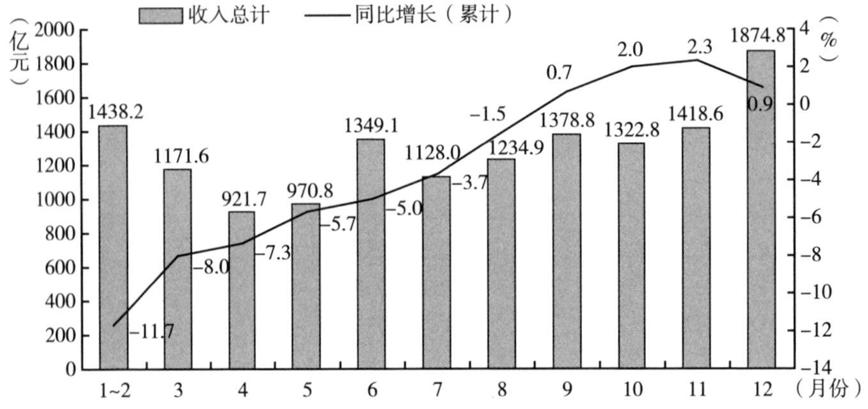

图6　2020年各月北京规模以上文化产业企业收入情况

资料来源：北京市统计局网站。

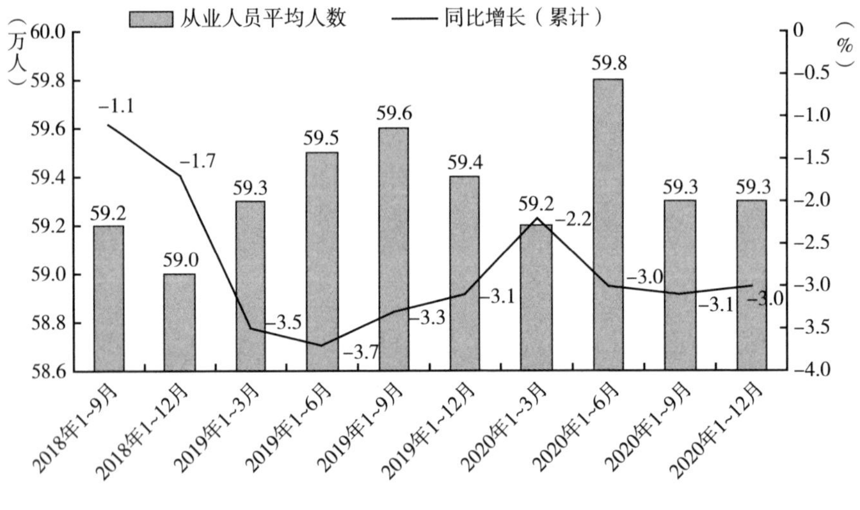

图7　2018～2020年北京规模以上文化产业从业人员平均人数情况

资料来源：北京市统计局网站。

（四）“文化+”产业跨界深度融合，新业态为发展注入新动能

近年来，北京大力实施“文化+”战略，积极培育文化新业态、新模

式，充分挖掘文化市场消费潜能，助力文化产业发展核心动能转换。网络直播、短视频、在线音乐等文化科技融合的新产品、新业态、新模式不断涌现，融媒体新技术、新平台集中亮相，网络游戏产业高速健康发展。2020年9月，第七届北京市文化融合发展项目合作推介会共签约80多个项目，总成交金额达611.58亿元，另有金融机构授信额度200亿元，实现文化产业和资本市场的有效对接。[①]“互联网+文化”模式正推动文化与科技、金融、旅游、体育、教育等相关产业深度融合，为产业发展注入全新动力。

科技为文化赋能，催生新业态。北京利用5G、大数据、AR、VR等新技术积极打造文化新产品，用户体验不断升级。在新技术的助力下，“5G+8K”高清体育赛事转播、国际云转播公司组建、超高清电视技术创新应用实验室建设、智慧广电重点实验室认定等科技创新项目落地，国家和市级文化科技融合示范基地建设喜获新成果。除此之外，北京积极布局电竞等文化体育融合新业态，营造新业态发展的良好环境，加大新媒体宣传力度，获得全方位赞助，不断提升“电竞北京”等品牌影响力，吸引核心资源在京聚集，有效推动电竞行业发展，为文化产业发展开发新场景、激活新潜能。“十三五”期末，全市规模以上“文化+科技”型企业实现营业收入占全市比重超过一半，多媒体游戏动漫、数字出版软件开发、其他文化数字内容服务等文化新业态特征较为明显的16个行业小类营业收入实现逆势增长，发展势头强劲。[②]

北京数字内容行业发展迅猛，头部产品带动市场增长，有效拓展新的消费空间。疫情防控常态化时期，线上文化消费需求猛增，动漫游戏、网络视听等行业成绩显著。在动漫游戏方面，2020年北京动漫游戏产业总产值突破千亿元大关，达1063亿元，增幅为32%，约占全国动漫游戏产业总产值的19.3%[③]，从数据来看，北京已成为全国动漫游戏行业重要的研发中心和

① 《北京文化融合发展项目合作推介会签约金额超600亿元》，中国新闻网，http：//www.chinanews.com/cj/2020/09-08/9286001.shtml。

② 《六类文化新业态营收增速均超20%》，中国经济网，http：//www.ce.cn/xwzx/gnsz/gdxw/202010/31/t20201031_35957970.shtml。

③ 参见北京动漫游戏产业协会网站，http：//www.bagia.org.cn。

最大的出口地。在网络视听方面，长、短视频发展迅速，用户规模显著扩大。截至2020年第三季度，抖音、快手、西瓜视频三家的月活跃用户量合计达到8亿，同比增长12%，囊括抖音、西瓜视频、今日头条等子项目的龙头企业字节跳动，2020年营业收入较2019年增长一倍多，达到370亿美元左右。此外，截至2020年11月11日，北京影视企业数量达11.6万家，稳居全国榜首。[①] 在数字阅读方面，内容传播渠道更加多元化，变现能力有所增强。基于庞大的数字阅读用户群体，在2020年"国内十佳数字阅读城市"评比中，北京仍榜上有名。掌阅科技、中文在线等头部京企营收和净利润同比均出现不同程度增长。数字创新正在不断赋能文化发展，引领北京文化产业提质升级。

文化和金融对接，助力文化产业腾飞。为扶持文化企业发展，北京建立健全"投贷奖"支持体系，举办投融资沙龙活动，携手华夏银行、北京银行、北京农商银行等金融机构搭建文化金融服务平台，推出"京彩文园""京杭通惠"等特色文化金融产品满足不同企业的发展需求，设立文化企业孵化基地，积极创建国家文化与金融合作示范区，形成"优政策、搭平台、建体系、强服务"的"文化+金融"北京模式。除此之外，北京还拨出20亿元"京文通"专项额度扶持文化企业，有效降低文化企业融资成本，增大融资总量，优化产业资本结构，扩充融资渠道，扎实为文化企业做好金融服务保障工作。2020年上半年，北京金融业向企业减负让利约412亿元，中小微文化企业融资的获贷率、首贷率、信用贷款率均大幅提升，企业贷款利率及不良率有所下降。[②]"十三五"期间，"投贷奖"政策惠及超2000家文化企业，融资成本降低31.5%，拉动民间资本逾1000亿元，全市文化产业新增人民币贷款金额和户数均超过"十二五"时期的两倍。[③] 2019年，

---

① 《北京动漫游戏产业总产值破千亿元》，北青网，2021年3月17日，https://t.ynet.cn/baijia/30522350.html。

② 《北京将提高小微企业融资获贷率》，北青网，2020年9月8日，https://t.ynet.cn/baijia/29557697.html。

③ 《北京将推出"投贷奖"风险补偿　加大文化企业融资支持》，中国新闻网，2020年2月19日，http://www.chinanews.com/cj/2020/02-19/9097577.shtml。

全市文化产业共发生融资事件472起，占全国的23%，资金流入规模达725.51亿元，占全国的25.4%。全年共发生文化产业并购事件34起，涉及资金规模155.99亿元，并购规模位居全国榜首。[①]“十三五”期末，北京上市文化企业占全国三成[②]，越来越多的社会资本流入文化产业，为文化产业发展的腾飞插上“金翅膀”。

文旅深度融合释放消费潜力。受疫情影响，2020年北京接待旅游总人数1.84亿人次，比上年下降42.9%；实现旅游总收入2914亿元，下降53.2%。接待国内游客1.84亿人次，下降42.3%；国内旅游总收入2880.9亿元，下降50.9%。接待入境游客34.1万人次，下降91.0%；国际旅游收入4.8亿美元，下降90.7%。全年经旅行社组织的出境游人数47.2万人次，下降90.3%。[③] 从数据趋势看，2020年北京旅游业尤其是国际旅游相关产业受损严重，但第三季度开始回升，第四季度进入全面恢复阶段。以国民消费为基础的大众旅游需求从未消失，数字化驱动的智慧旅游一直在创新，出境游难以实现的同时，也给境内游带来了新的发展机遇。受疫情影响，北京各大景区在疫情防控常态化下实行了游客限流、预约购票、错峰出行等措施，加速了智慧旅游建设进程。同时，北京市文化和旅游局推出天安门广场、卢沟桥、宛平城等15家全国红色旅游经典景区，利用红色资源打造全新的旅游线路，将党史教育、红色文化传承融入旅游消费，实现了文旅产业提质升级。除此之外，北京市文化和旅游局于2020年发布了“首批北京市文化旅游体验基地”名单，16个具有代表性、创新性和市场号召力的文化旅游资源场所被认定为北京市首批文化旅游体验基地。未来北京将打造100个文化旅游体验基地，重点开发沉浸式体验场景，有机结合文化资源和旅游需求，全面推动北京文旅产业高质量发展。

---

① 北京市国有文化资产管理中心与中国传媒大学文化产业管理学院：《北京文化产业发展白皮书（2020）》，2020年11月。

② 《“十三五”期末，北京上市文化企业占全国三成》，北青网，2021年1月14日，http://t.ynet.cn/baijia/30231432.html。

③ 《北京市2020年国民经济和社会发展统计公报》，北京市统计局网站，2021年3月11日，http://tjj.beijing.gov.cn/tjsj_31433/sjjd_31444/202103/t20210311_2304370.html。

文化要素推动体育产业多元化发展。2020 年，北京世园公园相继举办马拉松、徒步大会、斯巴达勇士赛、草莓音乐节、北京国际花园节等一系列文化体育活动，打造活动品牌知名度，提升业内影响力。同时，利用工业旧址改造而成的运动公园首钢园区也于2020 年10 月1 日正式开业，作为2022 年冬奥会北京城区唯一雪上项目比赛场地，首钢园已建有短道、花滑、冰壶、冰球4 个冰上场馆，以及滑雪大跳台、首钢极限公园、空中步道等场地设施，可承办世界极限运动会、攀岩世界杯、全国滑板锦标赛等赛事。除此之外，冬奥元素也带动了“文化＋体育”融合。作为全世界首个“双奥之城”，北京将首都文化特色、奥林匹克精神融入各项体育运动和赛事，宣传冰雪文化，以冬奥为契机推动文体旅产业繁荣发展。2020 年，北京举办了北京市青少年冰雪项目 U 系列冠军赛等一系列冰雪赛事，同时发布 30 余条冰雪旅游线路，涵盖冰雪节庆体验、冰雪自驾休闲、冰雪红色旅游、冬季美食购物、冬季冰雪游学、冰雪文博演出、冰雪家庭亲子、冰雪冬奥体验等特色板块。

文化教育行业持续升级势头强劲。在疫情冲击下，线上教育成为产业增长亮点。同时，北京大、中、小学搭建覆盖音乐、历史、艺术、科技等的多领域、多维度、多学科的实践活动场景，大力推行传统文化、红色文化，利用国家图书馆、北京展览馆等文博场馆举办非遗文化展映活动，推出 34 个红色文化教育基地进行爱国主义教育，促进北京大、中、小学生综合实践活动的进一步优化。除此之外，“2020 北京文化创意大赛”克服疫情阻碍成功如期举办，大赛共征集项目 8399 个，同比增长 82.15%，北京赛区共征集参赛项目 1738 个，全国及海外赛区共征集项目 1033 个,[①] 广泛挖掘文化创意领域具有成长性的人才和项目，尤其注重对青年大学生的培养，聚合并引领金融资本发掘创作灵感、支持创意变现，整合创新创造要素，从源头积极推动文化产业发展。

① 《2020 北京文化创意大赛全国总决赛收官，文创＋硬科技 90 后扛起大旗》，“北京日报客户端”百家号，2020 年 9 月 30 日，https://baijiahao.baidu.com/s?id=1679226187374216912&wfr=spider&for=pc。

（五）文化产品供给质量大幅提升，多手段促进文化消费升级

近年来，为满足首都市民日益增长的对美好生活的需求，北京深入贯彻落实文化产业供给侧改革，全面改善文化要素供给质量。2020 年北京公共文化设施不断完善，文化产业园规模进一步扩大；精品创作持续涌现，爆款电视剧、电影、文创产品层出不穷。除此之外，北京通过举办文博会、“京·彩”文化网络传播活动、紫禁城建成 600 年展等形式彰显首都文化特色，以举办惠民消费季活动、发放文惠券等多种手段促进文化消费升级，激发文化消费市场活力。

公共文化设施不断完善，文化产业园集群发展壮大，为首都市民提供优质服务。2021 年 3 月，《北京市 2020 年国民经济和社会发展统计公报》正式对外公布。数据显示，截至 2020 年末，全市共有公共图书馆 24 个，总藏量 7208 万册；档案馆 18 个，馆藏案卷 977.3 万卷件；博物馆 197 个，其中免费开放 90 个；群众艺术馆、文化馆 20 个。年末有线电视实际用户为 605 万户，其中高清实际用户 395.3 万户，超高清（4K）实际用户 166.3 万户。截至 2020 年底，北京已拥有特色书店 200 家，1000 平方米以上的书城 41 家，实体书店数量达到 1994 家，比 2019 年增加 695 家，同比增长 53.5%，北京平均每万人拥有书店 0.9 个，已超过纽约、巴黎、东京等国际发达城市平均每万人拥有书店 0.85 个的水平，完成了全面建成小康社会“万人拥有实体书店”的指标任务。

文化产业成果丰硕，各类创作精品涌现。2020 年，北京出版行业体量持续增长。全市登记在册的报刊总量 3512 种；出版社 544 家；出版物发行单位 9744 家；全年引进出版物版权 8212 件，版权（著作权）登记 100.3 万件。全年制作电视剧 43 部 1802 集，生产电影 185 部，电视动画片 26 部 5548 分钟，网络剧 82 部，网络动画片 15 部，网络电影 215 部。[①] 2020 年，

① 《北京市 2020 年国民经济和社会发展统计公报》，北京市统计局网站，2021 年 3 月 21 日，http：//tjj.beijing.gov.cn/tjsj_31433/sjjd_31444/202103/t20210311_2304370.html。

传统文化和红色主题仍是图书榜单的主旋律，《习近平扶贫故事》《迈向高质量发展之路》等图书一经出版便受到市场青睐。影视寒冬下仍有优质内容迭出，2020年，仅爱奇艺一家公司就推出了《沉默的真相》《隐秘的角落》《棋魂》《我是余欢水》等爆款网剧。电影方面“北京制造”也异常亮眼。2020年国庆档，在北京立项、由北京出品的《我和我的家乡》《夺冠》《姜子牙》《急先锋》《一点就到家》引爆票房，5部影片占国庆档总票房的97.8%，观影人次超0.99亿，迎来了疫情发生以来第一个观影小高潮。延迟到2021年春节档上映的《你好，李焕英》《唐人街探案3》最终分别以54.12亿元（截至2021年5月18日）、45.23亿元（截至2021年5月13日）票房收官，位列中国影史票房第二和第五，创下多项新纪录。①

举办创新型文化活动，彰显首都文化特色。2020年5月，北京举办了第十五届中国北京国际文化创意产业博览会（以下简称“文博会”），展会设展位2000个，展出面积约60000平方米，展会主题为“文化艺术、创意生活”，近万件国内外艺术精品集中展示，邀请专业观众10万人次，引起了业内广泛关注。8月，2020年“京·彩”北京文化网络传播活动拉开序幕。活动以“爱上北京、京彩无限”为主题，打造红色文化定制体验行、京味文化定制歌曲、创新文化定制Vlog、古都文化定制网络游戏、北京文化定制书单等5款定制网络文化产品，开展图片摄影作品和短视频两大征集活动，推出1项北京文化网络专题专栏策划，充分挖掘各区文化资源，全面展现首都风范。2020年恰逢紫禁城建成600年，名为“丹宸永固：紫禁城建成六百年”的故宫600年大展9月10日在午门展厅开幕，此次展览共展出450余件精品文物，在保护的基础上满足人们对精神文化的旺盛需求，体现故宫的文化内涵和时代价值，传承并弘扬中华优秀传统文化。

多手段促进文化消费升级，激发文化消费市场活力。9月23日，第

① 猫眼实时票房，https：//piaofang. maoyan. com。

八届北京惠民文化消费季如期举行，活动共吸引327家文化企事业单位参与，开展近370项子活动，并首次以各商圈、各剧院大联合、大联动的方式开展惠民消费服务，累计举办各类文化消费活动11277场次，比上年增加3461场，参与人次达23.89亿，掀起了一轮文化消费新热潮。[①]2017年开始，北京地区消费者每年都可获得北京市国有文化资产管理中心发放的5000万元文惠券，除此之外，2020年北京文惠卡线上服务中心还上线了“书香券”，促进实体书店消费。西单图书大厦、王府井新华书店、三联韬奋书店等实体书店，销售北京礼物等文创产品店，以及提供教育、体育类产品和服务的商户纷纷响应号召，为北京市民提供享受优惠的文化商品和服务。同时，文惠券与时俱进，根据线上文化消费的趋势调整了适用范围，为网络阅读、网络视听、在线课程等新兴项目提供了一定的优惠额度，促进了在线消费等新兴消费业态，激发了文化消费市场活力。

（六）文化产业集聚效应显著，社会综合效益不断凸显

北京文化产业园建设规模居于全国前列，产业集聚效应显著。2020年，北京共有98家园区分获市级文化产业园区、市级文化产业示范园区（提名）、市级文化产业示范园区。其中，朝阳区共有32家，产业园规模居全市之首。截至2019年底，各园区共集聚企业9540家，其中文化企业7337家[②]，腾讯、新浪、网易、光线传媒等知名文化企业纷纷入驻产业园区，除此之外，园区还聚集了众多成长型文化企业和小微文化企业。龙头企业聚集、上市企业加速、独角兽企业不断涌现的态势日益凸显。园区入驻文化企业平均占比76.9%，实现收入7828.14亿元，纳税总额达286.24亿元，户均实现收入10669.4万元，约为北京文化企业平均水平的10倍；劳均产出

① 《第八届北京惠民文化消费季收官　文化消费品牌榜榜单发布》，人民网，2021年1月13日，http://bj.people.com.cn/n2/2021/0113/c14540-34524916.html。

② 《北京98家园区获评市级文化产业园区》，光明网，2020年8月28日，https://m.gmw.cn/2020-08/28/content_1301504124.htm。

268.09万元，比同期全市规模以上服务业企业劳均产出高6.89%，约为北京文化产业劳均产出的2倍。[①] 园内企业经营范围多集中于文化核心领域，涵盖新闻信息服务、内容创作生产、创意设计服务、文化传播渠道等细分行业，产业融合特征鲜明，体现了在“文化+”产业政策推进下北京文化产业的未来发展方向。

同时，北京注重文化科技园区建设，大力引进文化科技独角兽、行业领军企业，E9区创新工场、恒通国际创新园等文化科技特色园区借助政策力量不断完善自身建设，园区业态呈现鲜明的文化科技融合特征，越来越多的文化产业园区向智慧化、绿色化方向发展。以朝阳区为例，北京东部地区最大的网游电竞特色园区——电子城·数字新媒体创新产业园正在改造建设中，已有部分电竞企业入驻该园区。园区前身为北京广播电影电视设备制造厂，占地面积7.9万平方米，建筑面积6万平方米。园区聚焦数字内容产业以及网络新媒体产业，致力于打造集数字娱乐、网络游戏研发、电竞赛事、电竞直播、5G体验等于一体的网络电竞特色园区。除此之外，北京一些文化产业园区还设有美术馆、博物馆、实体书店、图书角、小剧场等公共文化空间，公共设施完善，为周围居民提供了优质的文化服务，社会效益不断凸显。

（七）文化贸易与国际交流快速发展，文化影响力日益增强

北京作为全国文化中心和国际交往中心，在对外贸易以及国际文化交流方面有天然优势。2016～2020年，北京的文化贸易规模不断扩大，发展态势向好。2019年，北京文化贸易进出口额为72.8亿美元，同比增长20.9%，其中文化产品进出口总额达34.6亿美元，同比增长54.5%，创下历史最高增速。2020年，北京文化贸易在一定程度上受到了疫情影响，但整体规模仍然保持稳定。全年北京文化产品进出口总额为37.0亿美元，同

① 《北京98家园区获评市级文化产业园区》，光明网，2020年8月28日，https://m.gmw.cn/2020-08/28/content_1301504124.htm。

比增长6.9%（见图8）。2019～2020年，北京地区共有75家企业入选国家文化出口重点企业名单，数量位居全国第一。①

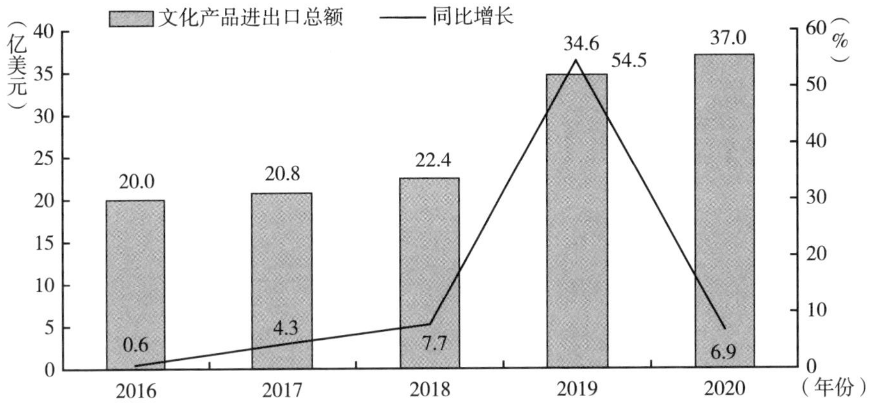

图8　2016～2020年北京文化产品进出口总额增长情况

资料来源：中国政府网。

面对社会环境的种种挑战，北京加速推进国际交流平台建设，积极拓展对外文化贸易，构建互利共赢的文化产业国际交流合作新格局。

近年来，北京先后成立了天竺文化保税园、国家对外文化贸易基地、北京自贸区等，给予减税降费、房租减免等政策扶持，集聚国内外文化贸易企业、人才等要素，积极拓展对外文化贸易，谋求文化产业高质量发展。截至2020年10月，北京天竺综合保税区营业收入增长32.6%，利润增长32.2%，纳税总额增长12.1%，进出口贸易额增长0.9%。近三年，天竺综合保税区各项贸易数据增幅喜人，进出口总值年均增长18.3%，企业营业收入年均增长34.4%，企业利润年均增长51.6%，园区属地税收年均增长32.2%，实现24项全国政策首创。② 2020年，国际文物交流平台、国际影

① 北京市国有文化资产管理中心与中国传媒大学文化产业管理学院：《北京文化产业发展白皮书（2020）》，2020年11月。

② 《北京天竺综保区：着眼服务贸易　打造首都对外开放新高地》，环球网，2020年12月16日，https：//china. huanqiu. com/article/417YfbP0XfZ。

视装备贸易服务平台、国际文物艺术品保税贸易平台相继在北京自贸区落户，集聚效应初显，已吸引观复文化、博乐德艺术空间、懋隆文化等一批优质文化贸易项目入区发展，积极打造对外开放的“北京样板”，带动形成更高层次的开放新格局。

此外，北京还搭建了一批大型国际交流平台，举办多项文化类国际展会，积极推动文化“走出去”。2020 年，北京成功举办了中国国际服务贸易交易会（以下简称“服贸会”）、文博会、北京国际图书博览会（BIBF）等大型活动。其中，服贸会由中国商务部和北京市人民政府共同主办，不仅是全球首个服务贸易领域综合性展会，也是全球服务贸易领域规模最大的综合性展会和我国服务贸易领域的龙头展会，同广交会、进博会一起成为中国对外开放的三大展会。文博会则是服贸会的重要组成部分，2020 年第十五届文博会在京开幕，共展出 10 万余件海内外文化产品，在现场进行展示与交易的文化产业投融资项目超 6000 个。BIBF 办会历史更为悠久，截至 2020 年，已经举办了 26 届，作为世界第二大国际书展，BIBF 在推动我国出版事业的发展以及推动中华文化“走出去”等方面均做出重要贡献。

2020 年 8 月 22 日，以“梦圆 · 奋进”为主题的第十届北京国际电影节在北京怀柔开幕。北京国际电影节作为国际知名电影节，具有国际性、专业性、创新性、开放性等鲜明特征，旨在融汇国内国际电影资源，搭建展示交流交易平台，推动北京世界城市文化建设，打造“东方影视之都”。近年来北京国际电影节在嘉宾星光度、参赛参展影片质量及国际影响力等方面持续提升，是北京市国际交流的大平台、电影市场的风向标、新人新作的孵化器、城市文化的新品牌。北京国际电影节于 2012 年获得国际电影制片人协会（FIAPF）的认可，成为国际 A 类电影节。2020 年，北京国际电影节共有 300 多部中外佳作参展，数量创历史新高。

（八）文化产业政策不断完善，文化产业发展迎来新的机遇

自党的十五届五中全会提出“文化产业”的概念以来，我国在近 20 年

的时间里构建了一套文化产业经济政策体系，以综合性配套政策为核心，以专项性配套政策为辅助，有力地保障和促进了文化体制改革，促进了文化产业大发展、大繁荣。

为推进全国文化中心建设，推动文化产业高质量发展，在国家顶层框架的要求指导下，北京市政府也推出了一系列政策。近年来先后颁布了《北京市“十三五”时期加强全国文化中心建设规划》《北京市推进文化创意和设计服务与相关产业融合发展行动计划（2015—2020年）》，印发实施《北京市文化产业发展引领区建设中长期规划（2019年—2035年）》《北京市文化产业高质量发展三年行动计划（2020—2022年）》，把握文化产业健康发展的大方向，为文化产业的发展提供了全面的政策保障。

此外，为应对新冠肺炎疫情的冲击，北京市政府及文化相关部门都做出了积极的应对。2020年2月19日，北京市文化改革和发展领导小组办公室出台《关于应对新冠肺炎疫情影响促进文化企业健康发展的若干措施》，结合实际情况对行业各个方面提出重要举措，共计28条，帮助文化企业渡过难关。除此以外，北京各级政府部门针对文化产业的经营模式、资产特点、人力资源结构等因素进行了针对性、专属性的补充性政策设计，出台了《关于印发〈北京市文创产业提质扩容专项培训工作实施方案〉的通知》，落实了《关于进一步强化金融支持防控新型冠状病毒感染肺炎疫情的通知》《关于统筹疫情防控和推动广播电视行业平稳发展有关政策措施的通知》《关于用好货币政策工具做好中小微文化和旅游企业帮扶工作的通知》等补充政策，多次接力支援文化产业复苏。在北京市政府把控大局做好顶层设计的同时，各区也紧随其后，纷纷出台相关政策，如《北京市东城区人民政府关于印发东城区关于促进产业发展暂行办法的通知》《北京市西城区文化艺术创作扶持专项资金项目管理实施细则（试行）》《深化科技体制改革加快朝阳区科技创新体系建设的实施意见》和《海淀区支持文化企业应对新冠肺炎疫情影响的若干实施》等，全方位为文化产业的高质量发展保驾护航。

二 北京文化产业发展存在的问题

（一）文化产业发展不平衡

从数据可以看出，北京文化产业的经济增长贡献来源单一，发展结构不尽合理，文化装备生产、文化消费终端生产等相关行业发展缓慢，人才流失严重，文化产业的核心竞争力还需进一步增强；在新兴技术高速发展的同时，有相当一部分传统文化企业未能及时转变发展理念，对产业变革认识不足，阻碍了文化产业的转型升级。除此之外，北京各区域文化产业发展也存在不同步的现象，海淀、朝阳、东城、西城集中了大部分优势资源，而延庆、平谷、房山等非中心城区文化产业缺少龙头文化企业，文化场所及文化活动较少，居民文化消费水平整体偏低。

（二）高质量文化供给仍然不足

随着人民生活水平的提高，市场对于文化产品，尤其是优质文化产品的需求正在快速增长，消费者由消费被动型转变为需求主动型，但文化产品整体供给质量不高，高端文化品牌匮乏，创新能力不足，部分公共文化产品同质化以及服务水平低，文化企业多为中小型企业，发展规模较小，更注重追求经济效益，过度娱乐现象严重，仍存在企业为迎合市场制造劣质文化产品的现象。因此，文化市场仍处于供需失衡的状态，体现中华民族优良传统文化内核、展示当代中国核心价值观、反映中国人精神审美追求的文化作品数量远远不足以满足消费需求。

（三）文化产业人才存在流失现象

文化重在内容本身，其产业的发展依赖创意，核心竞争力在于人才。对标国际文化产业发达的城市数据可以看出，目前北京文化产业人才占从业人员总人数的比重较低，甚至不及伦敦、纽约、巴黎等城市的1/10，缺少文化领军人才，且近3年文化产业从业人数增长率均为负，部分行业从业人员在北京严苛的户籍制度及高房价的生存压力下向珠三角、长三角地区转移，就业市场呈现紧缩趋势。文化人才短缺、人才结构不合理势必会造成北京文化产业根基不牢、后劲不足，高质量发展的需求将难以得到有效满足。

（四）互联网文化新业态监管困难

在信息数字技术的快速更迭以及疫情带来的“居家”时期，网络视听、网络游戏、网络文学等互联网文化业态在2020年实现“井喷式”发展，然而现有法律法规无法及时跟进，对于企业申请的新兴经营内容没有明确定义，缺少具体的工商执行标准，监管人员专业知识不足，检测机构资质能力缺乏，同时，网络传销、网络虚假广告、网络违法销售等违法行为层出不穷，其隐蔽性高、取证难，监管机构缺乏相应的技术手段及足够的人力物力。社会整体版权意识薄弱，原创内容有时无法得到应有的保护，抄袭、侵权现象时有发生。

（五）文化消费潜力有待进一步释放

2020年北京文化产业消费市场受到疫情冲击，相关文化企业面临生存压力，线下消费场景受限，多项演出展览取消，活动周期大幅缩减，居民文化消费支出相应大幅减少。整体来看，文化消费群体未完全适应线上文娱消费方式，仍倾向于线下文化体验和文化消费。从北京居民消费结构来看，文化消费占整体消费支出比例依然偏低，消费潜力有待进一步释放。北京文化消费水平和国际文化产业发达城市仍存在不小的差距，发达国家人均文化消费在消费支出中的占比达到15%，北京目前仅为10%左右。

（六）文化“走出去”的水平有待提升

目前，北京文化产品和服务出口额占出口总额比重不高，2020年因疫情影响，出口额出现负增长。承载中华文化核心价值理念的特色文化产品较少，缺少国际知名文化品牌。文化企业普遍缺乏国际化发展战略，文化产品质量参差不齐，走出国门后代表性不强，在国际市场中缺乏核心竞争力。对外出口文化产品品类相对单一，缺乏国际影响力，在北京文化对外贸易中，文化服务出口比例不高，文化贸易结构仍需优化，公共服务信息平台建设有待进一步完善。

三　北京文化产业发展对策建议

（一）完善文化经济政策体系，优化文化产业结构布局

加强文化经济政策体系建设，发挥政策导向效应，注重政策内容创新，针对新领域新业态精准施策、及时施策，为文化产业发展提供有力保障。同时，北京市政府应优化公共服务，进一步建设“一站式”政策服务平台，简化办事流程，为文化企业减负。创造良好的营商环境，鼓励更多非公资本参与文化建设，强化金融服务对文化产业发展的支撑作用。同时，要大力推进文化服务业发展，发挥北京资源禀赋优势，鼓励企业创新，加强内容创作、文化创意服务等文化核心领域建设，同时带动其他相关行业健康发展，改变增长来源单一的局面，优化产业结构。推进文化产业园区和基地规划建设，带动北京中心城区以外的区域以及京津冀地区协同发展，有效提升产业集聚性水平，拓展文化产业发展空间。

（二）积极培育多元化市场主体，加大高质量文化产品供给力度

积极培育多元化市场主体，激发市场创作活力。积极推动国有文化企业改革，让国有资本发挥龙头作用，加速推动文化与科技、旅游等相关产业深度融合，带动北京文化产业整体转型升级；鼓励小微、初创企业自由发展，不断改善营商环境，吸收民间资本，鼓励各类市场主体积极竞争，推动形成不同所有制主体共同发展、大中小微企业相互促进的繁荣局面。同时集中精力打造文化精品，大力弘扬社会主义核心价值观，将古都文化、红色文化、

京味文化、创新文化融入文化创作和文化传播活动，做民族的、大众的、优秀的文化作品，加大高质量文化产品的供给力度，满足消费者的精神文化需求，从而提升人民的文化素质和首都的文化凝聚力。

（三）注重文化产业人才建设，打造文化产业优秀人才高地

制定合理的文化产业相关人才评定标准，摒弃“唯学历论”的思维，加大特殊人才尤其是行业领军人才的引进力度，完善积分落户制度，制定住房、社保、配偶就业等方面的针对性优惠政策，加强北京文化产业就业的吸引力。同时，利用北京高校优质教育资源，推进相关学科专业规范化建设，构建多层次文化教育科研体系，鼓励校企联合，以企业、高校、科研院所为主体，以市场为导向，建立文化产业人才培养基地用于推动产学研深度融合，培养高素质的复合型文化人才，打造文化产业优秀人才高地。

（四）加强文化产业市场监管，推进相关行业规范化建设

针对层出不穷的文化新业态，大力推动包容审慎监管，在鼓励创新，倡导发展新技术、新模式，激发市场活力的同时，坚持文化产业质量和安全底线，营造健康、绿色、自由、积极的文化创造环境，坚决维护首都文化市场安全稳定。加强网站分类监管，对网络文学、视频、音乐、动漫、游戏等重点领域实施全网动态监控，对抖音、快手等具有全国影响力的互联网经营单位进行重点监管。同时，加快文化产业立法进程，尽快明确相关核心问题和重要概念，重视版权管理和经营，推进版权交易平台建设，增强全社会版权保护意识，营造尊重知识产权的氛围，推动文化产业健康发展。

（五）推动文化产业数字化与融合发展，促进文化市场消费

积极推动文化产业数字化转型，借助大数据、人工智能、云计算等信息技术手段，促进文化产业上线、上云，发展平台数字经济。推动优秀文化资源数字化，对文化资源进行数字化转化和开发，让优秀文化资源借助

数字技术“活起来”。同时，打造一批知名文化 IP，抓好环球影城主题公园、乐高主题公园等世界级文化旅游项目建设，大力培育动漫游戏、网络直播、长短视频、数字视觉艺术等新兴产业形态，积极发展体验消费、夜间消费等新兴文化消费模式，让文化产业与数字经济、实体经济紧密结合，推进文化产业平台化、智能化、个性化，加速“文化 + 科技”“文化 + 金融”“文化 + 旅游”“文化 + 教育”“文化 + 体育”等产业深度融合，构建复合型文化产业生态体系，促进文化消费升级，让文化产业成为北京支柱性经济增长极。

（六）深化文化产业对外交流，全方位提升文化影响力

继续推动文化“走出去”，强化内容建设，推动符合社会主义核心价值观，具有时代化、大众化、市场化特征的文化内容精品“走出去”。鼓励文化企业积极参与国际竞争，加大品牌建设和投入力度，打造具有国际影响力的中国品牌。优化文化贸易结构，积极推动数字文化产品出口，加大广播影视、演艺娱乐、动漫游戏等重点项目的出口力度。同时，加强与共建“一带一路”国家、地区的文化贸易往来和文化产业合作。依托首都文化资源优势，建设文化版权交易平台，完善版权授权相关制度，降低版权交易成本，为提高中国文化产业的国际地位贡献首都力量。

政策篇

Policy Report

B.2
北京全国文化中心建设及国际比较分析

刘统霞　李亚囡*

摘　要：当前北京正在致力于建设全国文化中心，并根据这一战略目标制定颁布了中长期的发展规划，全力打造中国特色社会主义先进文化之都。全国文化中心建设的关键在于城市文化品牌的打造和综合文化传播能力的提升，这是整合城市文化资源、凸显城市个性和差异化、发挥城市文化引领作用的先决条件，也是建设全国文化中心的重要标志。而城市文化品牌的打造和综合文化传播能力的提升涉及文化管理各方面的协同发展。本报告通过对比分析北京与其他世界性文化中心在文化产业政策、公共文化服务体系打造、文化产业集聚等方面的协同发展情况，探索北京全国文化中心建设中现存的问

* 刘统霞，文化人类学博士，北京印刷学院经济管理学院副教授，硕士生导师，主要研究方向为文化产业管理；李亚囡，北京印刷学院经济管理学院硕士研究生，主要研究方向为文化产业管理。

题，结合国际经验，助推北京城市文化品牌的打造和综合文化传播能力的提升，并尝试提出北京打造全国文化中心的建设性方略。

关键词： 全国文化中心建设 城市文化品牌 综合文化传播能力 协同发展

文化是一个民族、国家的灵魂，是社会经济发展的重要影响因素。随着社会经济的发展，中国社会的主要矛盾发生了根本性的改变，已经由过去物质需求的增长转换为精神需求的增长。而满足人们精神需求的核心任务就是进行文化建设，因此，党和政府对于文化建设问题也给予了高度重视。党的十九大报告提出了新时代文化建设的基本方略，每年的政府工作报告也强调发展文化事业和文化产业，以提升我国的软实力，满足人民日益增长的精神需求。

全国文化的建设需要文化中心城市的引领和带动。北京作为首都，是全国的政治中心、文化中心和国际交往中心，被赋予全国文化中心建设的责任。全国文化中心的建设重在城市文化品牌的打造。因此，本报告研究北京如何进行全国文化中心建设，打造世界文化名城品牌，提高综合文化传播能力，使自身成为引领全国进行文化传播传承和推陈出新的重要阵地，并成为面向世界展示和传播中华民族优秀文化的重要窗口。

一　全国文化中心的内涵、特征及功能分析

（一）全国文化中心的内涵与特征

想要建设全国文化中心，必须正确认识和理解全国文化中心的内涵与特征。就其字面意思来说，全国文化中心是一个国家中处于文化领先地位的城

市。但实际上，全国文化中心的内涵并不像字面意思那样简单，它是对中心城市性质和功能的评估与定位，其标准是随着时代的发展而变化的。

首先，在硬件方面，全国文化中心必须符合文化中心物质设施方面的标准：汇集国家级文化机构，有能力举办国家级文化活动，并拥有国家级文化象征符号。其次，在软件方面，全国文化中心必须有广泛、深远的文化影响力和创造力，其倡导的价值观、生活方式等对全国其他地区有重要的影响①。正如张小乐所言，国家文化中心的文化基础比较雄厚，在全国的文化发展中处于领先地位并对其他地区的文化发展有重大的影响力和较强的主导性②。全国文化中心的功能领域并不是单一的，它涉及文化的方方面面，包括文化产品、文化市场、文化制度、文化行为等，并与经济社会的发展和创新密切相关。

北京作为全国文化中心，其特征兼具普遍性与特殊性：一方面，它具备全国文化中心的一般特征；另一方面，北京作为历史文化名城，有优秀的传统文化和丰富的历史遗迹，因此北京作为全国文化中心应当彰显中国文化特色。具体来说，其主要特征有：实践社会主义核心价值体系的首善之区，将社会主义核心价值体系贯穿在各项活动和工作中；国家文化象征和民族优秀传统文化的代表地，是中华民族特色文化的集大成者；国家文化体制改革和文化政策策源地，发挥文化体制改革领头羊的作用；文化人才聚集地和国内外文化交流中心；全国人民文化需求和文化消费的服务中心；拥有完善的公共文化服务体系；聚集文化创意产业③。

（二）全国文化中心的功能

全国文化中心的功能是随着经济社会的发展而变化的。“十三五”时期，首都北京的城市功能定位发生了变化，其发展战略也进行了调整。如2019年《北京市推进全国文化中心建设中长期规划（2019年—2035年）》

① 陶东风：《人文北京的内涵与北京的国家文化中心建设》，《北京人大》2011年第9期。

② 张小乐：《国家文化中心的内涵与特征初探》，《人民论坛》2012年第3期。

③ 北京市人大常委会课题组编《推进全国文化中心建设》，红旗出版社，2012。

出台，该中长期规划阐述了全国文化中心的功能。第一，发挥凝聚荟萃功能，促进文化传承发展。吸收一切优秀文明成果，推进融合创新。第二，发挥辐射带动功能，推动文化共同繁荣。为其他地区的文化建设提供经验，促进文化建设成果和资源共享。第三，发挥创新引领功能，持续激发创新创造活力。建设具有国际竞争力的创新创意城市，不断地推动文化创新，为首都经济社会发展提供不竭动力。第四，发挥传播交流功能，提升中华文化软实力。讲好中国故事，传播中国声音。第五，发挥服务保障功能，形成文化建设强大合力。不断满足人民群众日益增长的精神文化需要①。

通过对全国文化中心内涵、特征和功能的探析，可以全面地把握全国文化中心的核心概念，强化北京作为全国文化中心的自觉意识，使之找准城市的功能定位和未来的建设方向及发展要求，这对于推进全国文化中心建设起着方略性的前提作用。

2019 年北京市发布了推进全国文化中心建设的中长期规划，该中长期规划指出了建设一个什么样的全国文化中心，即以社会主义核心价值观引领首都文化建设，以中轴线申遗推动老城的保护与复兴，依托“三个文化带”打造历史生态空间结构，建成丰富便捷高效的公共文化服务体系，建设具有国际竞争力的创新创意城市，成为世界的文明交流互鉴首要窗口。同时，提出了北京全国文化中心建设的目标：到 2025 年全国文化中心地位显著提升，市民文明素质和城市文明程度明显提高，对全国文化建设的示范引领作用更加凸显；到 2050 年中国特色社会主义先进文化之都地位更加巩固，文化名家荟萃云集，文艺高峰之作迭出，人民群众文化创造活力充分释放，社会主义精神文明和物质文明全面协调发展，文化自觉、文化自信更加彰显，北京以更加昂扬的姿态屹立于世界城市之林，成为弘扬中华文明和引领时代潮流的世界文脉标志。

---

① 《北京市推进全国文化中心建设中长期规划（2019 年—2035 年）》，北京市人民政府网站，2020 年 4 月 9 日，http：//www. beijing. gov. cn/zhengce/zhengcefagui/202004/t20200409_ 1798426. html。

二　北京全国文化中心建设的研究现状分析

国内学者对全国文化中心建设的研究始于“十二五”开局之年，并随着全国文化中心建设的发展，不断有新的研究成果出现。笔者经过对相关文献的收集整理，发现近些年的研究主要是围绕全国文化中心的内涵和建设路径等方面展开的。

首先，在全国文化中心内涵的研究方面，北京市人大常委会通过了推进全国文化中心建设的专题调研报告项目，主要通过对不同时期提出的《北京城市总体规划》进行对比梳理研究，指出全国文化中心的内涵是随着中央对首都城市性质功能定位的逐步明确及北京建设的不断深入而丰富和发展的。并阐述了全国文化中心的主要功能，包括代表展示功能、示范带动功能、向心凝聚功能、服务保障功能和辐射影响功能①。陶东风对于内涵的研究是从物质设计与硬件标准和文化的影响力与创造力方面进行了说明，并指出全国文化中心城市的核心功能是在价值观和生活方式上具有引导力和影响力。他还认为全国文化中心城市应该引领中国城市化新方向，应该体现人本主义的城市理念②。张小乐也在功能上做了研究，提出中国特色社会主义国家文化中心应该引领先进文化、体现和谐宜居、驱动文化创新、彰显东方魅力③。

其次，有关全国文化中心建设路径的研究成果相对较多，具有代表性的研究主要如下。陈斌对北京历史文化遗产保护中存在的问题进行了分析，认为要打造先进文化之都就要充分挖掘北京历史文化遗产价值，重视价值内容而非遗产保护形式④。张雪松认为中轴线是北京多元化多层次文化的载体，

① 北京市人大常委会课题组编《推进全国文化中心建设》，红旗出版社，2012。

② 陶东风：《人文北京的内涵与北京的国家文化中心建设》，《北京人大》2011 年第 9 期。

③ 张小乐：《国家文化中心的内涵与特征初探》，《人民论坛》2012 年第 3 期。

④ 北京文化论坛文集编委会编《打造先进文化之都　培育创新文化——2011 北京文化论坛文集》，首都师范大学出版社，2012。

要恢复中轴线历史文化风貌，带动老城保护和文艺复兴，推进全国文化中心建设取得新成效[①]。李建平认为“三个文化带”建设的内容就是北京全国文化中心高地建设的内容[②]。李建盛在深入把握了北京作为全国文化中心的文化内涵和结构后，认为推进全国文化中心建设，需要转变首都文化发展方式，加强战略思考[③]。郭万超认为要把全国文化中心作为北京的核心功能，要履行文物保护的责任，把历史文化资源转换为优质的文化资源，鼓励引导多元文化建设主体[④]。肖德怀分析了文旅融合在北京建设世界文化之都中的价值，认为文旅融合能够丰富旅游的文化内涵，增加文化消费的动力，对首都文化建设有积极的作用[⑤]。

国外文献的搜索结果显示，与国内学者对全国文化中心建设的研究内容相比，国外的学者并没有提出全国文化中心的概念，他们对文化的建设发展的研究更多集中于文化产业的理论建构上。在文化产业方面，各国的学者根据本国文化产业发展的实际情况确认、划分了文化产业的类别，即文化产业主要分为创意产业、版权产业等。国外学者对于文化产业的研究比较系统，大卫·赫斯蒙德夫在《文化产业》一书中界定了文化产业的含义、阐明了文化产业的重要性及其特征表现，同时还对文化产业政策法律、文化产业的全球化和数字化等问题进行了分析研究[⑥]。文化产业研究中的热点主要集中在创业产业方面，也有学者对如何拓展文化产业进行了研究。Choi Young Ho 认为韩国的文化产业发展经验值得学习，因为韩国对文化产业的投资保

---

① 张雪松：《以中轴线申遗保护　推动全国文化中心建设取得新成效》，《北京人大》2019 年第 7 期。

② 李建平：《“三个文化带”与北京文化中心建设的思考》，《北京联合大学学报》（人文社会科学版）2017 年第 4 期。

③ 李建盛：《转变文化发展方式　促进全国文化中心建设》，《北京联合大学学报》（人文社会科学版）2012 年第 1 期。

④ 郭万超：《北京加快建设全国文化中心的路径》，《中国国情国力》2017 年第 12 期。

⑤ 肖德怀：《文旅融合视角下北京建设世界文化之都的思考》，《旅游学刊》2020 年第 7 期。

⑥ 〔美〕大卫·赫斯蒙德夫：《文化产业》，张菲娜译，周蔚华校，中国人民大学出版社，2016。

持较快的增长[①]。Dyson Kelmeth 在《文化的管理》一书中阐述了澳大利亚的文化发展策略，即制定政策、资金扶持、设立机构鼓励扶持文化产品“走出去”[②]。

除了对文化产业的系统研究外，国外的学者还对文化政策进行了探讨。Boorstin、Adams 和 Goldbard、Rothkopf 等主张文化产业自由发展，政府不应该过度地干预，要使文化多样化发展。还有学者持反对意见，认为国外的文化拓展不利于本国文化产业的发展，应该制定政策保护本国文化不受侵害[③]。对于文化政策的重视主要从联合国教科文组织开始。它在 1982 年召开“世界文化政策大会”并提出要把文化纳入政治经济一体化的进程；1997 年制定了《世界文化发展十年实用指南（1988—1997）》并提出要加强文化的发展，促进政治经济文化的共同发展；1998 年又组织召开了“促进发展的文化政策”主题会议，呼吁世界各国制定文化政策。法国就是为了保护民族文化而实行“文化例外”的国家，法国的文化发展模式是政府主导型，政府对文化产业的发展有很大的影响。设有全国和地方性文化管理机构，它们在运作上相辅相成，共同推动法国文化政策的发展。法国的文化政策明确要求在新闻传媒和互联网中强烈捍卫法语的地位，并强调法国的文化代表着法国的国家形象，要求政府加大对文化的扶持力度，并且利用文化外交加强法国文化对世界的影响。与法国文化政策相反的是美国，美国的文化政策完全信赖市场的作用，采取一种“无为而治”的方式，没有为了文化发展而制定的具体规划，也没有与其对应的文化产业管理部门。但对文化的发展采取了许多便利性的措施行动。英国则首次提出了“创意性”文化政策，并颁布实施了推动创意产业发展的政策文件。英国也有自己的文化部门和文化管理的中间机构，英国对文化的保护和扶持不是直接的干预而是主要通过中间机构去实施。在英国之后，澳大利亚、加拿大等国也以“创意性”为主题制定了自己的文化政策。对于

① Choi Young Ho：《韩国文化产业走势》，吴正译，上海译文出版社，2005。

② 转引自迟莹《中国文化产业国际拓展研究》，博士学位论文，东北师范大学，2014。

③ 转引自迟莹《中国文化产业国际拓展研究》，博士学位论文，东北师范大学，2014。

文化政策的研究，学者主要集中于各国文化政策的对比分析方面，通过阅读相关文献可以发现，国外制定的文化政策主要体现在文化产业管理机构、法律法规以及为了支持文化产业的措施上。这些研究成果体现了各国对本国文化产业的重视，都根据自身的文化传统、经济发展水平、法律体系，制定了符合本国国情的文化政策。

除此之外，版权研究也受到了学者们的重视，研究成果包括 William Landes 的《版权、虚拟的图像和拨用艺术：经济的方法》《版权和文化产业：政策制定者的视野》、Michael Einhorn 的《数字时代的音乐许可》等，目前版权研究已成为一个重要的研究领域。

综上所述，国内学者对全国文化中心内涵和功能的探索研究，为我们正确认识理解全国文化中心提供了必要的知识基础；对历史文化遗产的保护与挖掘、文化发展方式的转变以及文化创意产业发展等方面的探索分析研究为北京全国文化中心的建设提供了可借鉴的方向和途径。国外学者对于文化产业的研究成果也很丰富，为北京全国文化中心建设提供了丰富的理论依据。但是作为全国文化中心，北京既要发展首都文化，又要提高辐射带动力，这就需要以城市文化品牌的力量去引领全国各地区文化的发展，同时，文化各方面要协同发展，为打造城市文化品牌而服务。然而，目前的研究文献显示，有关北京城市文化品牌的研究明显不足。为此，本报告将在现有文献的基础上，以北京城市文化品牌打造为突破点，通过与国际典型文化中心城市进行分析比较，寻找可以借鉴的经验，以推动北京全国文化中心的建设和发展。

三　北京建设全国文化中心的环境分析

北京全国文化中心建设与北京城市文化品牌的打造是相辅相成的关系。文化以城市文化品牌为载体，而城市文化品牌又体现着城市的文化精华；全国文化中心的建设能促进北京城市文化品牌的形成，城市文化品牌的建立又可以提高北京文化名城的知名度。为了更好地建设全国文化中心，打造城市文化品牌，必须要对北京的历史文化资源优势、发展中存在的问题以及要建设一个什么样的全国文化中心进行全面的了解，这样才能充足地利用资源优势，解决城市文化品牌建设中的问题，打造世界文化名城。

（一）北京建设全国文化中心的历史背景分析

北京在3000多年建城史和800多年建都史的背景下，有着丰富的历史文化。先秦至隋唐时期，北京地区的文化已经获得初步发展。金朝建立后，北京成为都城，名为中都，其统治者非常重视文化建设，加之多民族的融合对北京文化的发展产生了巨大的影响。元朝，北京改名为大都，在文化方面，统治者不仅鼓励各个民族进行文化交流，还支持吸收欧洲文化元素，这使北京的文化朝多元化方向发展。明朝时期，作为都城的北京重视科举和人才培养，成为先进文化的荟萃之地。到清朝，北京形成了京师文化、政治文化、运河文化、古代军事文化、园林文化（颐和园、圆明园）等，文化更加繁荣。民国初期，北京又成为新文化运动的中心，是马克思主义最早的传播地。由此可见，北京的文化源远流长、丰富多彩，吸纳和包容能力强，为新时代北京全国文化中心的打造提供了坚实的历史文化基础。

（二）北京建设全国文化中心的现状分析

文化是一个国家和民族的历史、信仰、价值和气质的重要体现，是重要的精神基因，影响着国家和民族的兴衰，体现着国家和民族的国际地位。综观世界，在全球化背景下，各个国家和地区的联系日益密切，竞争也日趋激烈。国家和地区之间的竞争不仅体现为经济、军事等硬实力的竞争，还体现为文化、制度等软实力的竞争。而作为软实力的核心要素，文化已经受到世界各国和各地区的高度重视，是一个国家和民族不可或缺的发展因素，是国家发展、竞争水平提高的重要推动力，在国家综合实力较量中的地位和作用越来越重要。北京作为首都，其地位是不言而喻的，各个方面都有着很强的实力，文化方面也不例外。北京建设全国文化中心有着得天独厚的条件和优势，成为全国文化中心是必然。

1. 北京文化建设与发展的优势

（1）文化资源丰富

北京除了是全国政治、文化中心及国际交往中心之外，科技、教育等也很发达，许多的科研单位、大专院校坐落在北京，信息网络也很发达；北京还拥有国家级的图书馆、博物馆、电台、出版社、剧院；同时，许多国际国内的文化艺术展出和交流活动每年会在北京举行；北京还是大部分国家大使馆的驻地，吸引了世界各国的文化精英，便于世界各地文化信息的汇总与碰撞。这种多元文化资源优势是其他地区无法比拟的，为北京建设全国文化中心提供了绝佳的背景基础。

（2）教育科研实力雄厚

北京有很强的科研实力，科研机构数量、科研经费投入及研究成果均名列前茅。

据《2019 中国硬科技发展白皮书》统计，北京拥有包括北京大学、清华大学在内的中央级高校 38 所，约占全国的 1/3；拥有中央级科研院所 185 个，超过全国的 1/2；北京的产业创新综合能力位居全国第一，创新产出也呈快速增长的趋势。相关报道显示，北京的科研经费投入稳居高位，2018 年达到了 1870 亿元，科研经费投入强度在 6% 左右，超出全国平均水平。

总体来看，北京的创新基础雄厚、水平高、投入大、强度高、产出多，对其经济文化的发展起到了支撑作用。

（3）文化产业较发达

北京建设全国文化中心有其自身的文化优势。近年来，北京的文化产业发展迅速，规模不断扩大，结构不断优化。《北京蓝皮书：北京文化发展报告（2019～2020）》指出北京的文化产业增加值所占 GDP 的比重为 9.64%，位居全国第一。

此外，涌现了一批文创园区，促进了文化创意产业的发展，据报道，2017 年，北京文化创意产业实现增加值 3908.8 亿元，占 GDP 的比重达 14%，文化企业超过 25.4 万家。2018 年第一季度，文化创意产业继续保持快速增长，增加值同比增长 15.4%[①]，文化创意产业成为首都经济发展的重要推动力。《2019 中国城市文化创意指数总排行榜》显示，北京的创意生态、赋能能力、审美驱动力、创新驱动力得分是 62.666[②]，位居榜首。这些指数都说明了北京建设全国文化中心拥有其他地区无法比拟的优势条件。除此之外，北京还加大对文化事业的投入力度，并且制定相关文化政策以促进本地文化的繁荣发展。

（4）文化传播能力强

北京有国家级别的电视台——中央广播电视总台；有公共图书馆 24 个，总藏书 6000 多万册；有全国数量最多的出版社，全国出版社 585 家，仅北京就有 250 多家；除此之外，还有很多知名传播公司，比如新浪、字节跳动、快手等，它们已经成为新的文化传播窗口。北京作为国际交往中心，比较大型的外交活动、国际会议论坛、国际赛事等都在北京举行，这些活动不仅有力推动了我国对外文化交流与贸易，提升了首都北京的国际知名度和世界影响力，还促进了国际人文交流合作，进一步提升了北京的文化软实力。在文化传播与发展方面，北京致力于促进中国优秀传统文化的创新性发展，打造一系列的文化品牌，不断提高自己的影响力。

2. 北京文化建设与发展的新成就

随着全国文化中心建设的发展，北京文化质量不断提高，文化建设与发展取得了很大的成就。北京以新中国成立 70 周年为契机，围绕“做好首都文化这篇大文章”继续推进全国文化中心建设。在历史文化名城保护、公共文化服务体系建设、文化创意产业发展和对外文化交流与传播方

---

① 《北京首批文创产业园区认定启动　专项政策发布》，中华网，2018 年 6 月 21 日，https：//news. china. com/zw/news/13000776/20180621/32561127. html。

② 《2019 中国城市文化创意指数公布　谁是排行榜里的 C 位》，新华网，2020 年 8 月 6 日，http：//www. xinhuanet. com/travel/2020 -08/06/c_ 1126333122. htm。

面成效显著。

历史文化名城保护方面：中轴线申遗保护是北京历史文化名城保护的重点工作，随着工作的持续推进，其规划体系进一步完善，遗产点周边的环境质量进一步提升，南中轴御路全线贯通。东城、西城积极落实《关于加强新时代街道工作的意见》，推动老城更新，改善了老城风貌。为了推进文化带保护工作，中共中央分别为长城保护带、大运河保护带、西山永定河保护带制定规划和方案，在遗产保护利用、景观带建设、区域环境整治、基础设施改造方面取得了良好的成效。同时，北京还加大了文物保护力度，推进对历史建筑、革命旧址和工业遗产等历史文化资源的挖掘与利用；用新模式、新手段传承利用传统文化。以博物馆和公园为阵地，结合现代科技，以开发拥有历史文化、红色革命元素的创意产品和精品文化旅游线路等方式，让传统文化与近代的红色文化呈现出可亲可近的平民化特征。

公共文化服务体系建设方面：北京市长期坚持公共文化服务体系示范区建设。以朝阳区、海淀区和东城区为首，各区以区内资源优势为基础，推进区内公共文化服务体系建设，打造颇具地方特色的文化节，服务大众；在网络数字化背景下，北京促进公共文化服务数字化转化，包括数字电视、电视网络、“互联网 + 文化”等形式；为了丰富市民的精神生活，进行各种文艺演出，不断满足人民的文化需求。

文化创意产业发展方面：文创产业的规模不断扩大，发布了首批文创产业名单，促进文化和科技融合，推动游戏产业的发展；改善民营小微企业的投融资环境，解决融资难的问题，并且减税降费，为文创企业创造良好的营商环境；促进文旅融合，发挥地区优势；丰富城市夜生活，释放文化消费潜力。

对外文化交流与传播方面：北京市积极搭建文化交流平台，开展北京世界园艺博览会、北京国际图书展览会等世界性文化艺术交流活动，提升了北京文化魅力和影响力；策划特色文化宣传活动，比如“魅力北京”，向世界宣传北京文化；除此之外，还积极鼓励文化企业进行海外传播，文化产品

“走出去”效果显著，特别是外语教学与研究出版社、高等教育出版社等优秀出版社的对外汉语教材的研发、出版等海外业务的拓展。

3. 北京文化建设与发展中的现存问题

北京虽然在文化建设中取得了较高的成就，在国内处于领先地位，其影响力和辐射力也非常强，但仍然存在限制其发展的因素，与世界发达国家的文化中心城市相比，城市文化品牌的世界性影响力不强，缺乏国际竞争力。

首先，在文化管理体制改革方面，当前北京文化管理体制改革还处于初始阶段，文化方面存在管理不规范的问题，尤其是在文化创意产业迅速发展的背景下，文化管理体制问题更加突出，与文化创意产业发展的速度不匹配，容易制约其发展，其制约因素主要体现在两个方面。一方面，市场在资源配置中并没有发挥决定性作用，政府的管控力度比较大。从事文化经营比如新闻出版、文化艺术等的企业缺乏发展资源和渠道，市场竞争力不强，发展基础薄弱。文化资源向国有企业倾斜，导致资源的配置不均、效率低下。另一方面，管理责任不明晰。文化、新闻出版、广播电视等机构都可以插手文化创意产业的管理，就会造成多头领导、重复管理的现象；此外，每个不同的部门都有自己的规章制度和政策且部门之间的协调性缺乏，这不利于文化创意产业的高效发展。

其次，在文化创意产业融资方面，文化创意企业存在融资难的问题。文化创意产业的发展离不开资金的支持，因此，畅通的融资渠道非常重要。虽然目前北京针对文化创意产业的发展初步建立了投融资服务体系，但仍不健全。从企业的规模来看，从事文化创意的企业除了国有企业外，其他的私营企业大都还在创业初期，这类企业的规模一般比较小，经营状况不稳定，信用不好，无法提供贷款所需的财务运营条件，因此，这些企业融资比较困难；从金融市场来看，存在可进行融资的渠道少、市场体系不完善的问题，大多数的文化创意企业仅仅通过银行或民间渠道进行筹款；从资金扶持政策来看，国有企业享受的资金扶持政策比较多，而小规模的私营企业由于申请手续烦琐且可以申请成功的概率不大而放弃申请补贴。

再次，在文化创意人才方面，这类人才比较缺乏。文化创意产业发展的核心是人才，虽然北京拥有全国各地无法比拟的人才优势，拥有众多的高校，但仍存在文创产业发展速度与优质人才数量不匹配的问题。与伦敦、纽约、巴黎等发达的城市相比，北京从事文化创意产业的人才相对较少。同时，存在人才结构失衡的现象。文化创意产业的发展需要创意产品的开发以及营销和推广，而恰巧这方面的高端人才很少，使得文创产业发展缺乏动力，严重制约其发展。因此，文化创意人才的培养变得格外重要。但是，由于文化创意产业属于朝阳产业，人才的培养处于初期阶段，高校的学科理论不成熟，而且技术培养的重视程度高于创意内容培养，所以难以为文化创意企业提供合理的人才结构。

最后，还存在其他方面的问题。在历史文化遗产保护方面，存在的问题主要是遗产的价值内涵挖掘不深入，目前的工作主要是文物的保护以及腾退方面。而且对于北京城内的一些有历史但不出名的胡同缺乏深入的挖掘利用，还出现了文物建筑损坏的现象。在公共文化服务体系方面，依然存在公共基础文化设施建设地区不平衡的问题。靠近中心城区的公共基础文化设施比较完善，而远郊的公共基础文化设施数量相对较少、利用率低、专业性不强。在文化创意产品方面，存在原创性不足、科技含量不高、同质化严重等问题。这些问题的存在严重制约了北京文化建设引领作用的展示和示范效应的发挥。

四　国际典型文化中心城市对比分析

城市文化品牌的打造不是单方面的行为，它涉及文化的方方面面，是各方面协同发展的结果。通过以上分析可以得出，北京虽然有较大的资源优势，但仍在公共文化服务体系、文化创意产业等方面存在不足。因此，北京在打造城市文化品牌时，虽然具备丰富的文化资源，但实际的文化建设依然存在不足。以下将通过与纽约、巴黎、东京、伦敦四大世界文化名城各方面实力的对比来分析发现北京全国文化中心建设中存在的不足，并学习借鉴其他国际文化中心的建设经验，为北京城市文化品牌的打造提供借鉴和发展的新视角。

（一）对比分析

1. 综合实力的比较

表 1 的数据资料来自科尔尼咨询公司发布的《2019 年全球城市指数报告》，其全球城市综合排名是根据五大维度 27 个衡量标准进行评估形成的，五大维度分别为商业活动（30%）、人力资本（30%）、信息交流（15%）、文化体验（15%）以及政治参与（10%）。由表 1 可知，2019 年，全球城市综合排名中前 4 位分别是纽约、伦敦、巴黎、东京，它们都是世界文化之都，而北京居第 9 位，近几年的排名也比较稳定，一直没有上升。因此，就城市综合实力来说，北京与世界文化名城还是有差距的。表 2 显示纽约、东京、伦敦和巴黎的创新城市指数都位居前列，北京排第 26 位。北京虽然较 2018 年上升 11 个位次，但与世界文化名城相比，其创新能力还有待提高。

表 1　2014 ~ 2019 年全球部分城市综合排名

城市	2014 年	2015 年	2016 年	2017 年	2018 年	2019 年
纽约	1	1	2	1	1	1
伦敦	2	2	1	2	2	2
巴黎	3	3	3	3	3	3
东京	4	4	4	4	4	4
香港	5	5	5	5	5	5
新加坡	9	8	8	6	7	6
洛杉矶	6	6	6	8	6	7
芝加哥	7	7	7	7	8	8
北京	8	9	9	9	9	9
上海	18	21	20	19	19	19

资料来源：科尔尼咨询公司《2019 年全球城市指数报告》。

表2　2019 年全球创新城市指数排名（部分）

排名	城市	指数得分	较 2018 年排名变化
1	纽约	59	3
2	东京	58	1
3	伦敦	57	-1
4	洛杉矶	56	1
5	新加坡	55	1
6	巴黎	55	3
7	芝加哥	55	4
8	波士顿	55	-1
9	旧金山	55	-6
10	多伦多	54	-2
26	北京	50	11

资料来源：《标准排名 | 2019 全球创新城市指数排行榜 500 强公布》，网易新闻网，2019 年 11 月 21 日，https://dy.163.com/article/EUGRF9LN0519MU3H.html?referFrom=360。

2. 文化政策法治的比较

（1）伦敦

早在 1997 年，英国就提出了创意产业理念。英国是全球最早提出创意产业政策的国家，并把伦敦打造成"创意之都"，强调用政策来打造"创意"，推动文化产业发展。英国的文化创意注重个人的灵感和创造能力，希望用知识创造财富，增加就业的机会。文化创意产业的类型也根据不同时期产业发展的实际情况做出了相应的调整，涉及的范围越来越广。为促进文化创意产业的发展，英国政府出台了一系列的文件，为其提供政策支持，比如《英国创意产业路径文件》《文化与创新：未来 10 年规划》《英国创意产业竞争力报告》《创意英国》等。在税收政策方面，伦敦对文创产业实行税收减免政策，以高起征点、减免税等形式扶持文创产业，优惠力度可以说是全球之最；而且政府采取多渠道筹措资金的办法，为文创产业发展提供资金保障。除此之外，政府还提供了知识产权保护、人才保障等配套措施①。在一系列政

① 李斌等：《借鉴英国经验献策粤港澳大湾区文创产业》，《南方传媒研究》2019 年第 6 期。

策措施的扶持下，伦敦各区都形成了文化创意产业集聚区。伦敦的 Soho 是世界上典型的文化创意产业集聚区之一，此地区的文创产业以中小型媒体企业为主，其产品既有本土特色又符合国际化的标准，在电影制作以及后期制作方面在全球占有一席之地。伦敦西区以“西区剧院”为主，“西区剧院”由 49 家会员剧院组成。伦敦东区是最具艺术感的地区，拥有画廊、音乐影视公司、数码公司等，虽然规模都不大，但都拥有自己的产业链，对文化创意产业的发展有很大的贡献。伦敦的南岸是综合艺术中心，有著名的旅游景点伦敦眼、大本钟，有大学、IMAX 影院、Waterloo 火车站等。英国政府将这些具有标志性的世界名片与文化创意结合起来，产生了巨大的文化品牌效应。

（2）纽约

美国对文化产业的发展干预较少，并不像英国那样有明确的产业发展战略规划，而是提倡“无为而治”。这就为纽约文化的发展提供了宽松自由的环境。但在提供宽松文化政策的同时，美国也提供了完善的法律法规体系，特别是严格的版权保护政策，这为版权贸易和文化产业发展提供了根本保障。在税收方面，纽约对非营利性文化实行免税政策；对营利性文化则根据法律法规实行税收优惠政策。在资金支持政策方面，纽约政府的投入较少，而社会投入比较多。在美国，博物馆是最典型的非营利性文化机构，在组织管理的赞助方面具有优势。以大都会艺术博物馆为例，大都会艺术博物馆的运营方式有三种，包括政府支持、私人捐赠、企业赞助。在政府支持方面，纽约市政府是博物馆维修经费的提供者；纽约州政府也通过艺术学会为其提供经营费用，并以法律的形式给予免税的待遇；联邦政府则通过基金会承担博物馆大型展览和公众教育的费用。除了直接的财政拨款，还支持其特许经营，为其提供保险担保等，支持博物馆的运作。在私人捐赠方面，博物馆里的艺术藏品数量的增加离不开美国艺术机构董事会成员的捐赠，他们为博物馆的持久发展做出了重大的贡献。在企业赞助方面，美国的大型企业一般乐于对艺术进行捐赠，早年间蒂芙尼公司就曾为大都会艺术博物馆提供展览场所。企业的赞助可以使博物馆获得资金来源，更重要的是这一方式可以提高企业的知名度，塑造企业自身的品牌，使之获得更好的经济效益，是一个双赢的过程。

（3）巴黎

法国非常重视本国的文化安全，注重文化的保护，文化发展实行政府主导政策。为了保护本国文化不受外来文化侵蚀，提出了“文化例外”和“文化多样性”的理念，可以看出法国在防止外来文化渗透方面是比较强势的。在财政方面，法国和巴黎给予文化事业不同形式的补贴和赞助，还通过减税手段减轻企业压力。在文化遗产保护方面，巴黎相当重视。法国的《遗产保护法》和“文化遗产日”被联合国采纳，有着深远的国际影响。法国对于民族文化保护的态度是非常强硬的，长期以来都特别重视文化遗产的保护。首先，国家完善的政策法规为其提供了强有力的保障。法国最早制定了文化遗产保护法且数量众多，包括《共和国二年法令》《梅里美历史性建筑法案》《纪念物保护法》《城市规划法》等，这些法律的保护内容涵盖了文化遗产的各个方面，对世界产生了很大的影响。其次，政府的管理体系也非常完善。设立了建筑纪念物遗产科，有专门的人员进行遗产保护工作。还成立了历史纪念物基金会，获得的资金主要用来进行历史建筑物的维修、举办遗产展览等，向公众宣传本土文化。除此之外，在社会上还有许多民间协会，它们都致力于文化遗产的保护。最后，法国政府保护文化遗产的目的是增进社会公众对民族文化的认同，因此，政府通过多种措施向社会公众进行普及。比如，设立“文化遗产日”，每到这一天，社会公众可以免费参观博物馆、历史古迹，同时开展各种展览活动，为人们认识了解民族文化提供了便利。

（4）东京

日本在20世纪90年代制定“文化立国”战略，并将文化产业作为经济发展的支柱性产业。为了“文化立国”战略的顺利实施，日本制定了相关的文化政策，为文化产业发展提供扶持和保障，比如《著作权法》《文化艺术振兴基本法》《日本文化发展战略》等，还根据动漫、游戏、旅游等不同性质的文化产业制定具有针对性的法律和政策。为了监督文化产业政策的实行，及时了解掌握文化政策执行过程中出现的问题并做出调整，日本成立了“文化产业调查会”，其目的是调查研究文化产业发展的现状以及遇到的问题瓶颈，然后商讨应对的政策方法，促进文化产业的发展。在文化投资政策方面，日本政府注重能够促进文化产业发展的基础设施的建设、工艺文化项目的建设和人才的培养。与法国的政府主导不同的是，日本的文化产业发展靠市场调节，政府起引导作用，引导企业与IT行业合作，进行创新。在财政方面，日本的文化产业发展具有雄厚的物质基础，政府会以补助、投资、减税的形式对文化产业进行扶持。还与社会民间团体进行合作成立基金会，共同致力于文化产业的发展。东京致力于文化娱乐中心的打造，在东京，有数量上百的公园游园，有众多的图书馆、博物馆、展览馆。以日本的迪士尼乐园为例，虽然迪士尼乐园起源于美国，但东京的迪士尼乐园规模远大于美国。在这里既可以享受到欢乐，也可以体验日本本土的文化要素。虽然迪士尼乐园中的卡通形象以美国文化为主，但在东京迪士尼乐园，这些卡通形象都结合了当地的传统文化特色，它们在运营中以本国的文化为主，限制娱乐元素中的美国文化。这都体现了日本对本国传统文化创意性地推陈出新，而这得益于国家文化政策对文化市场机制的灵活性创新保障。

自北京建设全国文化中心以来，政府高度重视，为了促进文化的发展出台了很多相关的政策，推动文化产业改革。通过调研分析近年来北京市政府发布的相关文件可以发现，虽然促进文化发展方面的政策越来越完善，但大都体现在公共文化服务方面，解决中小文化企业投融资问题方面以及促进保护文化遗产方面的政策还需要健全。同时，在法律方面，有关公共文化服务保障和税收方面的法律法规有很大的缺陷。

3. 公共文化服务比较

（1）文化设施比较

城市的文化设施一般由政府出资修建，为市民提供学习、文化交流和娱乐方面的便利，代表着城市的文明程度。因此，一个城市文化设施数量的多寡、质量的好坏直接影响着城市的文化水平。如表3所示，东京、伦敦、巴黎、纽约四大世界文化名城的文化设施数量很多，文化氛围浓厚，尤其是巴黎，公共图书馆、博物馆、电影院的数量远超其他城市，人均占有率比较高。通过对比可以发现，北京与国内其他城市比，文化设施比较发达。但与世界文化名城相比，还有很大的差距，尤其是公共图书馆、主要美术馆的数量相差巨大。网上可以查到的主要美术馆有6个，以绘画展出为主，市民的参与程度较低。

表3　2018年主要国际城市文化设施比较

指标	北京	东京	伦敦	巴黎	纽约
公共图书馆数量(个)	24	387	352	1047	207
每10万人公共图书馆数量(个)	0.1	3	4	9	2
博物馆数量(个)	161	173	192	297	140
世界顶级博物馆	故宫	东京国立博物馆	大英博物馆	卢浮宫	大都会艺术博物馆
主要美术馆数量(个)	6	618	478	1142	1475
电影院数量(个)	256	236	270	836	637
主要音乐厅数量(个)	4	13	10	16	16
人口数量(万人)	2154	1350	890	224	1000

资料来源：《中国城市统计年鉴2019》，中国统计出版社，2019；李建盛主编《北京蓝皮书：北京文化发展报告（2019～2020）》，社会科学文献出版社，2020；魏伟等《城市文化空间塑造的国际经验与启示——以伦敦、纽约、巴黎、东京为例》，《国际城市规划》2020年第3期。

（2）经费投入方式比较

公共文化具有非营利性质，因此其发展必须依靠政府或者社会各界的资金支持。通过分析以上四大城市所在的国家对文化事业的投入方式，可以窥探四大世界文化名城在经费投入方面的不同。美国是崇尚自由的国家，对社会实行有限干预。因此，美国对文化事业也实行间接管理的方式。政府只对非营利性文化机构团体进行拨款支持，而且是通过社会中介组织进行赞助，赞助的资金也是有限的，赞助金额一般只占文化机构全部收入的10%左右，其余部分来自社会的支持，这样就减少了政府对文化事业的干预。法国十分重视民族文化的保护，有专门的文化机构管理文化事务，对文化的干预力度比较大。政府对文化采用直接拨款的方式，而且法国的公益性文化单位所需经费完全由政府负担，法国对文化的投资在国家经费预算中所占的比例也在逐年提高，并且稳定在1%左右。英国政府也不会过多地干预文化事业，其资助通过非政府公共文化机构进行，赞助的资金也是有限的，鼓励社会赞助。日本对文化事业也是实行间接管理的方式，主要通过经济法律对其发展进行引导。政府对文化事业的资助也通过社会中介组织实现，鼓励企业、个人和民间团体对文化事业进行赞助。而北京获得资金支持的方式比较单一，主要依靠政府，通过财政补贴设立文化事业发展专项资金。这样就会使得北京的文化事业发展过多地依赖政府，效率是比较低的。

（3）文化产业比较

纽约的文化产业以市场调节为主、政府管控为辅。社会公益性文化社团和“草根”艺术团的发展主要依靠纽约政府投资。目前，纽约的创意产业发展速度很快，但主要依靠政府政策扶持，资金投入很少，主要依靠华尔街的金融支持。纽约文化产业最大的特点是重视版权，文化产业也称版权产业，并以全球化的优势进行版权输出，百老汇就是纽约文化产业的代表。版权输出尤其是核心版权输出是纽约市文化产业在全球化背景下的主要盈利模式。纽约还有堪称世界第一的传媒业，哥伦比亚广播公司、《华尔街日报》、《纽约时报》等世界知名广播、报刊公司的总部都在纽约。

伦敦被称为“创意之都”，非常重视文化创意产业的发展。伦敦的文化创意产业近年来获得飞速发展，是重要的支柱性产业，产值已占据整个英国文化创意产业的半壁江山。根据伦敦市政府发布的数据，2015年伦敦文化创意产业的增加值约为420亿英镑，为伦敦经济贡献了11.1%，占整个英国文化创意产业增加值的47.4%①。伦敦的文化产业以小型创意公司为主体，该类公司处于供应链的顶端，中间为中型公司，少数的大型公司处于底

① 《“创意伦敦”的后盾》，中国国际商会网，2018年9月7日，http://www.ccoic.cn/cms/content/10190。

端，发挥集聚效应，形成产业规模①。在文创产业发展过程中，政府引导企业将创意转化为知识产权，鼓励企业利用数字技术寻找新的发行方式，促进创意与商业结合，形成新的发展模式。

巴黎文化产业也有自己的特色。巴黎开发文化旅游，其文化设施和文化项目每年都会吸引大量的游客，巴黎是人们向往的浪漫之都。巴黎还有“艺术影城”之称，不仅是法国的艺术电影中心，还是世界艺术电影中心，艺术氛围及其浓厚，同时电影艺术的发展还带动了相关配套设施的兴建，如音像制品商店、电影文化展览厅等。巴黎的文化遗产相当丰富，它们的重塑与开发受到重视，与经济社会的发展相辅相成。

日本被称为“动漫王国”，而东京是日本动漫产业最多的地区，相关资料显示东京集聚了日本 78.8% 的动漫企业和 92.1% 的动漫公司总部，生产了世界上近 60% 的动漫产品②，利用这方面的优势，东京的动漫开发已经成为日本文化产业模式的典型。东京的动漫产业已经形成了一条完整的产业链，一部动漫作品的出炉需要影视公司、广告公司、游戏软件公司、玩具商，还有动漫作品原创出版商等众多主体共同完成。东京的动漫产业还催生了动漫节庆产业，此类产业的发展不仅有利于增强城市活力，塑造城市文化形象，还有利于提高东京文化知名度，促使东京动漫“走出去”。

由此可见，纽约、伦敦、巴黎、东京都有自己的文化产业特色，形成了属于自己的城市文化品牌，文化创意产业发展速度快，并给城市的发展带来了很大的增加值。相比之下，北京的文化产业却缺乏特色，北京虽然是历史文化名城，但对文化遗产内涵和价值的挖掘还不够深入。近几年，北京的文化创意产业发展速度也很快，但根据 2019 年全球创新城市指数，北京的创新能力与以上四大城市相比还有一定的差距。

---

① 宁波市社会科学院文化产业课题组：《世界名城文化产业发展先进经验及其启示》，《宁波通讯》2015 年第 17 期。

② 王林生：《动漫节庆产业对城市发展的文化意义——以日本东京为例》，《同济大学学报》2014 年第 1 期。

4. 公众参与水平比较

文化城市的建设虽然是以政府为主导，但如果缺乏公众的参与也是难成其就的，全国文化中心的建成是政府和公众共同作用的结果。

就巴黎来看，社会力量的参与促进了巴黎文化艺术的发展。巴黎市民积极参与政府组织的文化活动。巴黎每年都会举办为期一个月的沙滩节，为市民带来与众不同的海岸风情，吸引几百万名远离海岸的普通市民参加。同时餐饮、娱乐等设施一应俱全，还专门开设了公共图书馆供游人阅读书籍。除此之外，还有各种游艺活动和体育活动。巴黎文化艺术活动的举办是多方共同努力的结果。除了政府的资助外，近一半的资金来自企业和个人，社会力量参与文化建设的积极性非常高。相关资料显示，近 30 年来法国“成就了 25 万名赞助人连续 15 年资助 6000 余项公共文化项目，总资助额达到 7000 万欧元，间接创造了 8.2 亿欧元的社会价值以及每年 1600 个工作岗位”①，同时法国还有很多的文化工作志愿者，他们是民间文化传承发展的中坚力量。

伦敦文化创意产业的发展也离不开行业协会和个人的努力。英国有专门的文化、媒体和体育部，是伦敦文化创意产业获得内部支持并对外宣传的平台。该部门收集文创产业发展的有利信息并及时发布相关报告，从整体上把握文化创意产业的发展动态和方向。伦敦时装周是世界四大时装周之一，由英国时尚协会举办，主导着世界时装创意的方向，为媒体与时尚界交流提供了世界级的平台。伦敦剧院协会管理着伦敦剧院产业，促进了剧院与公众的沟通，推动了歌剧院经济的发展。除了行业协会之外，个人在文化创意产业发展中的作用越来越突出。伦敦的原创设计师越来越多，其不仅有自己的工作室，还创立了自己的品牌，为文创事业的发展贡献了自己的力量。

纽约是世界上移民人口最多的城市之一，城市移民的特性促成了纽约文

① 黄玉荣、车达：《法国文化资助制度运作特点及其对中国的启示》，《深圳大学学报》（人文社会科学版）2015 年第 5 期。

化的开放性、包容性、竞争性和创新性。纽约市民参与文化活动的自主性比较高，除了感恩节游行是由商家组织外，一些大型的文化活动如纽约年终倒计时节庆活动、万圣节等都是由市民自发组织的，这种文化活动已经成为纽约市民生活的一部分。纽约文化的发展同样也离不开社会力量的资助，包括高级管理人员、私人慈善组织、成功的企业家以及一些比较富裕的个人，其在资助体系中占据主导作用。

东京社会力量参与文化建设的典型是动漫节庆活动，它是由东京市政府和相关动漫企业组织的动漫活动，是每年都会举办的主题性文化活动。在此活动的组织和运行中，行业协会和企业占主导地位，而政府只是作为一种辅助。这就说明动漫节庆活动以市场为导向。东京动漫节庆活动不仅有艺术家、设计者的参与，还吸引了一般市民。既营造了城市的文化氛围，也夯实了文化产业的基础。东京动漫节庆活动成为向世界宣传城市形象的重要平台。

相比较而言，北京的文化发展以政府为主导，受制于安全管控、活动报备、审批等因素，社会力量的参与不足，未能实现多元民间文化的大力发展。主要的大型文化传播活动也由政府主办，公众的参与不够深入。

（二）存在的主要问题分析

通过对以上城市的对比分析可以发现，城市较强的综合实力、健全的文化法治政策、完善的公共文化服务体系以及特色的文化产业和较强的公众参与合力形成了城市文化品牌。但也由此暴露了北京在打造城市文化品牌过程中出现的问题。

1. 公共文化服务体系的构建

2019 年，北京市文化和旅游局进行了一项名为《新时代市民参与享受公共文化服务需求》的问卷调查，参与调研人数共计 285 人，其结果在一定程度上可以反映出北京市基层公共文化服务体系建设中的问题。

（1）基层公共文化服务设施认知度及公共文化活动参与度比较低

在公共文化服务体系建设的推动下，北京的公共文化服务覆盖率提高，但仍存在市民对身边的公共文化服务设施不清楚的状况。根据问卷调查的结果，如图1所示，参加调研的市民中，有接近一半的人不清楚自己所在的社区有什么类型的公共文化服务设施而且有超一半的人没有参加过任何公共文化活动。在“公共文化活动组织存在的问题”中，有60%多的被调研者认为信息难以获取，各单位存在信息孤岛问题，查找难度大。50%的人认为形式单一，内容没有吸引性。由此可见，虽然公共文化服务设施覆盖率提高，但其宣传力度小，各单位没有实现信息共享，还没有完全实现为公众服务的目标。

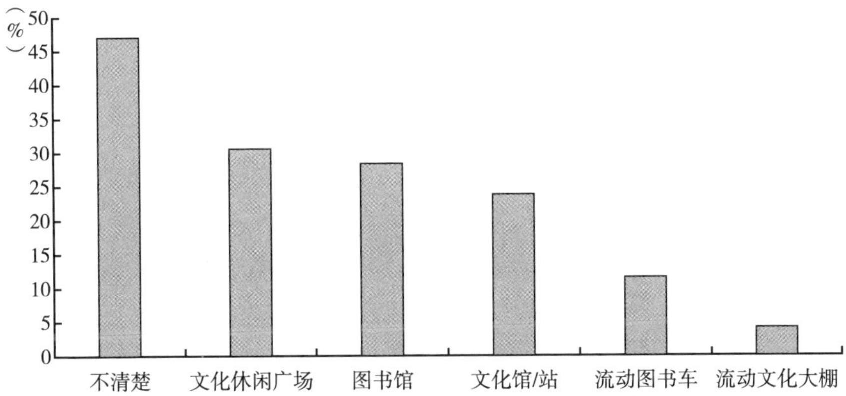

图1　所在社区公共文化服务设施类型占比

资料来源：北京市文化和旅游局网站。

（2）基层公共文化服务的专业化程度较低

根据问卷调查“常去的文化场馆类型”问题结果，如图2所示，大部分的被调研者主要是去区级和国家级的图书馆、文化馆等文化场所，只有接近6%的人愿意去街道/乡镇文化中心等场所。在“社区/村需要改善的服务内容”选项中，如图3所示，被调研者认为公共文化服务需要进一步提供专业性活动场地、提升服务人员专业性等，可见公众对公共文化服务的专业性要求比较高。同时，图3还显示出在公共文化服务方面的专业化人才缺失，不能有效地对公共文化服务做出专业化的指导。

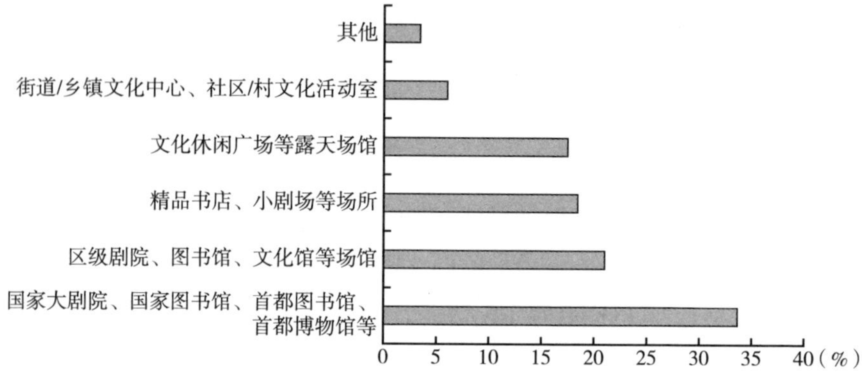

图 2　常去的文化场馆类型占比

资料来源：北京市文化和旅游局网站。

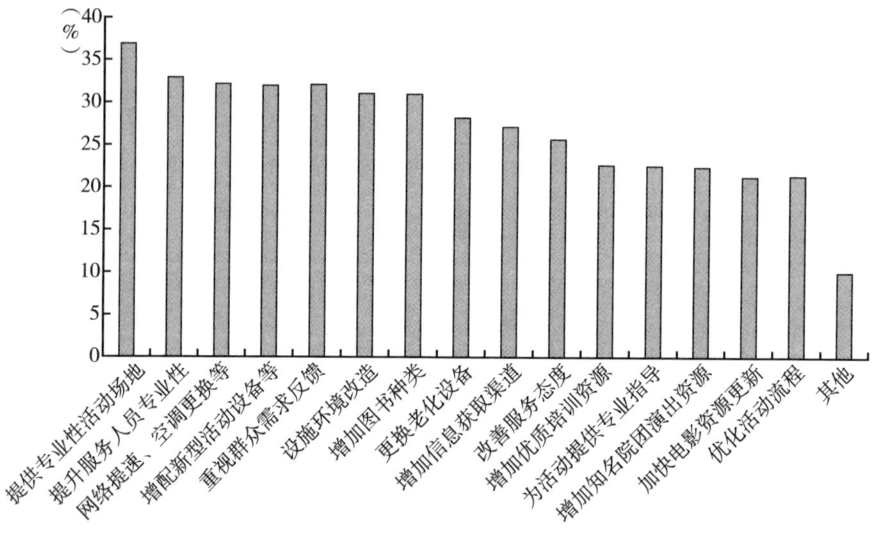

图 3　社区/村需要改善的服务内容占比

资料来源：北京市文化和旅游局网站。

（3）城郊公共文化服务设施差距较大

根据《北京蓝皮书：北京文化发展报告（2019～2020）》中各区文化馆/中心（镇街以上）、图书馆、博物馆等的对比资料，如表 4 所示，随着北京公共文化服务体系的建设，由政府出资修建的文化馆/中心的数量差别不大，甚至有些郊区文化馆/中心的数量比城6区的还要多。但是，博物馆的数量差别很大，总体来说，北京城6区博物馆的数量有127个，占总数的77%，郊区共38个，只占23%，通过这一比较可以看出城郊之间公共文化服务设施的差距。根据北京市公共文化产品服务的现状调查，即便北京市打造了“15分钟公共文化服务圈”，城区之间也有较大的差距，距离城区越远，居民越不能在15分钟内到达村镇提供的公共文化服务设施的所在地①。

表4　2018年北京各区图书馆、档案馆、文化馆/中心（镇街以上）、博物馆、综合文化中心比较

地区	图书馆				档案馆		文化馆/中心（镇街以上）		博物馆		综合文化中心
	面积		藏量								
	面积（平方米）	排名	数量（万册）	排名	面积（平方米）	排名	数量（个）	排名	数量（个）	排名	
东城	12080	6	140	2	2776	13	19	8	33	1	在建
西城	11720	7	110	5	5100	4	17	10	29	2	有
海淀	35000	1	140	2	6513	1	30	2	26	4	有
朝阳	18600	2	250	1	2880	12	46	1	29	2	有
丰台	7400	10	40	15	2000	15	21	4	8	5	有
石景山	12300	5	113	4	3732	10	10	16	2	12	有
大兴	5014	14	60	10	1768	16	21	4	3	10	有
房山	15840	4	43	14	4700	5	30	2	5	8	有
通州	17251	3	70	8	2651	14	16	12	5	8	有
顺义	4520	15	45	13	4262	7	21	4	2	12	有
昌平	11000	8	70	8	3800	8	16	12	8	5	无
密云	7500	9	58	12	5440	3	21	4	1	16	有
延庆	5598	13	33	16	5762	2	16	12	7	7	有
怀柔	7309	11	71	7	3000	11	17	10	3	10	无
平谷	6700	12	60	10	3800	8	19	8	2	12	有
门头沟	3742	16	90	6	4651	6	15	15	2	12	在建

资料来源：李建盛主编《北京蓝皮书：北京文化发展报告（2019～2020）》，社会科学文献出版社，2020。

① 蔡春霞：《公共文化产品服务的现状调查——以北京市为例》，《北京印刷学院学报》2020年第5期。

2. 文化产业的发展

(1) 文化产业结构不平衡

根据北京市统计局和国家统计局北京调查总队联合制定的《北京文化创意产业分类》，文化产业既包括国家文化产业的全部内容，也包括软件、网络及计算机服务等科技文化创新活动①。通过对比北京文化创意产业的构成可以发现，各类不同的行业对文化创意产业的发展贡献是有差异的。如图4所示，在各类行业中，软件、网络及计算机服务行业所占的比例最大，而且从2007年到2017年大体上呈增长趋势，而与文化创意产业有直接关系的设计服务、艺术品交易等所占的比例很小。这种明显的产业结构偏差，将会成为文化创意产业发展的阻碍。

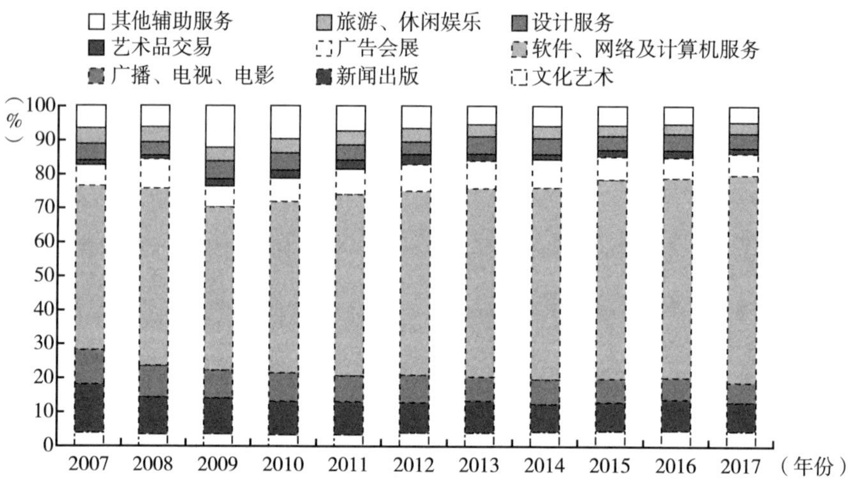

图4　2007～2017年北京文化创意产业结构变化

资料来源：徐李璐邑《北京文化产业的现状分析与发展建议》，《城市学刊》2019年第5期。

(2) 文化创意产业增长动力不足

虽然，近年来北京市第三产业的产值一直占GDP的80%左右，但其中文化创意产业占第三产业的比重并不高②。根据历年《北京统计年鉴》，新

① 孔建华：《二十年来北京文化产业发展的历程、经验与启示》，《艺术与投资》2011年第2期。

② 徐李璐邑：《北京文化产业的现状分析与发展建议》，《城市学刊》2019年第5期。

兴产业增加值排前3位的是现代服务业（不含金融业）、高技术产业和信息产业，文化创意产业位居第四且与现代服务业的增加值有很大的差距。从图5中可以看出，北京市文化创意产业发展动力不足，要想成为经济发展的支柱还有很长的路要走。

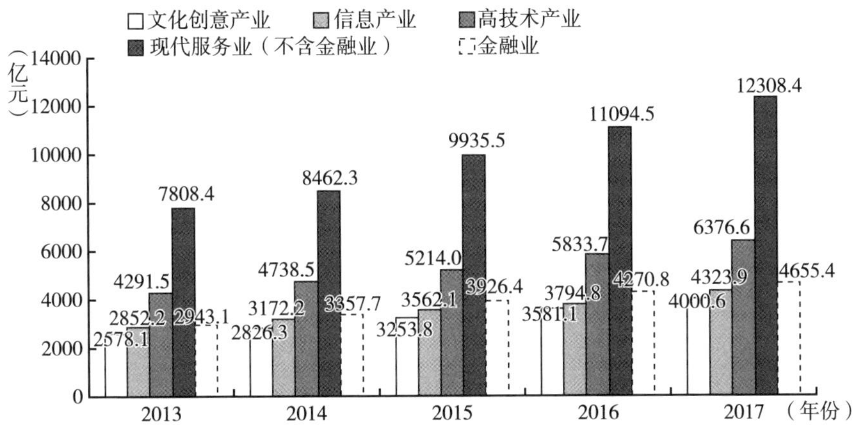

图5 2013～2017年北京部分新兴产业增加值对比

资料来源：徐李璐邑《北京文化产业的现状分析与发展建议》，《城市学刊》2019年第5期。

（3）文化产业高端人才缺乏，创新能力差

近年来，随着国家对文化产业重视程度的提高，许多高校开设了与之相关的专业课程以培养这方面的人才。但从实际需要来看，虽然高校每年向社会输出了很多这方面的毕业生，但大多数专业知识不扎实、技术水平差、工作能力欠缺，无法满足文化企业发展的需要，致使文化产品缺乏创新性，原创作品也很少，产业经济发展缺乏动力。而且，由于文化产业是综合类的，包括众多的专业学科，比如广告学、新闻传播学等，其专业性比较强，一般的管理专业的毕业生很难胜任文化企业中的经营管理型岗位，这方面复合型人才短缺。

3. 文化遗产的保护

法国在文化遗产方面的保护力度是非常大的，有非常完善的保护制度，并且以立法的形式进行强制保护。法国的遗产保护不是局限在对历史建筑或者景观地的修护工作上，而是也注重对生活在其周围的居民生活环境的改善和对文化遗产的开发与再利用，从而保持历史文化遗产的活力，使其历史价值得到充分发挥。

相比法国文化遗产的保护工作，北京对文化遗产的开发保护仍有不足。首先，北京的历史文化资源丰富且分布广泛，虽然保护体系日益完善、保护范围不断扩大，但还有些区域的历史文化保护仍处于调研和整理阶段，受重视程度远不及中心地区，还有部分遗产处于失修的状态和存在文物破坏的现象，保护机制欠缺。其次，历史文化内涵的挖掘与利用需要加强。如何使历史文化遗产更好地与现代文明相结合仍是一个值得深思的问题。最后，出现建筑遗产等文物古迹的保护和周边环境不协调的现象，因此既要保持古都风貌又要形成整体的城市色调和建筑风格。

（1）公众参与的力度

由以上的对比分析可以看出，除了法国巴黎在城市文化建设中政府占主导地位外，纽约、伦敦、东京的文化发展主要依靠社会力量的帮助，公众对于文化建设发展参与度比较高，所做的贡献也比较大。而北京的城市文化建设的主导力量是北京市政府，一些大型的文化传播交流活动、体育赛事，比如北京世界园艺博览会等的主办方也是政府。北京很少有全民参与的文化交流活动，更缺乏针对不同层次的市民举办的特色文化活动。一些遗产、绘画展览以及文艺活动等的参观人员也是与之文化背景相关的人员，普通民众的参与程度比较低。图书馆的浏览群众中，儿童、学生占比很大，还未形成全民阅读的社会风气。民间艺术未广泛受到年轻人的喜爱。总之，与世界文化名城相比，北京的公众参与度不高。

（2）文化政策的评估与反思

在上半部分关于文化政策的研究里面，我们可以发现“文化民族主义”在世界范围内是比较普遍的。各国都根据自身的客观条件为文化艺术提供独立的发展空间。对于文化产品的观点主要有两种，一是以美国为代表的文化自由贸易，二是以法国为代表的文化例外。这两种观点产生的根源是国家是否应该资助电影、音像制品等文化艺术的发展。美国认为为文化艺术产品设置贸易壁垒的民族保护主义与世界各国联系日益密切的发展方向背道而驰，而且政府的资助对电影、音像制品的发展没有作用；法国则认为，在全球化背景下，美国的影视文化公司对各国都造成了一定的冲击，如果政府不支持本国的文化艺术产业的发展，它们的生存发展空间将会越来越小，所以为了促进文化多样性，政府必须给予干预。那么面对此问题，政府要不要资助文化艺术的发展呢？答案是肯定的。政府资助文化艺术发展不仅可以提高本国文化艺术产品的质量，保持本国文化艺术的发展活力，还可以形成应对国外文化冲击的底气。但是如何在政府资助文化艺术的干预下促进多样性的发展是一个值得深思的问题。北京在建设全国文化中心的过程中，在文化政策方面既要借鉴法国的文化例外，注重对传统民族文化和文化遗产的保护，努力发展具有活力和竞争力的文化艺术产业，又要促进文化艺术交流贸易。因为在全球化背景下，过分的保护主义是行不通的，文化的多样性是包括世界各国文化的多样性，因此各国之间要相互交流、相互学习、相互借鉴，为促进世界文化的多样性而努力。

五　北京打造城市文化品牌、建设全国文化中心的举措

（一）进一步提高北京综合实力，为城市文化品牌的打造提供硬实力

经济基础决定上层建筑，文化作为上层建筑的一部分，离不开经济的支撑。北京要建设全国文化中心，形成自己的城市文化品牌同样需要雄厚的经济实力、稳定的社会作为基础，只有这样才能为文化的发展提供各种支持。从与世界文化名城的对比分析来看，发达国家对文化建设都会给予各种形式的资金支持和税收优惠，这些都需要坚实的财政基础。因此，北京应进一步加强经济建设，增强实力，为城市文化品牌的打造提供良好的物质保障。经济增长的同时也意味着人们收入水平的提高，在满足物质需求的同时也应刺激居民的文化消费，这对全国文化中心建设也有一定的促进作用。当然，一

个城市的文化发展水平除了经济的作用以外，还与其他方面的综合发展有直接的关系，比如交通、社会环境等。因此，北京还应该提高城市管理水平，解决各种城市问题，提高城市品位，打造宜居之都的城市形象。

（二）提高公共文化服务水平，为城市文化品牌的打造提供物质文化设施基础

公共文化服务体系是以政府为主导、社会力量参与构建的，目的是普及文化、宣传思想、满足人们的精神需求，对于促进社会主义文化繁荣有重要意义。虽然北京市在公共文化服务体系构建上取得了良好的成效，但仍存在发展不平衡、基层设施利用率低等问题。要解决这些问题，首先，政府要加大对郊区基层文化设施建设的投入，建设较高水平的文化活动场所，以硬件水平的提高带动整体公共文化服务水平的提升；要实现文化资源共建共享，让文化产品惠及乡镇基层居民；培养专业的基层文化服务人员，壮大人才队伍，提高专业化服务水平。其次，利用数字化建设机遇，提高整体公共文化服务水平。建设公共文化服务数字平台并加强与国家级图书馆、大剧院等文化单位的合作，向基层居民推送精品文化资源；利用大数据技术，调查群众公共文化设施的使用状况，弄清他们的使用满意度和需求，进一步提高文化活动设施场所的服务水平。最后，文化设施的建设只靠政府的力量是远远不够的，应该鼓励社会资本参与，依靠社会力量打造城市阅读空间体系，形成全民阅读的良好风尚。

（三）创建文化产业“文化＋”模式，丰富城市文化品牌的内涵

城市文化品牌的打造，需要特色文化产业的支持。近年来，北京的文创产业有良好的发展前景，发展速度很快，但仍有一些方面需要加强。首先，北京正在建设文创产业园区，园区的建设需要政策的支持和配套服务的完善。因此，应该根据文创产业发展的需要制定相应的支持政策，针对中小企业融资难的问题，加强文化金融服务建设，构建“文化＋金融”服务体系，搭建文创金融网络平台，在北京市发布的“投贷奖”政策的背景下，为企

业提供专业化的金融服务，提高金融服务效率。其次，还要推进文化与科技、旅游、体育等方面的融合，激发文化的创造力。“文化＋科技”就要通过当代网络计算机技术，利用大数据、人工智能、云计算、5G等推动产业模式、内容、服务的创新；“文化＋旅游”就要深入挖掘北京历史文化名城的内涵，将首都文化贯穿于各个旅游景区，帮助游客在游玩的同时了解到北京的特色文化；“文化＋体育”就要通过举办国际赛事，推动体育产业国际化，通过文化与体育的融合，创造产品内容和体育文化景观，实现体育文化产业的增值。

（四）制定宽松的文化政策，为城市文化品牌的打造提供多元文化环境

多元文化的交流可以增强文化的创造能力，故步自封是不可能进行文化创造的。文化的多样和对文化的包容可以激发不同文明的碰撞，产生富有特色的文化。所以，要以开放的姿态对待和吸收各种优秀文化。放眼世界，每一个发达的文化城市，都是各种文化相互作用的结果。纽约作为一个移民城市，有着丰富多彩的文化，巴黎坚持文化多样性原则，包容世界各国文化，伦敦倡导多元文化生态以及东京对外来文化的摄取和模仿，无不是宽松政策的体现。因此，北京要建设全国文化中心，打造世界文化名城，就要以“海纳百川，有容乃大”的心态去吸收借鉴不同国家、地区的优秀文化。文化的建设离不开法律法规的保障，以上四大城市的文化在发展过程中，政府都制定了相关的文化法规。北京也应该健全文化相关的法律体系，规范文化产业的发展，实现有效管理。应健全投融资和财政优惠方面的法规、市场准入法规、人才引进法规等。可以建立完善金融服务平台和信息传播平台，整合社会金融扶持资源并将信息及时地传递给文化企业。充分利用政府资金，完善政府投入和考核机制，保证资金的有效利用。利用税收政策加强对文化产业的支持，对非营利性文化机构、原创文化产品以及出口文化产品进行税收激励和补贴。完善人才培养机制，建立多元化的人才培养体系，企业实行以人为本的经营模式，打造促进文化发展的人文环境。

（五）完善创意人才培养体系，满足行业发展人才需求

文化创意产业会带来巨大的经济效益，有很大的发展潜力和活力。文化创意企业得以生存发展的核心和关键是创意，而创意来自人才。虽然北京的创意指标居全国首位，但同发达国家的文化中心城市相比还有很大差距。北京文化创意产业的发展离不开创意人才，就目前来看，北京文化创意人才，尤其是这方面的高端管理人才非常匮乏。因此，北京应该加大创意人才的培养力度，而北京高校应该首先承担起这份责任。应鼓励高校开设有关文化创意的课程，不仅要教授知识，更要注重创新能力的培养。通过不同层次的教育模式，以理论和实践相结合的方式，为北京的文创产业输送高素质、高能力的人才。并且鼓励文创产业与高校合作，打造产学研融合的人才培养基地。北京文化创意产业发展的制约因素是创意人才的匮乏和管理人员的不足，因此高校应该据此明确重点培养方向，但要注意的是高校在进行人才培养时要根据自身科研条件、师资队伍确定人才培养的类型，不可以为了迎合市场需要而盲目开设新的专业。此外，北京可以借助国际交往中心的优势，探索可以吸引海外人才回国的渠道，为国际人才的定居准入制定宽松的政策，促进人才流动。营造良好的商务环境，为国际交流提供良好的环境基础，吸引国外人才来京学习工作。

（六）健全公共参与机制，促进全国文化中心全民共建共享

北京全国文化中心的建设和城市文化品牌的打造虽然以政府为主导，但公众的参与也十分重要。离开了公众参与的全国文化中心就不能称之为中心。公众参与文化建设的过程是把政府和公众连接起来，进行双向互动的过程。政府通过制定相关的政策和提供参与渠道，使公众参与有据可依；反过来，公众可以通过这些渠道表达自己的建设建议和需求，使全国文化中心建设更加贴近公众实际，真正实现共建共享。就公众来说，参与文化建设的首要前提是要对公共文化服务机构和它们所提供的文化活动信息有最基础的了解，培养自己的参与意识和习惯。因此，作为公众个体，每个人都应该主动

地去了解自己身边的公共文化服务机构所提供的文化资源并加以利用。在此过程中要善于发现与自己需求相关的问题并通过合理的渠道表达自己的意见，使公共文化服务机构更好地服务人民。还应该积极地参与公共文化服务机构组织的文化活动，争当文化志愿者，向亲朋好友传播文化知识。就政府来说，政府提供公共文化服务并对其服务体系进行管理，监督公共参与行为，这就需要政府对公众参与文化建设进行规划指导和顶层设计。首先，要为公众参与文化建设提供制度保障，积极完善与文化相关的法律政策。根据公众参与实践过程中出现的问题，及时地制定补充政策制度，健全公众参与文化建设的制度体系。就公共文化服务机构来说，应该做好政府和公众沟通的桥梁，为公众提供各种形式的参与渠道，为公众参与搭建平台，保证他们可以畅通无阻地参与建设。此外，还要对他们进行引导，培养其文化权利意识，使公众参与文化建设持续健康发展。

（七）加强版权保护，促进传播机制规范化

移动互联网的发展催生了很多的传播渠道，极大地改变了人们的信息交流方式和文化传播方式，同时也为文化传播中的版权保护带来了挑战。文化与版权相辅相成、不可分割。从表面来看，过多地关注版权会限制文化的发展，但实际上，离开了版权保护的文化会滋生盗版、侵权、信息的随意传播等问题，更不利于文化的健康发展，尤其是在信息技术迅速发展的今天，不仅数字化的文化内容容易被复制传播，传统作品也容易通过扫描、手抄等各种手段进行传播，造成侵权现象。因此，北京在建设全国文化中心、进行文化传播和交流的过程中要注意文化版权的保护，保护传媒企业和内容提供者的合法权益，在文化传播方面形成良好的社会风气。首先，从国家层面来看，要完善版权保护方面的法律法规，为侵权行为的评判提供依据，对侵权行为进行严厉打击，追究侵权者相应的责任，尤其是要针对数字技术的发展，出台数字版权保护政策。根据数字内容的特点，要求内容创作者以电子署名的方式避免其作品被非法转载传播。通过内容加密发放等，规范数字内容的转让。其次，对传媒企业来说，版权作为无形的资产具有巨大的商业价

值，所以做好版权保护就是维护传媒企业的利益。传媒企业不仅要对其所具有的版权进行评估，明确商业价值，寻找变现途径，还要加大版权投入，向公众提供优质的内容资源。最后，从公民个人角度来看，由于公民的版权意识淡薄，与版权相关的法律认知和素养缺乏，在某种程度上也纵容了侵犯版权的行为。因此要加强公民的版权教育，自觉抵制盗版传播，检举侵权行为，使社会形成良好的风尚。

（八）以培养文化自觉为核心，实行一贯制教育机制

一个城市的文化发展道路可以走多远，往往与城市自身的文化自觉有关系。“文化自觉”的概念是由我国著名学者费孝通提出的，他认为文化自觉是指人们对自己国家和民族文化的传承和发展，体现为掌握文化规律、承担文化使命、能够理性判断文化的传承和发展①。这就要求文化主体能够了解自身文化从哪里来、如何形成、有何特色、怎么发展，只有这样才能在新时代的背景之下进行文化转型发展。一个国家、一个民族需要文化自觉，对于城市文化发展来说也不例外。一个城市的历史越悠久，就越能有深厚的文化积淀，越需要文化自觉。北京有着悠久的发展历史，文化遗产极其丰富，但存在文化遗产遭到破坏、市民文化自觉缺失的问题。针对这些问题，必须以文化自觉为核心，实行一贯制教育机制。首先，想培养文化自觉就要加强每个市民的传统文化教育。学校首先要担起这一责任，社会公共文化服务机构也要不定期对市民进行传统文化的宣传教育，提高他们的文化自觉意识。中华民族优秀的传统文化是我们国家发展的根基、人民的精神家园，是认识城市文化的基础。只有在此基础上才能对城市物质遗产和非物质遗产有充分的了解并进行反思，形成城市文化的特色并明确其发展定位。北京虽然历史文化资源丰富，但不能故步自封，要积极吸收借鉴其他国家的优秀文明成果，让其为城市文化发展服务。其次，利用网络搭建文化学习交流平台，宣传革命文化、民俗文化，挖掘其文化价值。在网络自媒体迅速发展的时代，信息

① 费宗惠、张荣华：《费孝通论文化自觉》，内蒙古人民出版社，2009。

的传递性普遍提高，人们可以方便及时地获取信息，应利用这一优势开拓新的渠道，以短视频、微电影等的形式更直观地让人们了解文化。最后，培养文化自觉必须以社会主义核心价值观为指导。在网络时代，人们的生活方式、行为习惯受到多元主义的影响，不可避免地会产生不良后果，因此必须加强社会主义核心价值观的教育，以正确的价值观对待传统文化和外来文化，提升民众的文化自觉意识，自行践行费孝通先生所提倡的“各美其美，美人之美，美美与共，天下大同”的文化建设理念。

总之，北京城市文化品牌的形成基础就是全国文化中心建设的内容，全国文化中心建设不是一朝一夕或靠单一部门的努力就能完成的，它始终是长久的战略目标，北京永远处在正在建设中的全国文化中心这一功能定位中。因此北京要清楚把握发展建设现状，正视在建设全国文化中心过程中产生的问题，根据自己的文化资源优势和竞争优势做出相应的调整，特别是针对公共文化服务体系建设、产业政策制定、公众参与、遗产保护等，在借鉴发达国家文化中心城市经验的基础上，应根据自身实际情况，促进经济、政治、社会、文化各方面协同发展，扫清全国文化中心建设过程中的障碍，探索全国文化中心建设的优化方案，为城市文化品牌的形成提供坚实的基础。此外，北京应在科技不断融合发展的背景下，推进“文化 +”和“互联网 +”建设，实现文化与科技、金融、商业等的协同融合发展，创建新的文化创意产业模式，丰富城市文化品牌内涵，提升综合文化传播能力。

行 业 篇

Industry Reports

B.3

我国新闻出版业创新发展指数构建及测评

华宇虹　杨　赛　朱馨宇*

摘　要：作为文化产业的重要组成部分，新闻出版业的高质量发展是重构生态的系统工程，需要从内容形式、方法手段、载体渠道、体制机制到政策法规等全方位创新来激发动力、增强活力、释放潜力。本报告以此为指导思想构建了包含2个一级指标、8个二级指标、28个三级指标的新闻出版业创新发展指标体系，通过层次分析法对各指标赋权，并应用该指标体系阐述2015～2019年我国新闻出版业的创新发展条件以及创新发展质量表现，从创新发展基础、产业主体结构、创新发展资源、创新发展环境以及创新产出、发展质量、社会绩效、经

* 华宇虹，博士，北京印刷学院经济管理学院教授，硕士生导师，主要研究方向为工商管理；杨赛，北京印刷学院经济管理学院硕士研究生，主要研究方向为工商管理；朱馨宇，北京印刷学院经济管理学院硕士研究生，主要研究方向为工商管理。

济绩效等八个方面进行分析评测，以期为新闻出版业的高质量发展提供助力。

关键词：　新闻出版业　创新发展指数　指数构建　发展测评

党的十八大以来，习近平总书记高度重视创新、着力推进创新，把创新摆在了国家发展全局的核心位置。作为文化产业的重要组成部分，新闻出版业的高质量发展是生态重构的系统工程，参与者既有传统出版企业，也有新兴出版企业。从高速增长阶段转向高质量发展阶段的新闻出版业，必须转换动力机制。这种新动力机制的供给侧是创新引领，需求侧是人民向往。新闻出版业的高质量发展阶段所面对的根本需求不变，要实现的价值逻辑不变，其升级换代，是以高质量发展为目标，进行产业生态再造、完善发展路径、推动建立新的产业格局的一个过程。

一　我国新闻出版业创新发展指数内涵及评价指标体系的确定

（一）新闻出版业创新发展指数的内涵

新闻出版业创新发展指数是衡量新闻出版业创新发展状况的定量描述和分析比较工具，是以新闻出版业为研究对象，立足于建设出版强国这一战略目标，通过合理选取评价指标与科学赋权等定量评估手段，系统化、多维度地反映新闻出版业的整体创新与发展状况，并最终以指数形式呈现的一个信息高度浓缩的指标。

（二）评价指标体系的确定

本报告借鉴新闻出版业及其他行业创新指数的研究成果，以《新闻出版广播影视“十三五”发展规划》① 为指导，借鉴国内外已有的产业创新发展评价指标，编制了我国新闻出版业创新发展指数评价指标体系，如表1所示。

表1　新闻出版业创新发展指数评价指标体系

一级指标	二级指标	三级指标
1 创新发展条件	1 -1 创新发展基础	1 -1 -1 居民收入水平
		1 -1 -2 人口规模
		1 -1 -3 居民受教育程度
		1 -1 -4 在校生人数
	1 -2 产业主体结构	1 -2 -1 国有全资企业占比
		1 -2 -2 上市公司比重
		1 -2 -3 市场集中度
	1 -3 创新发展资源	1 -3 -1 行业人力规模
		1 -3 -2 行业资产规模
		1 -3 -3 财政支持状况
		1 -3 -4 研发投入状况
	1 -4 创新发展环境	1 -4 -1 法制环境
		1 -4 -2 信息化程度
		1 -4 -3 版权制度发展
2 创新发展品质	2 -1 创新产出	2 -1 -1 新版图书品种数
		2 -1 -2 版权输入输出比重
		2 -1 -3 报纸期刊总印数
		2 -1 -4 数字出版情况
	2 -2 发展质量	2 -2 -1 产品质量水平
		2 -2 -2 产品市场竞争力
		2 -2 -3 出版物发行网点数量
		2 -2 -4 产品数字化水平
	2 -3 社会绩效	2 -3 -1 国民综合阅读率
		2 -3 -2 数字化阅读率
		2 -3 -3 人均年拥有图书量

① 《国家新闻出版广电总局关于印发〈新闻出版广播影视“十三五”发展规划〉的通知》，国家互联网信息办公室网站，2017年9月29日，http：//www. cac. gov. cn/2017 -09/29/c_1121741583. htm。

续表

一级指标	二级指标	三级指标
2 创新发展品质	2-4 经济绩效	2-4-1 全行业收入
		2-4-2 全行业利润
		2-4-3 产业经济贡献

新闻出版业创新发展指数评价指标体系分为三级。一级指标 2 个，即创新发展条件和创新发展品质。其中创新发展条件包含创新发展基础、产业主体结构、创新发展资源、创新发展环境等 4 个二级指标；创新发展品质包含创新产出、发展质量、社会绩效、经济绩效等 4 个二级指标。

三级指标中，“居民收入水平”以人均可支配收入测度；“人口规模”以总人口测度；“居民受教育程度”以大专及以上文化程度人口数量测度；“在校生人数”以大专及以上在校人数测度；“国有全资企业占比”以国有全资企业营业收入所占比重测度；“上市公司比重”以行业内上市公司总数占全行业公司总数的比重测度；“市场集中度”以出版集团营收占总营收的比重测度；“行业人力规模”以新闻出版业从业人员数量测度；“行业资产规模”以新闻出版业总资产测度；“财政支持状况”以国家对新闻出版业的财政补贴项目资金测度；“研发投入状况”以新闻出版业上市公司研发经费测度；“法制环境”以版权执法行政处罚案件数量测度；“信息化程度”以互联网用户数量测度；“版权制度发展”以版权合同登记数量测度；“版权输入输出比重”以版权输入输出数量比重测度；“数字出版情况”以数字出版业总收入测度；“产品质量水平”以再版重印图书比例测度；“产品市场竞争力”以非课本类图书总印张数占图书总印张数比重测度；“产品数字化水平”以传统书报刊数字化收入测度；“全行业收入”以新闻出版业营业总收入测度；“全行业利润”以新闻出版业总营业利润测度；“产业经济贡献”以新闻出版业增加值占第三产业增加值比重测度。

二　我国新闻出版业创新发展指数的指标赋权

（一）指标赋权方法选择——层次分析法

层次分析法，简称 AHP，是美国运筹学家匹兹堡大学教授萨蒂于 20 世纪 70 年代初提出的，在指标赋权中有着广泛的应用。层次分析法是指将一个复杂的多目标决策问题作为一个系统，将目标分解为多个目标或准则，进而分解为多指标（准则、约束）的若干层次，通过定性指标模糊量化方法算出层次单排序（权数）和总排序，以作为目标（多指标）、多方案优化决策的系统方法。该方法将决策问题按总目标、各层子目标、评价准则直至具体备选方案的顺序分解为不同的层次结构，然后用求解判断矩阵特征向量的办法，求得每一层次的各元素对上一层次某元素的优先权重，最后再使用加权和的方法递阶归并各备选方案对总目标的最终权重，此最终权重最大者即为最优方案。

层次分析法具体步骤如下：

第一，建立递阶层次结构模型。

在运用层次分析法解决实际问题时，需要将决策的目标、考虑的因素（决策准则）和决策对象条理化，构造出一个有层次的结构模型。可以分为三类，即最高层（目标层）、中间层（准则层）、最底层（方案层）。层次数一般不受限制，层次数与问题的复杂程度以及问题的详尽程度相关。但需要注意的是，每一层中各元素所支配的元素一般不超过 9 个。

第二，构造判断（成对比较）矩阵。

在确定各层次各因素之间的权重时，如果只是定性的结果，则不足以令人信服，因而萨蒂等人提出一致矩阵法，即不把所有因素放在一起比较，而是两两相互比较，采用相对尺度，以尽可能减少性质不同的因素相互比较的困难，提高准确度。如对某一准则下的各方案进行两两对比，并按其重要性程度评定等级。a_{ij}为要素 i 与要素 j 重要性比较结果，表 2 为萨蒂给出的判断矩阵标度定义。按两两比较结果构成的矩阵称作判断矩阵。

表 2　判断矩阵标度定义

标度	含义（比较因素 i 和 j）
1	i 与 j 两个元素同样重要
3	i 元素比 j 元素稍微重要
5	i 元素比 j 元素明显重要
7	i 元素比 j 元素强烈重要
9	i 元素比 j 元素极端重要
2,4,6,8	表示介于两个相邻级别之间
倒数	j 元素比 i 元素的重要程度

第三，计算一致性比例 CR，公式如下：

$$CR = \frac{CI}{RI}$$

$CI=0$，有完全的一致性；CI 接近于 0，有满意的一致性；CI 越大，不一致性越严重。为衡量 CI 的大小，引入随机一致性指标 RI，公式如下：

$$RI = \frac{CI_1 + CI_2 + \cdots + CI_n}{n}$$

其中，随机一致性指标 RI 和判断矩阵的阶数有关，一般情况下，矩阵阶数越大，则出现一致性随机偏离的可能性也越大，其对应关系如表 3 所示。

表 3　平均随机一致性指标 *RI* 标准值

矩阵阶数	1	2	3	4	5	6	7	8	9
RI	0	0	0.52	0.89	1.12	1.24	1.36	1.41	1.46

注：不同的标准下，RI 的值也会有微小的差异。

考虑到一致性的偏离可能是由随机原因造成的，因此在检验判断矩阵是否具有满意的一致性时，还需将 CI 和随机一致性指标 RI 进行比较，得出检验系数 CR，公式如下：

$$CR = \frac{CI}{RI}$$

一般，如果 $CR<0.1$，则认为该判断矩阵通过一致性检验，否则就不具有满意一致性。

第四，层次总排序及其一致性检验。

具体到各元素，特别是最低层中各方案对目标的排序权重，从而进行方案选择。对层次总排序也需进行一致性检验。计算各层要素对系统总目标的合成权重，并对各个备选方案进行排序。

（二）权重测算

新闻出版业创新发展指数的测评是通过多个指标进行的，不同指标对目标层的重要性不同，因此要科学地衡量新闻出版业发展实际情况，就必须合理地确定各指标的权重。根据本报告研究对象和研究目的，在进行专家咨询确定重要性程度的基础上，采用层次分析法确定各项指标的具体权重。其基本步骤如下。

1. 建立层次分析模型

层次分析法需要建立目标层、指标层和方案层，本报告目标层为“新闻出版产业创新发展水平”；指标层为“创新发展条件、创新发展品质”2个一级指标；次指标层为“创新发展基础、产业主体结构、创新发展资源、创新发展环境、创新产出、发展质量、社会绩效、经济绩效”8个二级指标；方案层包括28个三级指标。

2. 构造指标层两两比较矩阵

本报告邀请了新闻出版业领域的专家学者，对各个一级、二级指标进行两两比较打分，得出相互关联要素的重要程度。相互的比较采用9级比例标尺来确定评价标准（见表4至表14）。

（1）构造一级指标两两比较矩阵

表 4　一级指标重要性矩阵

	创新发展条件	创新发展品质
创新发展条件	1	2
创新发展品质	1/2	1

（2）构造二级指标两两比较矩阵

表 5　创新发展条件下二级指标重要性两两比较矩阵

	创新发展基础	产业主体结构	创新发展资源	创新发展环境
创新发展基础	1	1	1/2	1
产业主体结构	1	1	1	2
创新发展资源	2	1	1	1
创新发展环境	1	1/2	1	1

表 6　创新发展品质下二级指标重要性两两比较矩阵

	创新产出	发展质量	社会绩效	经济绩效
创新产出	1	1/2	1/2	1/2
发展质量	2	1	1	3
社会绩效	2	1	1	1
经济绩效	2	1/3	1	1

（3）构造三级指标两两比较矩阵

表 7　创新发展基础下三级指标重要性两两比较矩阵

	居民收入水平	人口规模	居民受教育程度	在校生人数
居民收入水平	1	5	1/2	2
人口规模	1/5	1	1/3	1
居民受教育程度	2	3	1	4
在校生人数	1/2	1	1/4	1

表 8　产业主体结构下三级指标重要性两两比较矩阵

	国有全资企业占比	上市公司比重	市场集中度
国有全资企业占比	1	1/2	1/2
上市公司比重	2	1	2
市场集中度	2	1/2	1

表 9　创新发展资源下三级指标重要性两两比较矩阵

	行业人力规模	行业资产规模	财政支持状况	研发投入情况
行业人力规模	1	2	4	1/3
行业资产规模	1/2	1	2	1/4
财政支持状况	1/4	1/2	1	1/4
研发投入状况	3	4	4	1

表 10　创新发展环境下三级指标重要性两两比较矩阵

	法制环境	信息化程度	版权制度发展
法制环境	1	3	1
信息化程度	1/3	1	1/2
版权制度发展	1	2	1

表 11　创新产出下三级指标重要性两两比较矩阵

	新版图书品种数	版权输入输出比重	报纸期刊总印数	数字出版情况
新版图书品种数	1	1/3	2	1/2
版权输入输出比重	3	1	5	1
报纸期刊总印数	1/2	1/5	1	1/2
数字出版情况	2	1	2	1

表 12　发展质量下三级指标重要性两两比较矩阵

	产品质量水平	产品市场竞争力	出版物发行网点数量	产品数字化水平
产品质量水平	1	1	2	2
产品市场竞争力	1	1	3	1
出版物发行网点数量	1/2	1/3	1	1/2
产品数字化水平	1/2	1	2	1

表 13　社会绩效下三级指标重要性两两比较矩阵

	国民综合阅读率	数字化阅读率	人均年拥有图书量
国民综合阅读率	1	2	3
数字化阅读率	1/2	1	3
人均年拥有图书量	1/3	1/3	1

表 14　经济绩效下三级指标重要性两两比较矩阵

	全行业收入	全行业利润	产业经济贡献
全行业收入	1	1/2	1/3
全行业利润	2	1	1/2
产业经济贡献	3	2	1

3. 确定权重

根据上述判断矩阵，利用算术平均法（求和法）计算权重。

（1）指标权重确定

一级指标权重：(0.6667，0.3333)

二级指标权重：

创新发展条件指标权重：(0.1690，0.3381，0.2881，0.2048)

创新发展品质指标权重：(0.1383，0.3675，0.2765，0.2177)

三级指标权重：

创新发展基础指标权重：(0.0438，0.0147，0.0629，0.0166)

产业主体结构指标权重：(0.0382，0.0963，0.0607)

创新发展资源指标权重：(0.0493，0.0267，0.0165，0.1028)

创新发展环境指标权重：(0.0612，0.0234，0.0535)

创新产出指标权重：(0.0074，0.0194，0.0047，0.0141)

发展质量指标权重：(0.0418，0.0384，0.0157，0.0295)

社会绩效指标权重：(0.0481，0.0303，0.0127)

经济绩效指标权重：(0.0116，0.0211，0.0384)

(2) 一致性检验

得到的权重是否符合要求，需要进行一致性检验，利用参数 *CI*、*RI*、*CR* 求特征值。

$$CI_1 = (\lambda_{max} - n)/(n-1) = (2-2)/(2-1) = 0$$
$$CI_{2.1} = (\lambda_{max} - n)/(n-1) = (4.1213-4)/3 = 0.0404$$
$$CI_{2.2} = (\lambda_{max} - n)/(n-1) = (4.1545-4)/3 = 0.0515$$
$$CI_{2.1.1} = (\lambda_{max} - n)/(n-1) = (4.1518-4)/3 = 0.0506$$
$$CI_{2.1.2} = (\lambda_{max} - n)/(n-1) = (3.0536-3)/2 = 0.0268$$
$$CI_{2.1.3} = (\lambda_{max} - n)/(n-1) = (4.1179-4)/3 = 0.0393$$
$$CI_{2.1.4} = (\lambda_{max} - n)/(n-1) = (3.0183-3)/2 = 0.00915$$
$$CI_{2.2.1} = (\lambda_{max} - n)/(n-1) = (4.0961-4)/3 = 0.0320$$
$$CI_{2.2.2} = (\lambda_{max} - n)/(n-1) = (4.0813-4)/3 = 0.0271$$
$$CI_{2.2.3} = (\lambda_{max} - n)/(n-1) = (3.0536-3)/2 = 0.0268$$
$$CI_{2.2.4} = (\lambda_{max} - n)/(n-1) = (3.0092-3)/2 = 0.0046$$

平均随机一致性指标 RI 见表 15。

表 15 平均随机一致性指标 *RI*

n	1	2	3	4	5	6	7	8	9
RI	0.00	0.00	0.58	0.89	1.12	1.24	1.36	1.41	1.46

各判断矩阵的一致性比率如下：

$$CR_1 = CI_1/RI = 0.0000$$
$$CR_{2.1} = CI_{2.1}/RI = 0.0454 \quad CR_{2.2} = CI_{2.2}/RI = 0.0579$$
$$CR_{2.1.1} = CI_{2.1.1}/RI = 0.0569 \quad CR_{2.1.2} = CI_{2.1.2}/RI = 0.0516$$
$$CR_{2.1.3} = CI_{2.1.3}/RI = 0.0442 \quad CR_{2.1.4} = CI_{2.1.4}/RI = 0.0176$$
$$CR_{2.2.1} = CI_{2.2.1}/RI = 0.0360 \quad CR_{2.2.2} = CI_{2.2.2}/RI = 0.0304$$
$$CR_{2.2.3} = CI_{2.2.3}/RI = 0.0516 \quad CR_{2.2.4} = CI_{2.2.4}/RI = 0.0088$$

11 个判断矩阵的一致性比率都小于 0.1，可以认为上述判断矩阵都满足一致性要求，相应的特征向量都有效。

确定新闻出版业创新发展水平各项指标权重如表 16 所示。

表 16　新闻出版业创新发展水平各项指标权重

一级指标	权重	二级指标	权重	三级指标	综合权重
1 创新发展条件	0.6667	1-1 创新发展基础	0.1690	1-1-1 居民收入水平	0.0438
				1-1-2 人口规模	0.0147
				1-1-3 居民受教育程度	0.0629
				1-1-4 在校生人数	0.0166
		1-2 产业主体结构	0.3381	1-2-1 国有全资企业占比	0.0382
				1-2-2 上市公司比重	0.0963
				1-2-3 市场集中度	0.0607
		1-3 创新发展资源	0.2881	1-3-1 行业人力规模	0.0493
				1-3-2 行业资产规模	0.0267
				1-3-3 财政支持状况	0.0165
				1-3-4 研发投入状况	0.1028
		1-4 创新发展环境	0.2048	1-4-1 法制环境	0.0612
				1-4-2 信息化程度	0.0234
				1-4-3 版权制度发展	0.0535
2 创新发展品质	0.3333	2-1 创新产出	0.1383	2-1-1 新版图书品种数	0.0074
				2-1-2 版权输入输出比重	0.0194
				2-1-3 报纸期刊总印数	0.0047
				2-1-4 数字出版情况	0.0141
		2-2 发展质量	0.3675	2-2-1 产品质量水平	0.0418
				2-2-2 产品市场竞争力	0.0384
				2-2-3 出版物发行网点数量	0.0157
				2-2-4 产品数字化水平	0.0295
		2-3 社会绩效	0.2765	2-3-1 国民综合阅读率	0.0481
				2-3-2 数字化阅读率	0.0303
				2-3-3 人均年拥有图书量	0.0127
		2-4 经济绩效	0.2177	2-4-1 全行业收入	0.0116
				2-4-2 全行业利润	0.0211
				2-4-3 产业经济贡献	0.0384

以上指标的系数均根据收回的调查问卷，在对专家回答的各项指标重要性两两比较的基础上，严格采用层次分析法确定。从一级指标的权重系数来看，创新发展条件权重为 0.6667，创新发展品质权重为 0.3333，比较符合新闻出版业的发展逻辑和发展规律。从二级指标的权重系数来看，专家们对

于产业主体结构、发展质量指标更加重视，认同新闻出版业的发展应该经济效益与社会效益并重。

三　我国新闻出版业创新发展指数测算

（一）数据标准化

由于新闻出版业创新发展指标体系中各项指标的计量单位、意义各不相同，使得各层指标数据之间没有一个统一的量纲，无法直接进行比较与指标的加权综合。为此，本报告先对各指标数据进行无量纲化，消除量纲和数量级的影响，将指标的实际值变为可以综合的指标评价值，从而解决评价指标的可综合性问题。本报告选择极大值标准化方法对原始数据进行标准化处理，极大值标准化公式如下：

$$I_{ij}=\begin{cases}X_{ij}/X_{\max}, X_{ij}\text{为正向指标}\\X_{\min}/X_{ij}, X_{ij}\text{为负向指标}\end{cases}$$

式中，I_{ij}为第 i 年第 j 个指标标准化后的结果，X_{ij}为第 i 年第 j 个指标数据。对于第 j 个指标来说，所有年份中这方面最小的数值用 $X_{\min}$ 来表示，所有年份中这方面最大的数值用 $X_{\max}$ 来表示。标准化结果如表 17 所示。

表 17　数据标准化结果

指标	2019 年	2018 年	2017 年	2016 年	2015 年
I_1	1.0000	0.9185	0.8451	0.7751	0.7174
I_2	1.0000	0.9967	0.9929	0.9876	0.9818
I_3	1.0000	0.9572	0.9429	0.8766	0.8978
I_4	1.0000	0.9339	0.9083	0.8893	0.8660
I_5	0.8844	0.9399	0.9967	0.9333	1.0000
I_6	0.9519	0.9269	1.0000	0.6693	0.6040
I_7	0.9142	0.9574	1.0000	0.9907	0.8860
I_8	0.7984	0.8599	0.8942	1.0000	0.9874

续表

指标	2019 年	2018 年	2017 年	2016 年	2015 年
I_9	1.0000	0.9722	0.9200	0.9152	0.8623
I_{10}	1.0000	1.0000	0.9483	0.9483	0.9483
I_{11}	0.6437	0.9913	1.0000	0.7230	0.3178
I_{12}	1.0000	0.8371	0.7148	0.8284	0.7302
I_{13}	1.0000	0.9668	0.9643	0.8297	0.7315
I_{14}	0.9987	1.0000	0.9841	0.9707	0.9356
I_{15}	0.8565	0.9417	0.9721	1.0000	0.9924
I_{16}	1.0000	0.8188	0.8222	0.6968	0.6879
I_{17}	0.7398	0.7849	0.8443	0.9088	1.0000
I_{18}	1.0000	0.8431	0.7157	0.5789	0.4457
I_{19}	0.8152	0.8165	0.9100	0.9537	1.0000
I_{20}	0.9966	1.0000	0.9878	0.9614	—
I_{21}	1.0000	0.9472	0.8990	0.9006	0.9036
I_{22}	1.0000	0.9639	0.9284	0.8812	0.8358
I_{23}	1.0000	0.9963	0.9901	0.9852	0.9815
I_{24}	1.0000	0.9609	0.9206	0.8600	0.8071
I_{25}	0.9374	1.0000	0.9737	0.9837	0.9812
I_{26}	0.8008	0.7920	0.7679	1.0000	0.9178
I_{27}	0.7076	0.7233	0.7502	1.0000	0.9275
I_{28}	0.5645	0.6129	0.6613	0.9750	1.0000

（二）指数测算

1. 测算方法

本报告采用线性加权求和方法计算各级指数，公式如下。

（1）目标层的指数得分公式：

$$B = \sum_{i=1}^{n} W_i \times I_i$$

其中，B 表示新闻出版业创新发展指数得分，W_i 和 I_i 分别表示指标 i 的权重和标准化数值。

（2）准则层各指数得分公式：

$$B_{11} = B \times W_{11}, B_{12} = B \times W_{12}$$

其中，B_{11}表示创新发展条件指数得分，W_{11}表示创新发展条件指数权重；B_{12}表示创新发展品质指数得分，W_{12}表示创新发展品质指数权重。

（3）子准则层各指数得分公式：

$$B_{21} = B \times W_{21}, B_{22} = B \times W_{22}, B_{23} = B \times W_{23}, B_{24} = B \times W_{24},$$
$$B_{25} = B \times W_{25}, B_{26} = B \times W_{26}, B_{27} = B \times W_{27}, B_{28} = B \times W_{28}$$

其中，B_{21}表示创新发展基础指数得分，W_{21}表示创新发展基础指数权重；B_{22}表示产业主体结构指数得分，W_{22}表示产业主体结构指数权重；B_{23}表示创新发展资源指数得分，W_{23}表示创新发展资源指数权重；B_{24}表示创新发展环境指数得分，W_{24}表示创新发展环境指数权重；B_{25}表示创新产出指数得分，W_{25}表示创新产出指数权重；B_{26}表示发展质量指数得分，W_{26}表示发展质量指数权重；B_{27}表示社会绩效指数得分，W_{27}表示社会绩效指数权重；B_{28}表示经济绩效指数得分，W_{28}表示经济绩效指数权重。

2. 测算结果

前文已经解决了综合评价指数的主要问题，即指标的权重构建及数据的无量纲化处理，运用上述测算方法可计算得到新闻出版业发展指数综合得分及各级指数得分，如表 18 所示。

表 18　新闻出版业创新发展指数综合得分及各级指数得分

年份	创新发展指数综合得分	创新发展条件指数得分	创新发展品质指数得分	创新发展基础指数得分	产业主体结构指数得分	创新发展资源指数得分	创新发展环境指数得分	创新产出指数得分	发展质量指数得分	社会绩效指数得分	经济绩效指数得分
2015	0.7637	0.5091	0.3818	0.1291	0.2582	0.2200	0.1564	0.1056	0.2807	0.2112	0.1663
2016	0.8707	0.5805	0.4354	0.1472	0.2944	0.2508	0.1783	0.1204	0.3200	0.2408	0.1896
2017	0.9156	0.6105	0.4578	0.1547	0.3096	0.2638	0.1875	0.1266	0.3365	0.2532	0.1993
2018	0.9195	0.6130	0.4597	0.1554	0.3109	0.2649	0.1883	0.1272	0.3379	0.2542	0.2002
2019	0.8689	0.5793	0.4344	0.1468	0.2938	0.2503	0.1780	0.1202	0.3193	0.2402	0.1892

本报告数据来源于以下渠道。

（1）国家统计局的统计年鉴及相关产业统计年鉴。如《中国统计年鉴2016》《中国统计年鉴2017》《中国统计年鉴2018》《中国统计年鉴2019》《中国统计年鉴2020》。

（2）新闻出版业主管部门的年度统计数据。包括国家新闻出版总署出版产业发展司编制的《中国新闻出版统计资料汇编2016》《中国新闻出版统计资料汇编2017》，国家新闻出版广电总局规划发展司编制的《中国新闻出版统计资料汇编2018》《中国新闻出版统计资料汇编2019》《中国新闻出版统计资料汇编2020》等。

（3）相关研究机构发布或由政府部门发布的较权威的研究数据。有关新闻出版业方面的数据多数来源于中国新闻出版研究院发布并由国家新闻出版主管部门认可的《2016年新闻出版产业分析报告》《2017年新闻出版产业分析报告》《2018年新闻出版产业分析报告》《2019年新闻出版产业分析报告》《2020年新闻出版产业分析报告》。国民综合阅读率和数字化阅读率采用新闻出版研究院向社会发布的数据。各上市公司的营业收入等数据来源于上市公司的年度报告。

四 测评结果分析

（一）我国新闻出版业创新发展水平分析

从2015～2019年我国新闻出版业创新发展指数表现来看，2015～2018年，我国新闻出版业承袭原有的发展势头，仍呈上升趋势。但是在2018年达到峰值后，2019年下降至0.8689（见图1）。2018年创新发展指数峰值及其后下降数字的出现与三组新闻出版业发展数据表现隐隐相合。我国新闻出版业出版印刷和发行营业收入的峰值出现在2016年，出版印刷和发行服务利润总额也在2016年达到最高点，而我国数字出版业蓬勃发展、一直向上的势头不变。

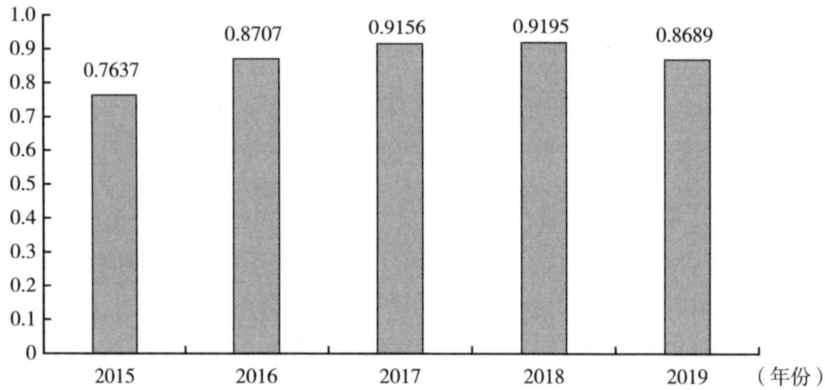

图 1　2015 ~2019 年新闻出版业创新发展指数变化

根据本报告构建的我国新闻出版业创新发展指数评价体系，新闻出版业创新发展水平由新闻出版业创新发展条件和新闻出版业创新发展品质共同决定。

（二）我国新闻出版业创新发展条件分析

1. 创新发展条件总体情况

2015 ~2019 年，我国新闻出版业创新发展条件指数变化如图 2 所示。2015 年最低，为 0.5091，2018 年攀升至最高点 0.6130，2019 年下降至 0.5793。

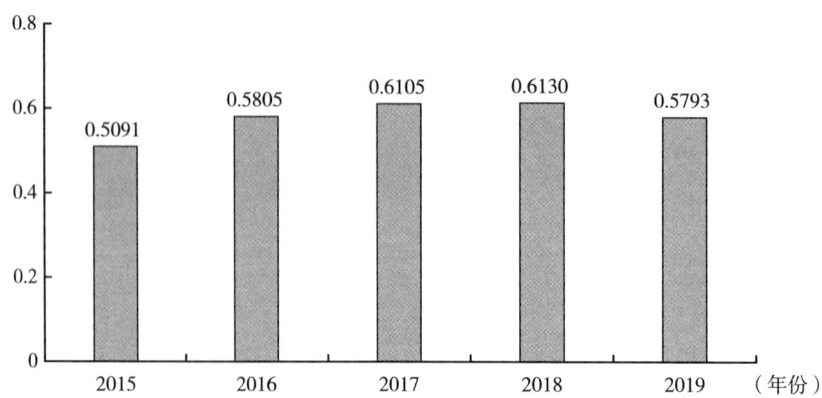

图 2　2015 ~2019 年新闻出版业创新发展条件指数变化

从创新发展条件评价指标构成来看，新闻出版业创新发展条件由创新发展基础、产业主体结构、创新发展资源、创新发展环境 4 个方面的表现决定。

2. 创新发展基础指数

2015～2019 年，新闻出版业创新发展基础指数由 2015 年的 0.1291，经历 2016 年、2017 年的增长，在 2018 年达到峰值 0.1554，2019 年下降至 0.1468（见图 3）。

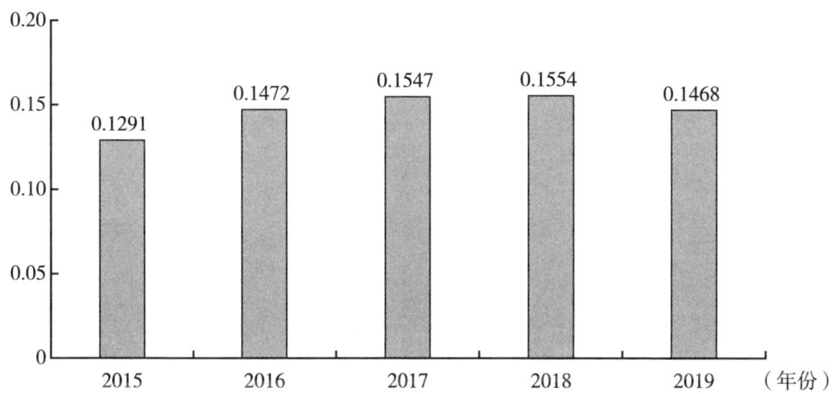

图 3　2015～2019 年新闻出版业创新发展基础指数变化

根据本报告构建的新闻出版业创新发展指数评价体系，创新发展基础由居民收入水平、人口规模、居民受教育程度以及在校生人数共同决定。

经济增长带动了国民收入的增长，进而拉动了居民消费水平的提升。根据国家统计局数据，2015～2019 年，我国居民收入水平连年增长，人均可支配收入从 2015 年的 21966.2 元增长至 2019 年的 30732.8 元，增长了 39.9%（见图 4）。与此同时，2015～2019 年，我国人口规模也稳定增长，总人口从 2015 年的 137462 万人增长至 2019 年的 140005 万人，为我国新闻出版业的创新发展提供了良好的经济环境（见图 5）。

在文化产品消费方面，居民受教育程度及在校生人数是影响产品消费的重要因素。《中国统计年鉴》数据显示，2015～2019 年我国具有大专及以上

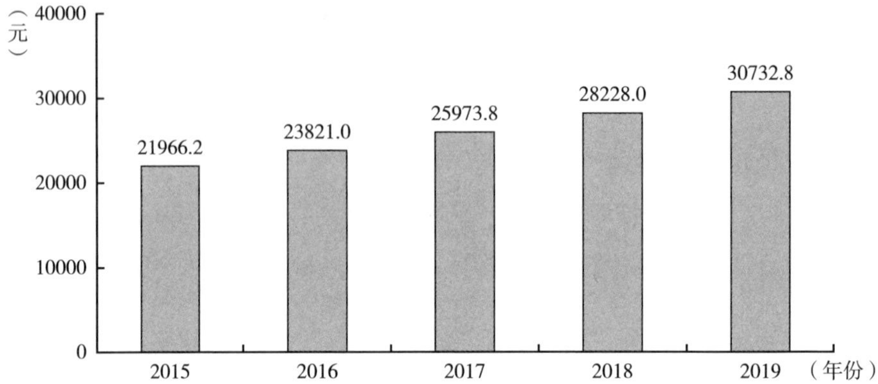

图 4　2015～2019 年人均可支配收入（居民收入水平）变化

资料来源:《中国统计年鉴》(2015～2019)。

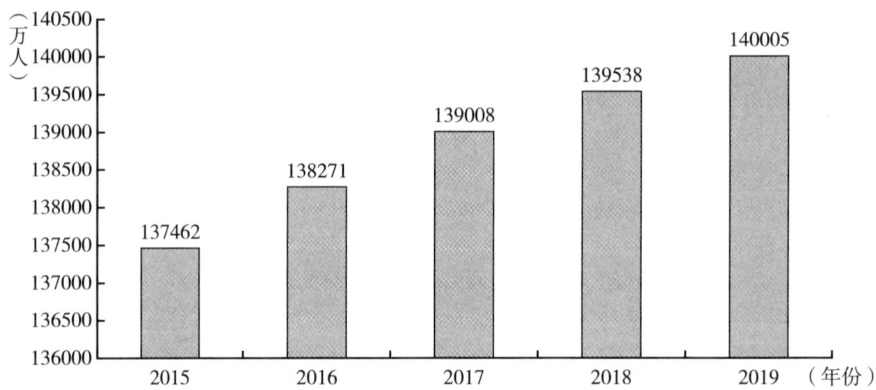

图 5　2015～2019 年总人口（人口规模）变化

资料来源:《中国统计年鉴》(2015～2019)。

文化程度的人口数量及大专及以上在校生人数整体稳健增加（见图 6、图 7）。新闻出版业是知识的创作、传播和消费的主要载体，在居民受教育程度较高的情况下，具有良好的发展前景。

3. 产业主体结构指数

2015～2019 年，新闻出版业产业主体结构指数由 2015 年的 0.2582，逐步上升至 2018 年的最高点 0.3109，2019 年下降至 0.2938（见图 8）。

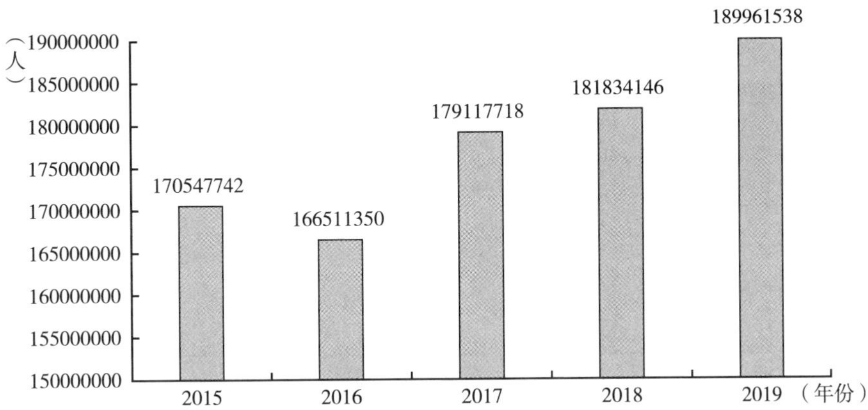

图 6　2015～2019 年具有大专及以上文化程度的人口数量（居民受教育程度）变化

资料来源：《中国统计年鉴》（2015～2019）。

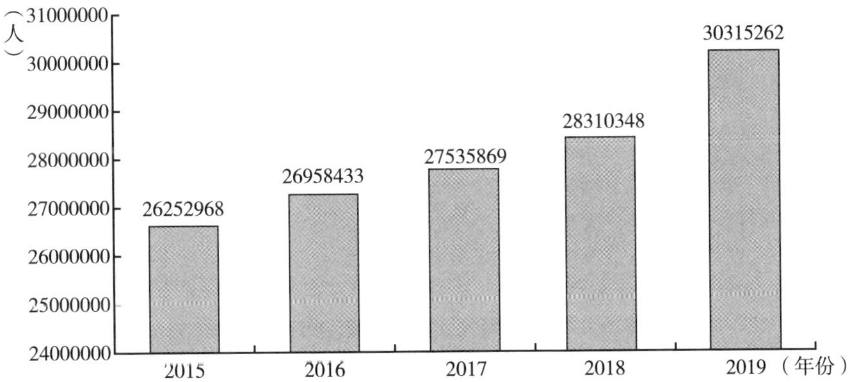

图 7　2015～2019 年大专及以上在校生人数变化

资料来源：《中国统计年鉴》（2015～2019）。

产业主体结构指数由国有全资企业占比、上市公司比重、市场集中度 3 个指标决定。

从 2015～2019 年的数据来看，国有全资企业占比 2015 年最高，为 10.60%，2016 年下降至 9.89%，2017 年反弹至 5 年次高点，为 10.56%，2019 年下降至 5 年最低点，为 9.37%（见图 9）。

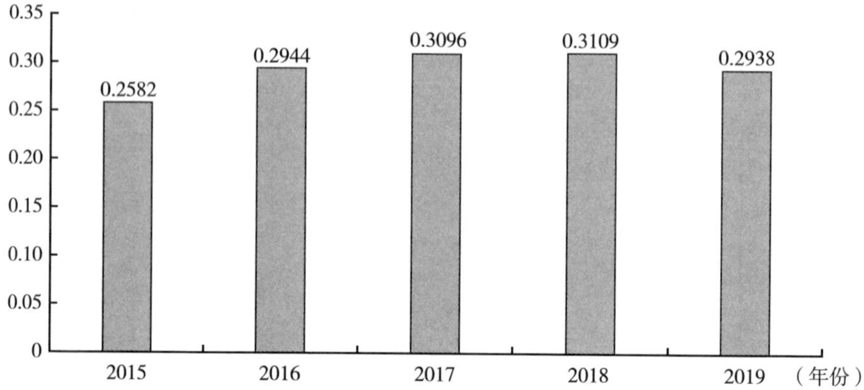

图 8　2015～2019 年新闻出版业产业主体结构指数变化

资料来源：《新闻出版产业分析报告》（2015～2019）。

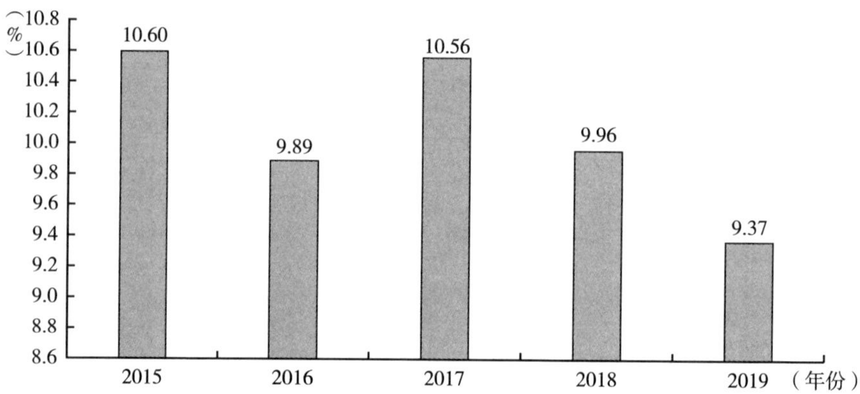

图 9　2015～2019 年新闻出版业国有全资企业营业收入所占比重（国有全资企业占比）变化

资料来源：《新闻出版产业分析报告》（2015～2019）。

上市公司，在很大程度上代表了一个产业中最为先进的生产力主体，在中国尤为如此。我国新闻出版业的繁荣发展，需要依托新闻出版业上市公司的发展壮大；而新闻出版业中上市公司的发展水平，也代表了我国新闻出版业的发展与繁荣程度。[①]

① 臧志彭、解学芳：《中国文化及相关产业上市公司研究报告：2011～2013》，知识产权出版社，2015。

2015～2019 年，我国新闻出版业上市公司占行业比重由 2015 年的 5.24%，跃升至 2017 年的最高点 8.67%后，2018 年、2019 年稳定在 8%以上（见图 10）。

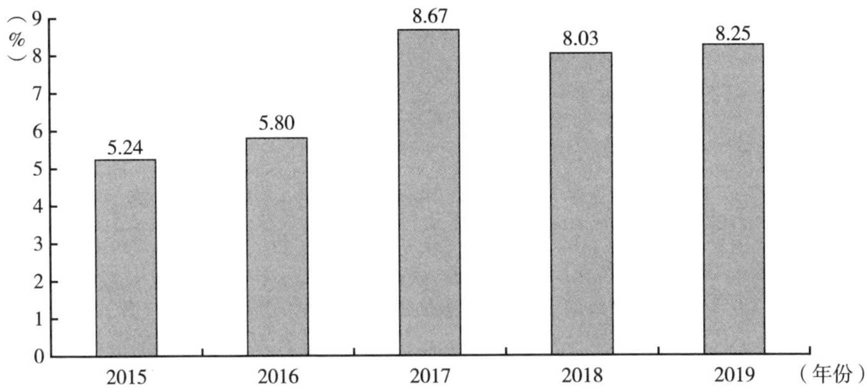

图 10　2015～2019 年新闻出版业上市公司总数占全行业公司总数的比重（上市公司比重）变化

资料来源：《新闻出版产业分析报告》（2015～2019）。

市场集中度是衡量市场实力，即对行业的市场结构集中程度进行衡量的重要指标。从 2015～2019 年数据看，2015 年是该指标在这 5 年内的最低值，经过 2016 年、2017 年两年的增长，逐步攀升至 2017 年的最高值 0.20，2018 年开始下降，2019 年降低至 0.18（见图 11）。

这 3 项产业主体结构指标深受新闻出版业政策的影响。2015～2019 年，处于新闻出版业“十二五”规划和新闻出版广播影视“十三五”规划共同发挥作用的期间。《新闻出版业“十二五”时期发展规划》指出，“十二五”时期，是新闻出版业深化改革、加快发展和产业格局调整与升级的关键时期。要推动新闻出版企业建立现代企业制度，完善法人治理结构，打造大型新闻出版传媒集团，提升企业核心竞争力。要扩大对内开放，鼓励、引导和规范社会资本以多种形式进入政策许可的领域，为非公有制文化企业持续快速健康发展，创造良好的政策环境和平等竞争机会。①

① 《新闻出版总署关于印发〈新闻出版业“十二五”时期发展规划〉的通知》，中国政府网，2011 年 4 月 20 日，http：//www.gov.cn/gongbao/content/2011/content_1987387.htm。

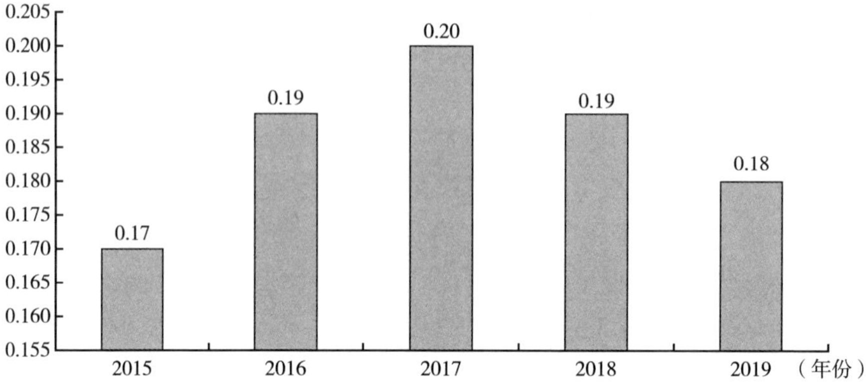

图 11　2015～2019 年新闻出版集团营收占总营收的比重（市场集中度）变化

资料来源：《新闻出版产业分析报告》（2015～2019）。

《新闻出版广播影视“十三五”发展规划》进一步指出要积极培育产业发展主体，打破层级和区域限制，鼓励支持传媒企业跨地区、跨行业、跨所有制兼并重组，培育一批主业突出、具有创新能力和竞争力的新型骨干传媒公司。①

上述产业主体结构指标在一定程度上反映了新闻出版业“十二五”规划和新闻出版广播影视“十三五”规划的落实情况。

4. 创新发展资源指数

2015～2019 年，新闻出版业创新发展资源指数从 2015 年的最低点 0.2200 逐步攀升至 2018 年的最高点 0.2649，然后回落至 2019 年的 0.2503（见图 12）。

该指数由行业人力规模、行业资产规模、财政支持状况、研发投入状况 4 个指标决定。

新闻出版业其本质是内容产业，注重依靠人的智慧进行知识的生产和创新。因此人力资源的数量和质量，行业内人力资源储备水平决定和影响着新闻出版业的可持续发展。2015～2019 年，新闻出版业从业人员数量持续减少，从 2015 年的 448.2 万人，减少至 2019 年的 362.4 万人（见图 13）。究

① 《国家新闻出版广电总局关于印发〈新闻出版广播影视“十三五”发展规划〉的通知》，国家互联网信息办公室网站，2017 年 9 月 29 日，http://www.cac.gov.cn/2017-09/29/c_1121741583.htm。

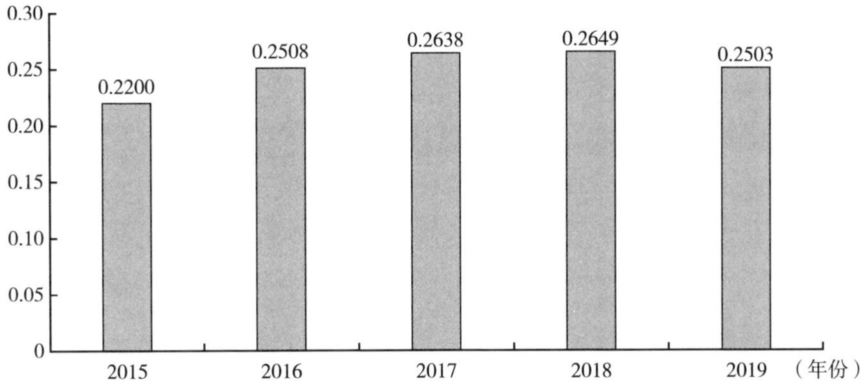

图 12　2015～2019 年新闻出版业创新发展资源指数变化

其原因，既有主动减员降负，也有信息技术的快速发展对传统新闻出版主营业务的冲击。

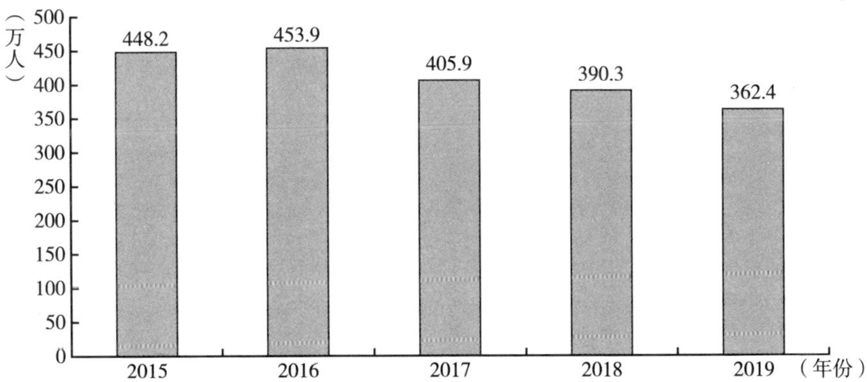

图 13　2015～2019 年新闻出版业从业人员数量（行业人力规模）变化

资料来源：《新闻出版产业分析报告》（2015～2019）。

2015～2019 年，根据《新闻出版产业分析报告》数据，行业资产规模持续增长，从 2015 年的 20782 亿元逐步上升至 2019 年的 24100 亿元（见图 14）。

财政支持状况衡量的是国家对新闻出版业的财政补贴情况。资本投入是新闻出版产业快速健康发展的重要前提，是培育和壮大新闻出版业市场主体的基石。因行业属性决定，政府对新闻出版业的财政补贴一直是行业改革发

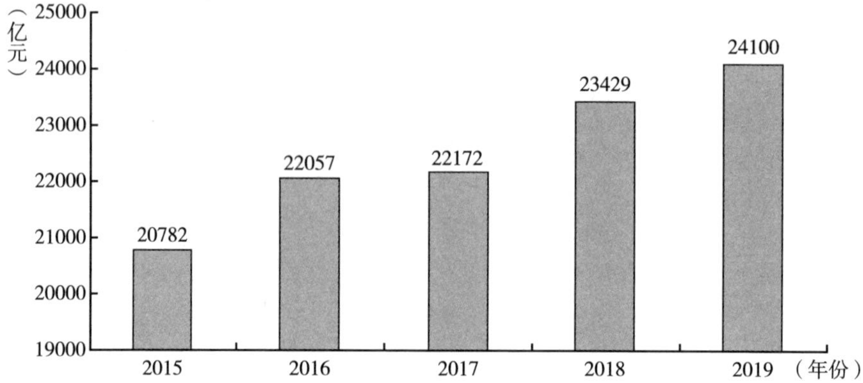

图 14　2015～2019 年新闻出版业总资产（行业资产规模）变化

资料来源：《新闻出版产业分析报告》（2015～2019）。

展的重要助力。国家财政通过国家出版基金、“农家书屋工程”可持续发展资金、民族文字出版专项资金、“走出去”专项资金等持续对新闻出版业的发展提供有力支持，引导和带动新闻出版业发展。2015～2019 年，国家对新闻出版业的财政补贴保持稳定，且有一定增长（见图 15）。

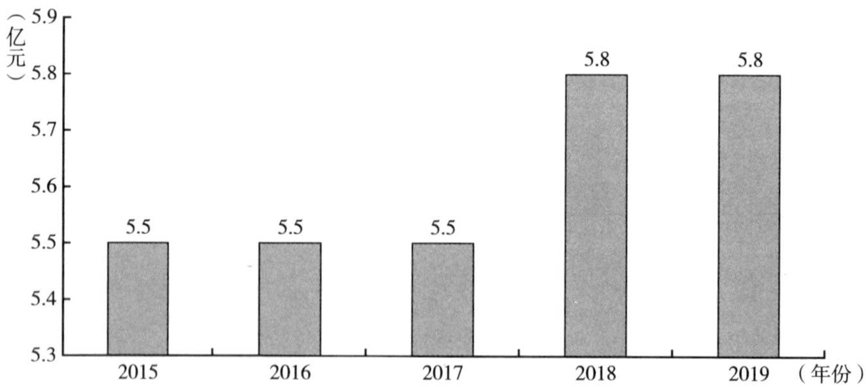

图 15　2015～2019 年国家对新闻出版业的财政补贴项目资金（财政支持状况）变化

资料来源：《新闻出版产业分析报告》（2015～2019）。

研发投入状况主要是指新闻出版业自身的技术水平和技术投入。现代经济增长理论认为，技术创新与效率改善是经济长期增长的重要因素。《新闻出版业

"十二五"时期发展规划》指出，随着新闻出版企业自主创新能力和高科技应用水平的不断提高，产品形态不断创新，产业融合不断深化，数字出版、数字印刷、数字发行等新业态将进一步加快发展，必将推动新闻出版业转型及技术升级步伐进一步加快。[①] 考虑到数据的可获得性，本指标采用的是新闻出版业上市公司的研发经费数据。从数据来看，2015～2019 年，该数据整体呈上升态势，在 2017 年达到最高值，2019 年有明显下降（见图 16）。

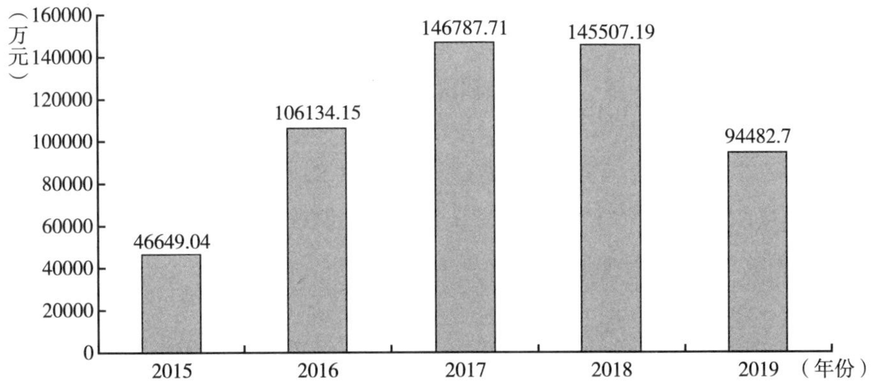

图 16　2015～2019 年新闻出版业上市公司研发经费（研发投入状况）变化

资料来源：《新闻出版业上市公司年报》（2015～2019）。

5. 创新发展环境指数

2015～2019 年，新闻出版业创新发展环境指数从 2015 年的 0.1564 逐步上升至 2018 年的峰值 0.1883，其后在 2019 年下降至 0.1780（见图 17）。

创新发展环境指数由法制环境、信息化程度、版权制度发展 3 个指标共同决定。

法制环境主要是指版权执法行政处罚总量。《新闻出版业"十二五"时期发展规划》指出，要加大版权保护力度，保护原创作品，保护权利人的权益，保护文化创新精神；要深入开展"扫黄打非"、打击侵权盗版和非法

① 《新闻出版总署关于印发〈新闻出版业"十二五"时期发展规划〉的通知》，中国政府网，2011 年 4 月 20 日，http：//www. gov. cn/gongbao/content/2011/content_ 1987387. htm。

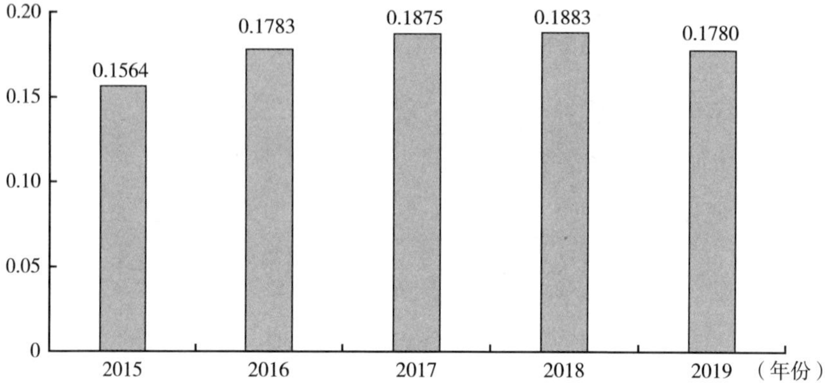

图 17　2015～2019 年新闻出版业创新发展环境指数变化

出版活动，整治市场环境。[①] 从 2015～2019 年的版权执法数据来看，处罚案件数量从 2015 年的 3477 件，降至 2019 年的 2539 件，较 2015 年减少了 938 件，降幅达 27%（见图 18）。

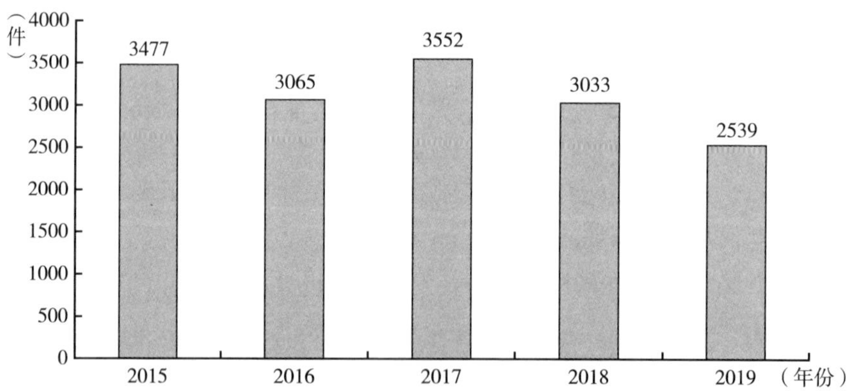

图 18　2015～2019 年新闻出版业版权执法行政处罚案件数量（法制环境）变化

资料来源：《中国新闻出版统计资料汇编》（2015～2019）。

《新闻出版广播影视“十三五”发展规划》指出，以互联网为代表的数字、网络、信息技术的裂变、融合发展，给重构媒体格局、创新文化业态带

① 《新闻出版总署关于印发〈新闻出版业“十二五”时期发展规划〉的通知》，中国政府网，2011 年 4 月 20 日，http：//www. gov. cn/gongbao/content/2011/content_ 1987387. htm。

来了前所未有的机遇。网络技术和移动通信技术带动了网络广告、网络游戏以及移动增值业务的快速发展，同时给新闻出版业的发展带来了新渠道、新媒介，是新闻出版业创新发展的重要环境条件。本报告以互联网用户数量衡量信息化程度。2015～2019 年，我国互联网用户数量逐年上升，2015 年为 96447.2 万户，2019 年为 131852.6 万户。相比于 2015 年，2019 年互联网用户数量上升了 35405.4 万户，增幅为 36.7%（见图 19）。

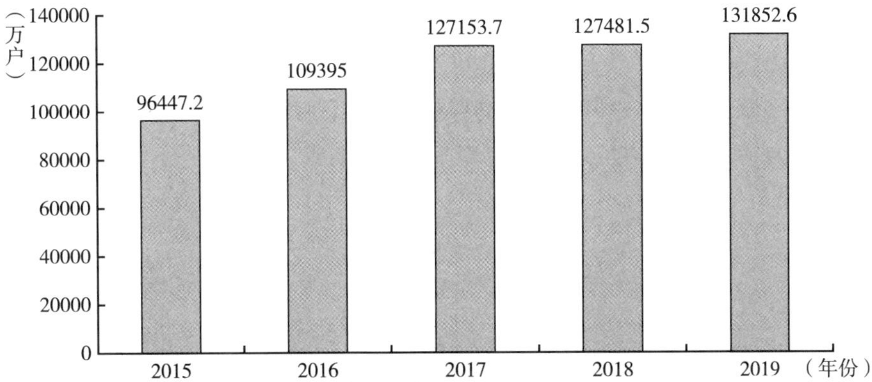

图 19　2015～2019 年互联网用户数量（信息化程度）变化

资料来源：《中国统计年鉴》（2015～2019）。

版权制度发展以版权合同登记情况为度量指标。版权制度存在的目的在于鼓励有益于社会的作品创作和传播，促进社会主义文化和科学事业的发展与繁荣。2015～2019 年，我国版权合同登记数量大幅增加。版权合同登记数量从 2015 年的 19030 份，逐步增长至 2019 年的 20313 份，相较于 2015 年增加了 1283 件，增幅为 6.7%（见图 20）。

（三）我国新闻出版业创新发展品质分析

1. 创新发展品质总体分析

2015～2019 年，我国新闻出版业创新发展品质指数变化如图 21 所示。2015～2018 年，新闻出版业创新发展品质指数逐年提升至最高点 0.4597，2019 年下降至 0.4344。

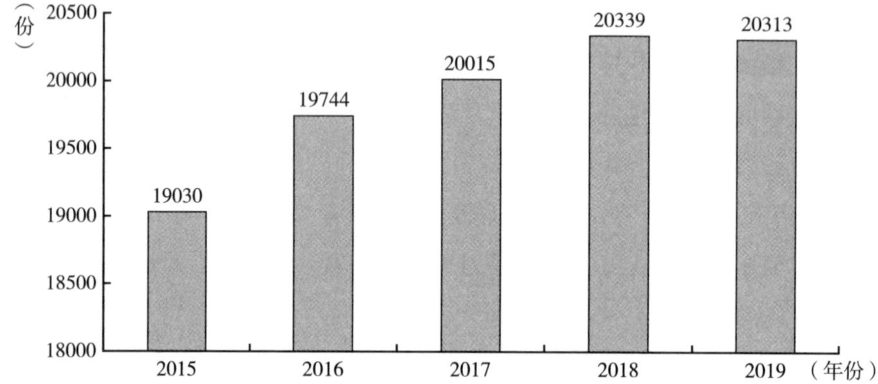

图 20　2015～2019 年版权合同登记数量（版权制度发展）变化

资料来源：《中国新闻出版统计资料汇编》（2015～2019）。

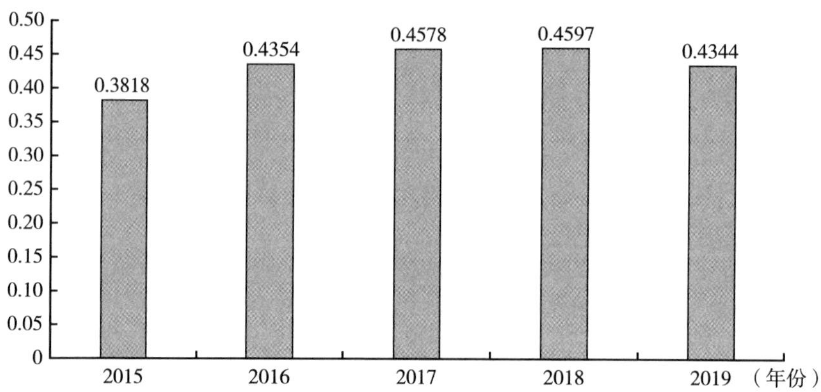

图 21　2015～2019 年新闻出版业创新发展品质指数变化

从创新发展品质评价指标构成来看，新闻出版业创新发展品质由创新产出、发展质量、社会绩效、经济绩效 4 个方面的表现决定。

2. 创新产出分析

从创新产出表现看，2015～2019 年，创新产出指数由 2015 年的最低点 0. 1056 逐步攀升至 2018 年的最高点 0. 1272，2019 年下降至 0. 1202（见图 22）。创新产出指数表现由新版图书品种数、版权输入输出比重、报纸期刊总印数以及数字出版情况 4 个因素共同决定。

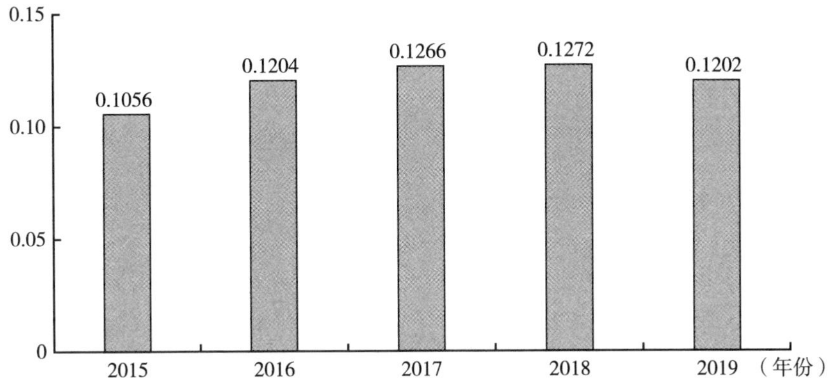

图 22　2015～2019 年新闻出版业创新产出指数变化

从新版图书品种数、版权输入输出比重和报纸期刊总印数几个指标的表现来看，2016 年以后整体都呈下降趋势（见图 23 至图 25）。“十三五”规划以来，新闻出版业的供给侧结构性改革逐步收获成效，出版业长期存在的一些问题如书号泛滥、重复出版、恶性竞争、低效扩张等情况在一定程度上得以缓解及扭转。“十三五”期间各出版单位加快进行产品结构的调整，清理低效产能类别，围绕自身优势进行出版物出版，减少低质平庸选题的开发。许多出版社新书品种数下降，但重印书品种数上升。

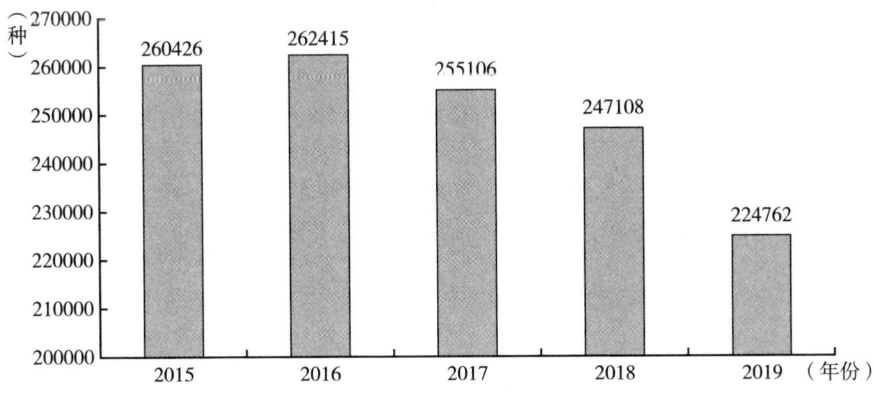

图 23　2015～2019 年新版图书品种数变化

资料来源：《中国新闻出版统计资料汇编》（2015～2019）。

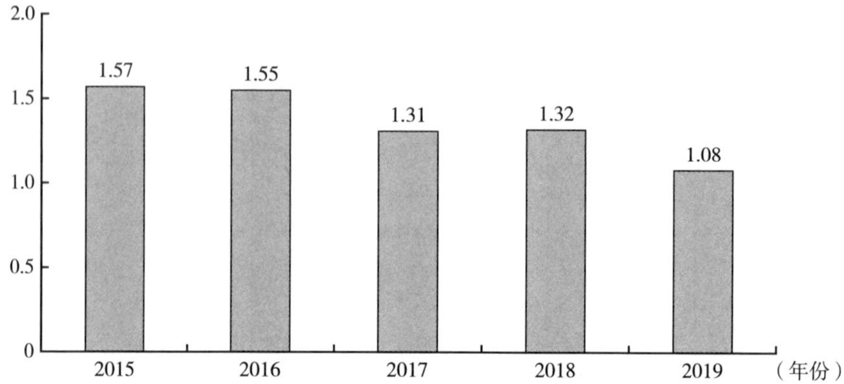

图 24　版权输入输出数量比重

资料来源：《中国新闻出版统计资料汇编》（2015～2019）。

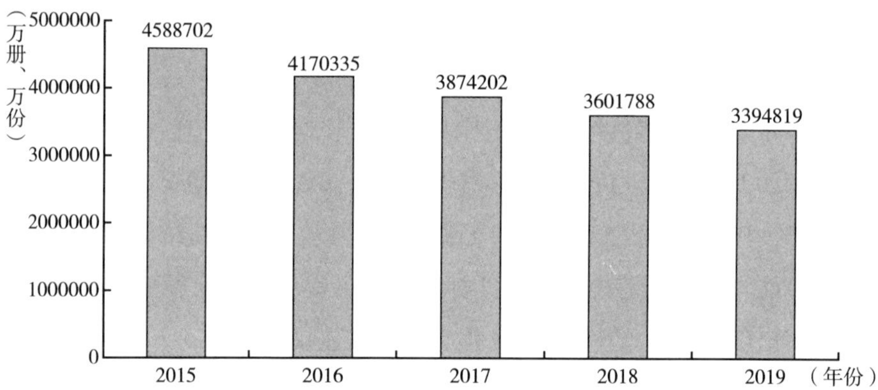

图 25　2015～2019 年报纸期刊总印数变化

资料来源：《中国新闻出版统计资料汇编》（2015～2019）。

数字出版业在网络及数字化技术的飞速发展中孕育并不断壮大，具有巨大的发展空间及发展潜力。2015～2019 年，我国数字出版业产值不断增加（见图 26），增速远高于传统新闻出版业，对整个新闻出版业的健康发展影响深远。

3. 发展质量分析

2015～2019 年，我国新闻出版业发展质量指数变化如图 27 所示。2015 年发展质量指数最低，2016 年及 2017 年持续升高，2018 年达到最高点 0.3379，

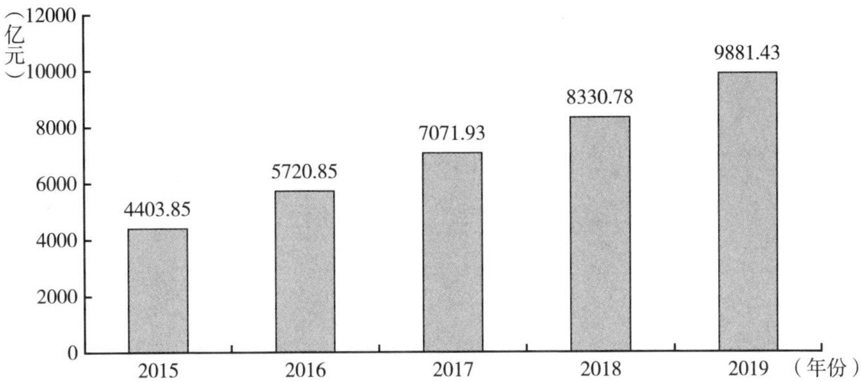

图 26　2015～2019 年数字出版业总收入（数字出版情况）变化

资料来源：《新闻出版产业分析报告》（2015～2019）。

2019 年降至 0. 3193（见图 27）。发展质量指数由产品质量水平、产品市场竞争力、出版物发行网点数量以及产品数字化水平共同决定。

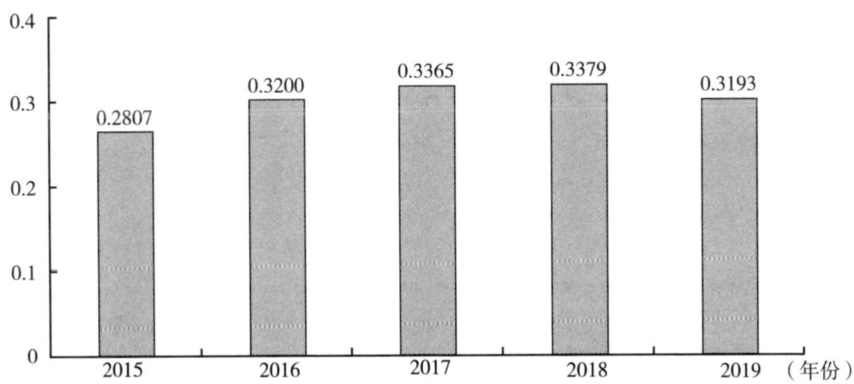

图 27　2015～2019 年新闻出版业发展质量指数变化

出版物具有双重属性，既要发挥其作为精神产品的教育、引领、传承作用，又要具备商品属性，满足市场及广大读者的需求。[①] 产品质量水平以再版重印图书比例测度，产品市场竞争力以非课本类图书总印张数占图书总

① 《关于推动新闻出版业数字化转型升级的指导意见》，中国政府网，2014 年 4 月 30 日，http：//www. gov. cn/xinwen/2014－04/30/content_ 2669106. htm。

印张数比重测度。2015～2019 年，再版重印图书比例总体呈持续升高趋势（见图 28）；非课本类图书总印张数占图书总印张数比重由 2016 年的 66.22% 逐步增加至 2018 年的最高点 68.89%，2019 年下降至 68.65%（见图 29）。其中因统计原因，2015 年数据缺失，在一定程度上影响到 2015 年的新闻出版业创新发展指数、创新发展品质指数、发展质量指数的表现。

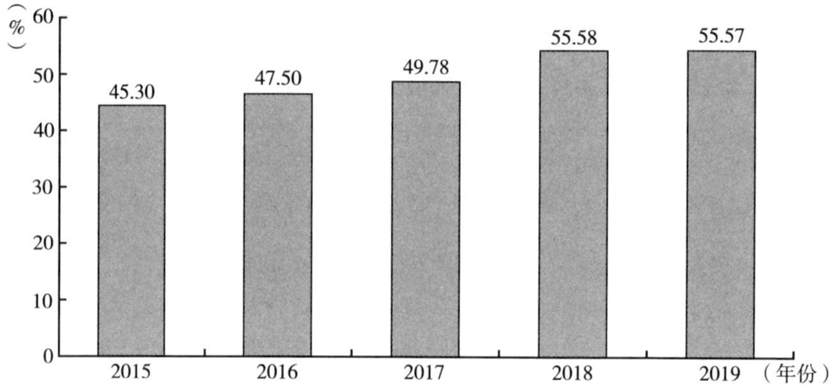

图 28　2015～2019 年再版重印图书比例（产品质量水平）变化

资料来源：《新闻出版产业分析报告》（2015～2019）。

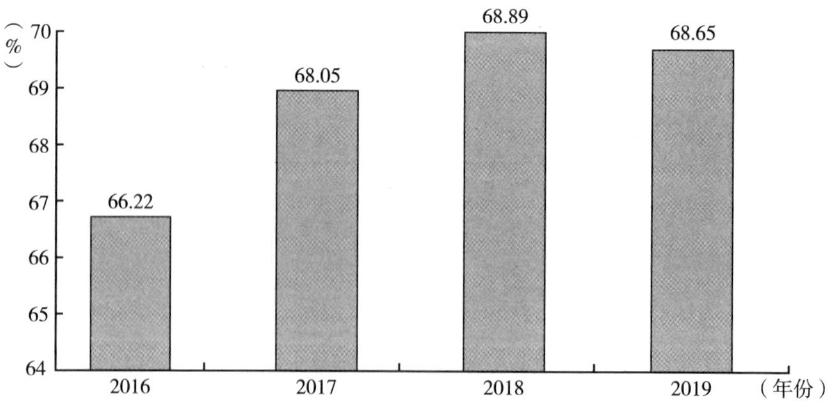

图 29　2016～2019 年非课本类图书总印张数占图书总印张数比重（产品市场竞争力）变化

资料来源：《中国新闻出版统计资料汇编》（2015～2019）。

在数字及移动互联网技术快速发展的背景下，线上渠道对于实体店的冲击及分流现象将长期存在。面对这种现实，切实加强实体书店建设，形成线上线下渠道互为补充的市场格局，通过实体书店提供的阅读体验式消费培养读者的阅读习惯，延续读者的阅读热情等是出版单位提升竞争实力的必要举措。出版物发行网点数量在 2015 年至 2018 年间发展稳定，2018 年和 2019 年大幅增长，其中，2018 年较 2017 年增加 8736 处，增幅为 5.37%；2019 年较 2018 年增长 9559 处，增幅为 5.57%（见图 30）。

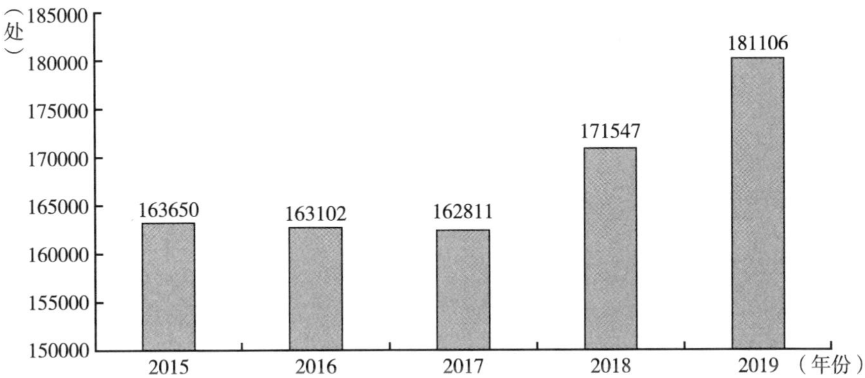

图 30　2015～2019 年出版物发行网点数量变化

产品数字化水平以传统书报刊数字化收入测度。近年来，在主管部门的大力引导和市场需求的双重驱动下，传统出版单位顺应发展需要，以推动转型升级为契机，推进融合深度发展，捕捉新需求、拓展新领域、尝试新业务、推出新产品，业务结构不断调整，传统书报刊数字化业务的比重逐年增加。[①] 2015～2019 年，新闻出版单位互联网期刊、电子图书、数字报纸的总收入持续增长，由 2015 年的 74.45 亿元上升至 2019 年的 89.08 亿元，2019 年数字化收入相对于 2018 年增长了 3.22 亿元，增幅为 3.75%（见图 31）。

① 魏玉山：《产业规模逼近万亿元，2019～2020 中国数字出版产业年度报告出炉》，出版商务网，2020 年 12 月 22 日，http://www.cptoday.cn/news/detail/10727。

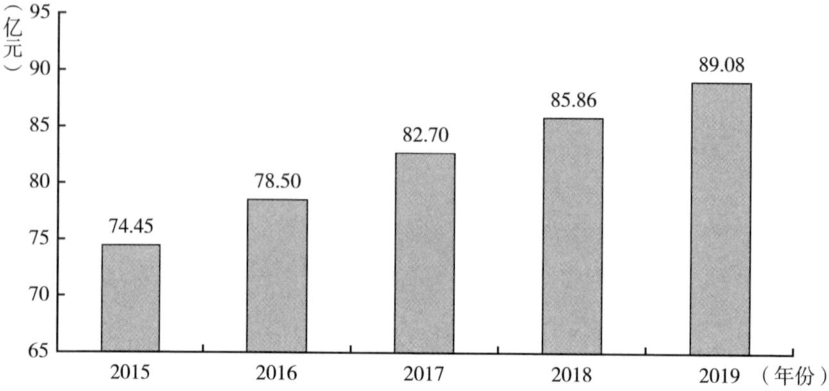

图 31　2015～2019 年传统书报刊数字化收入（产品数字化水平）变化

资料来源：《中国数字出版产业年度报告》（2015～2019）。

4.社会绩效分析

2015～2019 年，新闻出版业社会绩效指数从 2015 年的 0. 2112 逐步上升至 2018 年的 0. 2542，2019 年下降至 0. 2402（见图 32）。

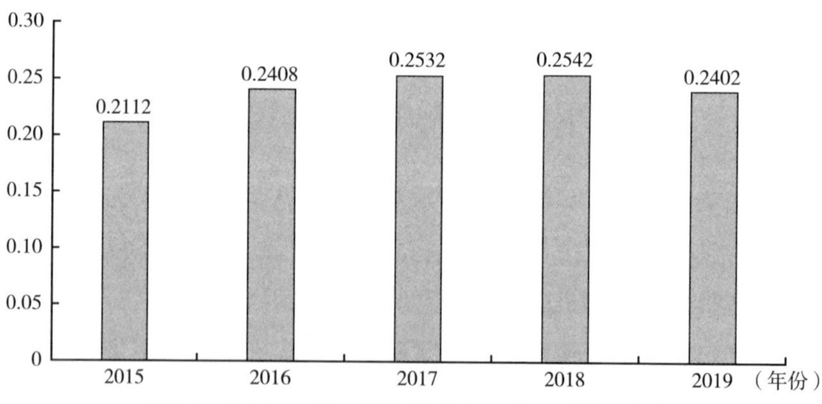

图 32　2015～2019 年新闻出版业社会绩效指数变化

中宣部印发的《图书出版单位社会效益评价考核试行办法》[①] 中指出，开展图书出版单位社会效益评价考核工作，是要推动图书出版单位推出更多

① 《中宣部印发〈图书出版单位社会效益评价考核试行办法〉》，“北京阅读季”搜狐号，2019 年 3 月 11 日，https：//www. sohu. com/a/300543010_ 210950。

传承文明、传播知识、推动社会发展和科技进步的优秀出版产品。考核体系中一级指标包括出版质量（内容质量、编校印装质量）、文化和社会影响（重点项目、奖项荣誉、社会评价、国际影响）、产品结构和专业特色、内部制度和队伍建设。因出版物质量、国际影响力及出版单位改革情况已在前面的指标中涵盖，以下将选择国民综合阅读率、数字化阅读率、人均年拥有图书量3个指标衡量社会效益的实现程度，考察出版单位对于满足人民群众日益增长的美好生活需要，推动社会主义文化繁荣兴盛这一重要使命的完成程度。

2015～2019年，国民综合阅读率从2015年的79.6%稳定上升至2019年的81.1%，增长了1.5个百分点（见图33）。数字化阅读率从2015年的64.0%上升至2019年的79.3%，增长了15.3个百分点（见图34）。人均年拥有图书量从2015年的7.84本增长至2018年的7.99本，2019年下降至7.49本（见图35）。

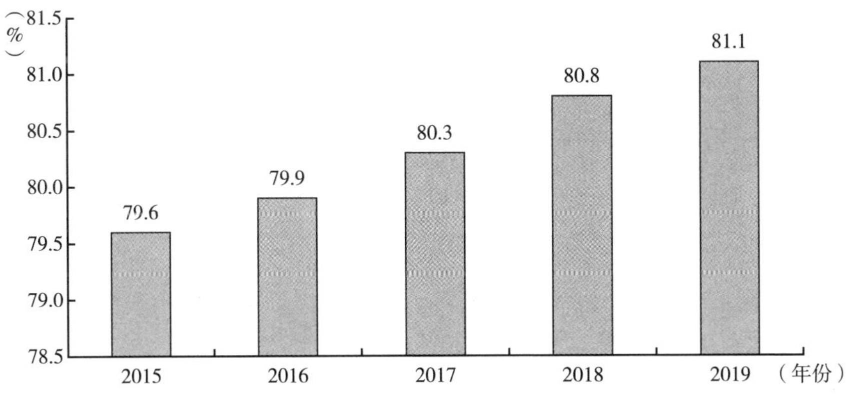

图33　2015～2019年国民综合阅读率变化

资料来源：《全国国民阅读调查》（2015～2019）。

5.经济绩效分析

2015～2019年，新闻出版业经济绩效指数从2015年的0.1663逐步提升至2018年的0.2002，2019年下降至0.1892（见图36）。新闻出版业

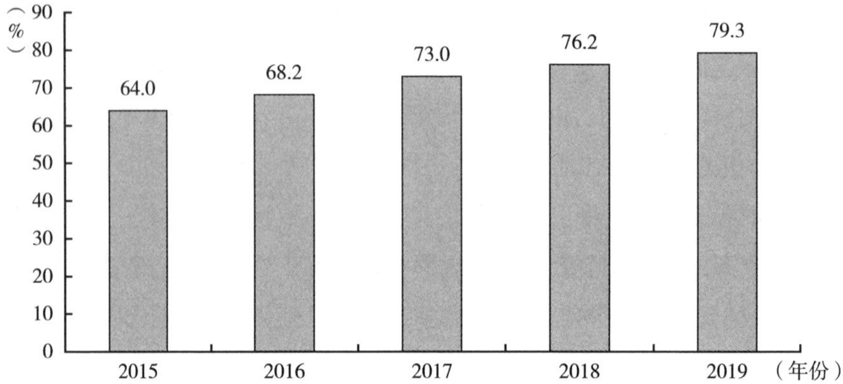

图 34　2015～2019 年数字化阅读率变化

资料来源：《全国国民阅读调查》（2015～2019）。

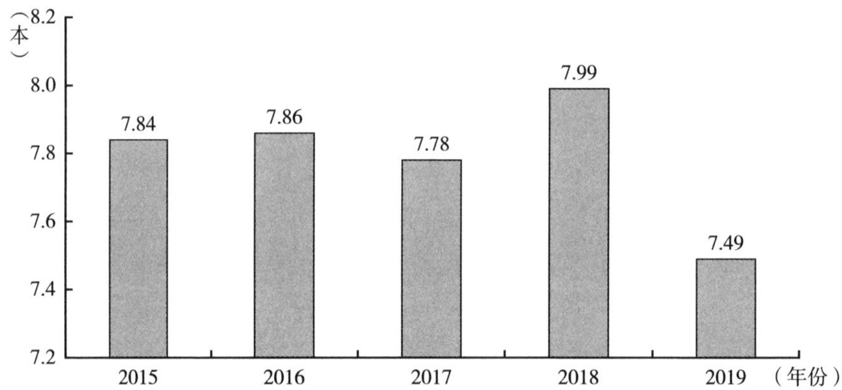

图 35　2015～2019 年人均年拥有图书量变化

资料来源：《全国国民阅读调查》（2015～2019）。

经济绩效指数由全行业收入、全行业利润、产业经济贡献 3 个指标共同决定。

2015～2019 年，新闻出版业营业总收入从 2015 年的 21655.9 亿元波动变化至 2019 年的 18896.1 亿元，相较 2016 年的峰值 23595.8 亿元仍相去甚远（见图 37）。

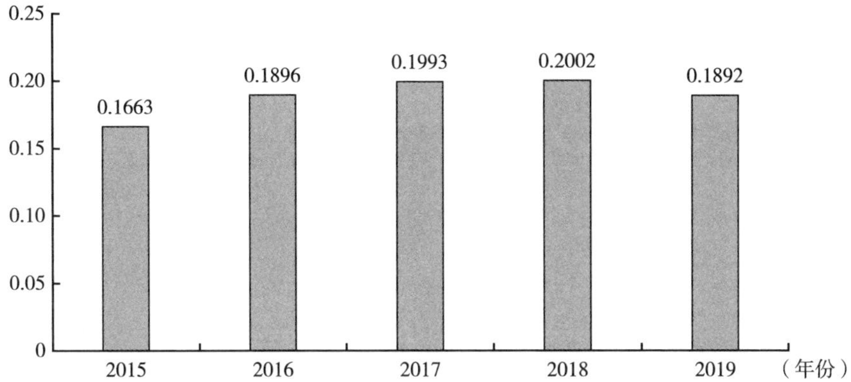

图 36　2015 ~ 2019 年新闻出版业经济绩效指数变化

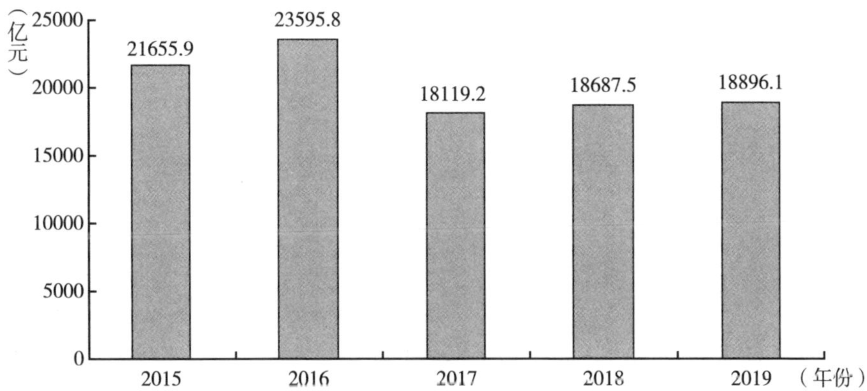

图 37　2015 ~ 2019 年新闻出版业营业总收入（全行业收入）变化

资料来源：《新闻出版产业分析报告》（2015 ~ 2019）。

2015 ~ 2019 年，全行业利润从 2015 年的 1662.1 亿元上升至 2016 年的峰值 1792.0 亿元后，骤降至 2017 年的 1344.3 亿元，2018 年及 2019 年下降趋势未变（见图 38）。

产业经济贡献以新闻出版业增加值占第三产业增加值比重测度计算得出。2015 年新闻出版业经济贡献为 6.2%，2017 年骤降至 4.1%，2018 年及 2019 年继续下降，趋势未变（见图 39）。

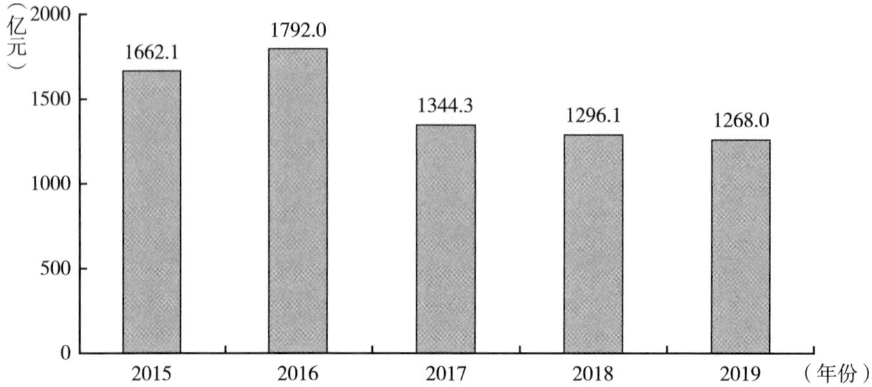

图 38　2015～2019 年新闻出版业总营业利润（全行业利润）变化

资料来源：《新闻出版产业分析报告》（2015～2019）。

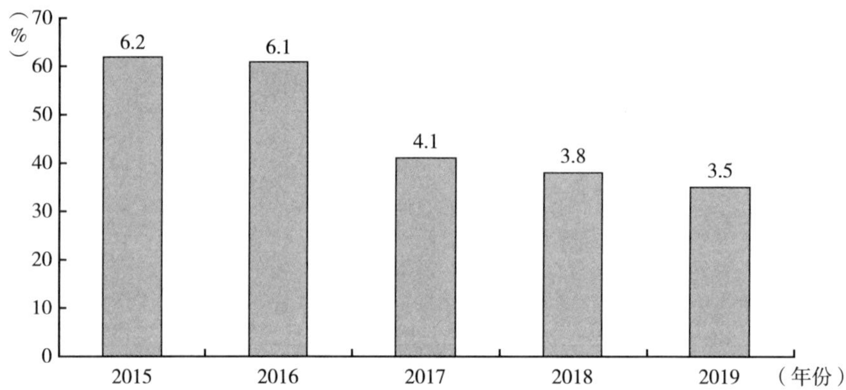

图 39　2015～2019 年新闻出版业增加值占第三产业增加值比重（产业经济贡献）变化

资料来源：《新闻出版产业分析报告》（2015～2019）。

五　结语

“十三五”时期，随着信息技术及网络技术的快速发展，新兴出版产业孕育产生，成长迅猛。传统新闻出版业在饱受冲击的同时，坚定贯彻落实创新驱动战略，努力推进与新兴媒体的融合，不断提升产品内容质量，因此得以保持相对稳定的增长。

“十四五”已全面开启,[①] 我国将进入新发展阶段。新闻出版业仍应自觉担负举旗帜、聚民心、育新人、兴文化、展形象的使命任务，以创新推动出版业高质量发展，为繁荣发展社会主义文化、夯实社会主义文化强国建设之基贡献自己的力量。

① 《国家新闻出版署关于编制“十四五”国家重点图书、音像、电子出版物出版规划和2021—2030年国家古籍规划的通知》，国家新闻出版署网站，2020年12月4日，http：//www. nppa. gov. cn/nppa/contents/279/75336. shtml。

B.4

北京文化产业上市公司发展研究

杨 荣*

摘 要：上市公司代表了一个行业中最为先进的经营主体，体现了行业的发展方向与前沿趋势。北京市文化及相关产业上市公司综合绩效的改善，对推动北京市文化产业做大做强具有重要意义。本报告依据2018年国家统计局最新修订的《文化及相关产业分类（2018）》，确定北京市文化及相关产业上市公司范围，通过对北京市文化及相关产业上市公司发展环境、发展现状进行研究，构建文化及相关产业上市公司综合能力评价指标体系，对上市公司综合能力进行评价。本报告最终实现精确把握北京市文化及相关产业的长板、短板，为北京市文化产业研究提供微观层面数据，将北京市文化产业研究扎实做细，为北京“全国文化中心”建设提供决策依据。

关键词：文化产业 综合能力评价指标体系 上市公司

一 北京市文化产业及相关上市公司发展环境

（一）文化及相关产业的定义及分类

关于文化产业上市公司的研究数量众多，很多研究主要采用中国证监会

---

* 杨荣，经济学博士，北京印刷学院经济管理学院副教授，硕士生导师，主要研究方向为公司财务研究。

对上市公司的行业分类标准。与文化产业最相关的分类是“文化、体育和娱乐业”，在这一行业分类下进一步细分为“新闻和出版业”“广播、电视、电影和录音制作业”“文化艺术业”“体育和娱乐业”。国家统计局2018年发布国家统计标准《文化及相关产业分类（2018)》，对本报告所研究的文化及相关产业的范围提供了指引。

1. 文化及相关产业的定义

本报告中的文化及相关产业是指为社会公众提供文化产品和文化相关产品的生产活动的集合。所谓文化及相关产业，具体包括以下内容。

（1）以文化为核心内容，为直接满足人们的精神需要而进行的创作、制造、传播、展示等文化产品（包括货物和服务）的生产活动，具体包括新闻信息服务、内容创作生产、创意设计服务、文化传播渠道、文化投资运营和文化娱乐休闲服务等活动。

（2）为实现文化产品的生产活动所需的文化辅助生产活动，包括中介服务、文化装备生产和文化消费终端生产（包括制造和销售）等。

2. 文化及相关产业的行业分类

《文化及相关产业分类（2018)》将文化及相关产业划分为三层，每一层次逐渐细分，共有146个小类。第一层为大类，共有9个，分别是新闻信息服务、内容创作生产、创意设计服务、文化传播渠道、文化投资运营、文化娱乐休闲服务、文化辅助生产和中介服务、文化装备生产、文化消费终端生产。第二层为中类，共有43个，主要有新闻服务、报纸信息服务、广播电视信息服务、互联网信息服务、出版服务、广播影视节目制作、创作表演服务、数字内容服务、内容保存服务、工艺美术品制造、艺术陶瓷制造、广告服务、设计服务、出版物发行、广播电视节目传输、广播影视发行放映、艺术表演、互联网文化娱乐平台、艺术品拍卖及代理、工艺美术品销售、投资与资产管理、运营管理、娱乐服务、景区游览服务、休闲观光游览服务、文化辅助用品制造、印刷复制服务、版权服务、会议展览服务、文化经纪代理服务、文化设备（用品）出租服务、文化科研培训服务、印刷设备制造、广播电视电影设备制造及销售、摄录设备制造及销售、演艺设备制造及销售、游乐游艺设备制造、乐器制造及销售、文具制造及销售、笔墨制造、玩具制造、节庆用品制造、信息服务终端制造及销售。第三层为小类，共有146个（见附表1）。

另外，还有产业中的行业类别仅有部分内容属于文化及相关产业，比如“应用软件开发”行业下的“多媒体、游戏动漫和数字出版软件开发”“其他电信服务”中的“增值电信文化服务”等。《文化及相关产业分类(2018)》列举了18种行业中涉及的文化生产活动，并作出了相应的说明。这些行业分类构成了本报告中文化产业上市公司的甄选标准。

（二）北京市文化产业发展的政策环境

上市公司的发展离不开政策环境和行业本身的发展。梳理北京市政府对文化及相关产业的促进政策，有助于理解当前北京市文化产业及相关上市公司的发展现状，总结北京市文化产业发展的趋势，有助于推断北京市文化产业及相关上市公司的发展前景。

1. 文化产业政策的含义

（1）政策的概念及分类

政策是国家或政党为实现一定历史时期的路线和任务而规定的行动准则。美国政治学家哈罗德·D. 拉斯韦尔和亚伯拉罕·卡普兰对公共政策下的定义是“公共政策是一种含有目标、价值与策略的大型计划”①。政策根据所指示的方向和所要求实现的目标的综合性程度可以分为总政策、基本政策和具体政策。总政策是指国家在一个较长的历史阶段上所确定的战略目标和根本任务，它具有根本的指导性和原则性，是其他各种政策的出发点和归宿。基本政策是党和国家对关系国家全局利益的某一领域、某一方面的工作所规定的主要目标和任务。具体政策是总政策和基本政策的最具体、最新式的体现，因而，它的可操作性和执行性较强。

① 〔美〕哈罗德·D. 拉斯韦尔、亚伯拉罕·卡普兰：《权力与社会：一项政治研究的框架》，王菲易译，上海人民出版社，2012。

（2）文化产业政策

文化产业政策是产业政策在文化产业领域的具体表现，是国家为了促进本国的经济繁荣和文化的可持续发展，综合运用经济手段、法律手段和必要的行政手段，调整文化产业关系，规范文化产业活动而制定的政策。[①] 按干预方式可将文化产业政策分为直接干预型和间接引导型[②]。直接干预型政策是指政府通过财税金融等手段直接影响文化产业发展的政策；间接引导型政策是指政府通过立法、环境营造、信息发布等间接手段营造法治化、公平竞争的市场环境，吸引创意人才，促进文化市场主体发展。中央政府文化财政支出一般以转移支付方式移交到地方，地方政府使用财政政策工具作为直接干预型政策，另外地方政府还颁布旨在促进文化产业发展的性质法规、规范性文件和部门规章等间接引导型政策。

2. 国家文化产业政策环境

1992 年，国务院办公厅综合司编著的《重大战略决策——加快发展第三产业》是首次在政府文件中明确使用“文化产业”概念。2000 年 10 月，在《中共中央关于制定国民经济和社会发展第十个五年计划的建议》中，“文化产业”概念第一次正式进入党和国家政策性、法规性文件中。2009 年发布的《文化产业振兴规划》是中国文化产业发展的里程碑。该规划中明确提出当前和今后一个时期要着力做好发展重点文化产业、实施重大项目带动战略、培育骨干文化企业、加快文化园区和基地建设、扩大文化消费、建设现代文化市场体系、发展新兴文化业态、扩大对外文化贸易八个方面的重点任务。

目前，支持文化产业发展的政策主要包括财政政策、税收政策以及文化行政管理政策。文化财政政策主要包括逐步增加财政对文化投资的引导资金，制定支持和保障公共文化服务体系建设的投入办法，设立中央、省、市三级农村文化建设专项资金，设立文化产业投资基金，对重点文化项目或弱

---

① 欧阳坚：《培育骨干文化企业　提升文化产业素质》，《学术探索》2011 年第 3 期。

② 贺达、任文龙：《产业政策对中国文化产业高质量发展的影响研究》，《江苏社会科学》2019 年第 1 期。

势但重要的文化产业行业给予财政上的奖励或补贴。其中，中国文化产业投资基金于2011年成立，由财政部、中银国际控股有限公司、中国国际电视总公司及深圳国际文化产业博览交易会有限公司等联合发起，投资企业主要集中在新兴文化企业，上市公司主要有中国出版集团、新华网、人民网、开心麻花、雅昌艺术网等公司。中国出版集团、新华网和人民网是本报告研究的注册地址在北京的出版上市公司。表1列示了2019～2020年中国文化领域重点综合类政策。

表1　2019～2020年中国文化领域重点综合类政策

发布时间	发布单位	政策名称	政策要点
2020年9月	国务院	《国务院关于印发北京、湖南、安徽自由贸易试验区总体方案及浙江自由贸易试验区扩展区域方案的通知》	根据方案，北京自由贸易试验区的主要任务之一是满足高品质文化消费需求，打造国际影视动漫版权贸易平台，探索开展文化知识产权保险业务，开展宝玉石交易业务，做强“一带一路”文化展示交易馆。允许符合条件的外资企业开展面向全球的文化艺术品（非文物）展示、拍卖、交易业务。鼓励海外文物回流，积极研究调整现行进口税收政策，进一步给予支持。探索创新综合保税区内国际高端艺术展品担保监管模式
2020年5月	中央文改领导小组办公室	《关于做好国家文化大数据体系建设的通知》	建设国家文化大数据体系是新时代文化建设的重大基础性工程，也是打通文化事业和文化产业、畅通文化生产和文化消费、融通文化和科技、贯通文化门类和业态，推动文化数字化成果走向网络化、智能化的重要举措
2019年12月	司法部	《中华人民共和国文化产业促进法（草案送审稿）》	国家对文化产业监督管理力度进一步加大，在推动行业商业模式创新的同时，促进文化产业的规范化、健康化、有序化发展
2019年8月	科技部等6部门	《关于促进文化和科技深度融合的指导意见》	到2025年，基本形成覆盖重点领域和关键环节的文化和科技融合创新体系，实现文化和科技深度融合。建成100家左右特色鲜明、示范性强、管理规范、配套完善的国家文化和科技融合示范基地，200家左右拥有知名品牌、引领行业发展、竞争力强的文化和科技融合领军企业，使文化和科技融合成为文化高质量发展的重要引擎

续表

发布时间	发布单位	政策名称	政策要点
2019年8月	国务院办公厅	《关于进一步激发文化和旅游消费潜力的意见》	提升国家级文化产业示范园区和国家文化产业示范基地的供给能力。鼓励文创产品开发与经营，拓宽文创产品展示和销售渠道。引导文化企业和旅游企业创新商业模式和营销方式。到2022年，建设30个国家文化产业和旅游产业融合发展示范区

资料来源：根据公开资料整理。

3. 北京市文化产业政策环境

北京市文化产业在全国范围内发展突出，软件、网络及计算机服务，新闻出版、广播影视和设计服务等行业长期在北京市文化产业中占据主体地位。自2005年起，四大行业的增加值在北京市文化创意产业中的比重一直保持在70%以上。2012年以来，北京市文化创意产业增长迅速，其中文化创意产业增加值年均增长10%以上，每年的总资产、每年实现收益和增加值均以10%以上的比率增长，文化创意产业资产总值的年均增长率为16%，在文化创意产业内形成了软件网络计算机服务业、软件设计业、新闻出版业、旅游休闲娱乐业四大支柱产业，动漫网游业、新媒体产业等新兴产业正蓬勃发展。对文化产业及相关产业上市公司有重要影响的主要包括文化产业发展政策、文化创意新兴产业政策、龙头企业引导政策、中小企业扶持政策等。[①] 在促进文化产业发展方面，主要的政策有《关于推进文化创意产业创新发展的意见》《关于加强金融支持文化产业健康发展的若干措施》《北京市文化创意产业发展指导目录（2016年版）》。文化创意支柱战略政策是推动北京市文化新兴产业发展的政策，如2019年颁布的《关于推动北京游戏产业健康发展的若干意见》《关于推动北京音乐产业繁荣发展的实施意见》。在中小企业扶持政策方面，2020年新冠肺炎疫情发生后，北京市文化改革和发展领导小组办公室印发《北京市文化企业“房租通”支持办法（试

① 左迎年：《北京市文化创意产业政策分析研究》，硕士学位论文，北京交通大学，2014。

行)》，这是全国率先出台的专门针对文化类小微初创企业办公房租的支持政策。另外，2020 年 1 月，北京市文化改革和发展领导小组又发布《北京市文化产业高质量发展三年行动计划（2020—2022 年)》，该文件有利于推动文化产业高质量发展，健全现代文化产业体系和市场体系，推动各类文化市场主体发展壮大，培育新型文化业态和文化消费模式。北京市文化创意产业领域 2020 年重点政策见表 2。

表 2　北京市文化创意领域 2020 年重点政策

发布时间	发布单位	政策名称	政策要点
2020 年 9 月	北京市人民政府	《关于加快国家文化产业创新实验区核心区高质量发展的若干措施》	从激发文化活力、优化空间承载、构建文化生态、扩大开放融通四个方面，以“政策 18 条”的形式，明确国家文创实验区下一步发展方向，辐射带动全市文化产业高质量发展，加快全国文化中心建设
2020 年 4 月	北京市推进全国文化中心建设领导小组	《北京市推进全国文化中心建设中长期规划（2019 年—2035 年）》	到 2025 年，全国文化中心地位显著增强，市民文明素质和城市文明程度明显提高，对全国文化建设的示范引领作用更加凸显；到 2035 年，全面建成中国特色社会主义先进文化之都，全国文化中心功能更加系统完善，文化建设对首都经济社会发展的驱动力更加强劲，大国之都文化国际影响力显著提升，成为彰显文化自信与多元包容魅力的世界历史文化名城
2020 年 4 月	中共北京市委	《关于新时代繁荣兴盛首都文化的意见》	传承发展源远流长的古都文化、丰富厚重的红色文化、特色鲜明的京味文化、蓬勃兴起的创新文化，推动中华优秀传统文化、革命文化、社会主义先进文化在京华大地形成生动实践，取得丰硕成果

资料来源：根据公开资料整理。

（三）“十四五”规划背景下北京市文化产业发展趋势

近年来，国家大力推动文创产业发展，完善现代文化市场体系，推进文创领域产融结合，从制度改革、政策引导等层面推进文创产业积极健康发展。

1. “十四五”规划对文化产业发展方向的指引

2020 年 11 月 3 日，中共中央制定国民经济和社会发展第十四个五年规划和二〇三五年远景目标的建议，提到要重点发展文化事业和文化产业，提高国家文化软实力。

建议指出，“十四五”期间要全面繁荣新闻出版、广播影视、文学艺术、哲学社会科学事业。同时，实施文艺作品质量提升工程，加强现实题材创作生产，不断推出反映时代新气象、讴歌人民新创造的文艺精品。在文化产业与新技术融合发展上，推进媒体深度融合，实施全媒体传播工程，做强新型主流媒体，建强用好县级融媒体中心。

在对文化企业单位的要求上，“十四五”规划强调，文化企业要坚持把社会效益放在首位，社会效益和经济效益相统一。在文化行业发展方面，要深化文化体制改革，完善文化产业规划和政策，加强文化市场体系建设，扩大优质文化产品供给。实施文化产业数字化战略，加快发展新型文化企业、文化业态、文化消费模式。

目前，资本市场普遍认为，在“十四五”规划的政策扶持下，新闻出版、广播电视、影视内容等领域都有望迎来更大的发展空间和更多的扶持政策。在内容创作领域能够出现更多符合当代价值观和新气象的文艺作品，提升文艺作品品质。在数字化战略下，文化内容有望与5G、AR/VR、超高清视频等技术手段实现更好的结合，拓展新型文化产业消费的增长空间。

2. 北京的全国文化中心建设方向

2020年4月，《关于新时代繁荣兴盛首都文化的意见》（以下简称《意见》）和《北京市推进全国文化中心建设中长期规划（2019—2035年）》（以下简称《规划》）同时发布。这两个文件是首都文化建设的顶层设计文件，既独立成篇，又相互呼应，时间跨度大，构成了一个有机整体。

《意见》按照“四个文化”（故都文化、红色文化、京味文化、创新文化）基本格局展开，侧重宏观层面和思想架构的体现，系统梳理了近年来关于“四个文化”的研究、实践成果，提出了新时代繁荣兴盛“四个文化”的基本思路和主要举措；《规划》按照“一核一城三带两区”的总体框架来谋篇布局，侧重中微观层面和实操措施，明确了工作重点和政策目标，安排部署了一批重大项目和重要文化民生工程。

3. 北京文化及相关产业发展热点及趋势

近年来，中国文化及相关产业规模保持高速增长，即使面临疫情冲击，2020 年全国规模以上文化及相关产业企业仍实现营业收入 9.8 万亿元。根据国家统计局数据，中国文化及相关产业增加值逐年扩大，从 2013 年的 2.1 万亿元，增长至2018 年的4.1 万亿元，增长近1 倍，年均复合增长率达 14.4%。2020 年，在文化及相关产业 9 个行业中，新闻信息服务、创意设计服务的营业收入增速超过两位数，分别为 18.0%、11.1%。

（1）文化及相关产业增长热点分析

①游戏：移动游戏市场份额进一步扩大

根据中国音数协游戏工委（GPC）发布的《2020 年 1 ~6 月中国游戏产业报告》，2020 年上半年，中国游戏市场销售收入达 1395 亿元，同比增长 22.34%；中国游戏用户达 6.6 亿人，同比增长 1.97%。一方面，上半年受疫情影响，消费者居家时间变长，文娱需求增加，对游戏行业的高景气度起到了一定程度的助推作用；另一方面，中国游戏产业发展迅速，产业规模已经多年保持增长，2014 年中国游戏销售收入为 1145 亿元，2019 年达 2144 亿元，年均复合增长率约为 13.37%，大幅超过 GDP 增长率。

②直播电商：直播电商行业发展迅速

直播电商主要指通过直播平台与电商交易融合，带来的一种新型网络营销模式。2019 年是直播电商的爆发之年，目前行业产业链基本完善。从行业发展业态来看，直播平台与电商交易的融合度正逐步加深，直播电商平台开始形成稳定化的商业闭环，由“流量为王”向“服务为王”转变。从行业发展驱动因素来看，受传统的广告市场增长乏力、短视频用户增长趋缓、传统电商流量红利将尽等多种因素的制约，各类企业及平台迫切需要寻求变革之路，而直播电商具备互动感强、体验感强、价格优势明显、客户转化率高等诸多优势，顺势成为综合优势明显的营销渠道。2020 年，国家及地方相关行业协会多次发布规范，引导直播电商行业健康有序发展。2020 年 6 月，中国商业联合会发布《视频直播购物运营和服务基本规范（征求意见稿）》，规范直播电商购物活动、销售行为及商品服务，逐步解决直播者夸大宣传、销售假冒伪劣商品等问题；2020 年 6 月，中国广告协会发布《网络直播营销行为规范》，对直播电商中的商家、主播、直播平台、MCN 机构等主体的行为均作出全面的定义和规范；2020 年 7 月，浙江网商协会发布《直播电子商务服务规范（征求意见稿）》，从直播电商生态圈和产业链的视角，依据直播电商的不同参与角色，分别确立了主体资格、亮证亮照、商家和主播入驻审核、规则建立、直播监控、违规处置以及消费者权益保障等全流程的规范体系。

③电竞：电子竞技成为中国体育行业发展中的关键细分领域之一

随着国际体育赛事及交流活动的密集开展，体育产业的发展水平也逐渐成为国家综合实力的象征之一。2019 年 4 月，国家统计局发布《体育产业统计分类（2019）》，首次将电子竞技归为职业体育竞赛表演活动，同类型的体育竞技项目还包括足球、篮球、排球、乒乓球、拳击等传统项目。同月，人社部办公厅、市场监管总局办公厅、统计局办公室联合发布《关于发布人工智能工程技术人员等职业信息的通知》，将电子竞技运营师、电子竞技员纳入高新技术领域的新职业范围。目前，中国电竞市场整体规模达到千亿元级别，电竞用户规模超过 4.5 亿人。从增长动因看，各类战术竞技、网游转化等新兴电竞游戏的不断涌现，国内电竞赛事举办的不断完善，以及各类视频平台、直播平台加入电竞赛事传播等，均是推动中国电子竞技行业快速发展的主要因素。

2020 年 2 月，北京市相关部门联合发布《关于应对新冠肺炎疫情影响促进文化企业健康发展的若干措施》，明确提出要“打造电子竞技产业品牌，加强电子竞技品牌建设布局规划，集中打造北京电子竞技赛事、群众活动、园区和俱乐部等品牌”，这也是疫情发生后国内首个针对电竞产业的指导性政策。

④冰雪运动：冰雪体育产业化趋势明显

2015 年中国成功申办 2022 年北京冬奥会，直接推动了中国体育产业化的进程。2019 年 3 月，中共中央办公厅、国务院办公厅印发《关于以 2022 年北京冬奥会为契机大力发展冰雪运动的意见》，提出大力发展冰雪体育行业，要求丰富群众冰雪运动，力争到2022年，中国冰雪运动总体发展更加均衡，普及程度明显提升。支持社会力量举办业余冰雪赛事，同时加强青少年冰雪运动相关组织建设，为青少年参与冰雪运动提供更好的培训和指导。

（2）北京市文创产业发展情况及趋势

文化创意是北京市重要的支柱产业，具有良好的发展基础，2019年以来，在宏观经济下行以及疫情影响下，北京市文化创意产业仍然保持了良好的发展态势。根据《北京统计年鉴2020》，2019年北京市文化产业规模以上法人单位实现收入12850亿元，比2018年同期增长8.2%，远大于同期规模以上第三产业5.8%的增速。核心细分领域的新闻信息服务、创意设计服务、文化传播渠道、内容创作生产等都发展势头良好。2020年1～5月，北京市文化产业规模以上法人单位实现收入4600亿元，同比增长8.2%，其中新闻信息服务、内容创作生产两大核心领域分别同比增长12.5%和17.9%。

①文创投融资活跃

北京市在文创投融资金额、文创产业增加值、文创相关从业人员数量、高等院校数量、教育财政支出、文化体育传媒财政支出等方面均处于全国领先地位，而且北京还拥有服贸会、文博会、北京国际电影节、国家版权交易中心等众多文化平台，以及丰富的人才资源、旺盛的文化需求和巨大的市场潜力，对其他省市也具有一定的引导、辐射作用。另外，根据杭州清科研究中心研究成果，北京市聚集了大量的投资机构和文创领域创新服务公司，文化创意产业投资热度居全国之首。2019年到2020年第一季度，北京文化创意领域披露投资案例数量为1197起，披露投资金额为1037亿元，占全国同数据比重分别达到34.8%和50.9%，均领先于全国其他地区。①

②文化创意产业园区发展迅速

北京市重视文化产业功能区建设，依托历史文化资源、文创产业集聚、老旧厂房加快改造发展文创空间。目前，北京市文化创意产业园区共有市级文化产业示范园区10家、市级文化产业示范园区（提名）10家、市级文化

① 清科研究中心：《2019—2020杭州文化创意产业投资发展报告》，2020年10月。

产业园区 80 家，主要分布在朝阳区、东城区、海淀区、西城区等中心城区。其中，朝阳区的文化创意产业园区数量较多，包括 2 个国家级文化产业园区、6 个市级文化创意产业集聚区等。[①]

③动漫游戏产业科技优势凸显

近年来，北京地区动漫游戏行业高速增长，已经成为全国动漫游戏行业重要的研发中心和最大出口地，2019 年北京动漫游戏行业总产值约为 806 亿元，占全国动漫游戏产值的 19%，比 2018 年增长 14%。[②] 其中，由于有众多高校和中关村互联网文化创意产业园的资源支持，海淀区在游戏、电子竞技等领域具有突出的科技优势。2019 年 11 月，海淀区印发《北京市海淀区支持数字文化产业发展（电竞产业篇）》，该支持政策以电竞产业为重点，包括推动游戏研发和内容创作、集聚游戏企业及电竞俱乐部、支持电竞场馆建设和赛事举办等六个方面。

④设计产业亚太领先

北京市设计产业的产业规模突出，专业技术人员数量众多，产业辐射能力和外溢水平较高，已成为全球设计产业网络的亚太中心。2019 年，北京市创意设计服务领域规模以上法人单位实现收入 2852 亿元。

⑤文物艺术品拍卖全国领先

北京市全球最大的中国文物艺术品交易中心和全球第四大艺术品中心，文物艺术品拍卖一直走在全国前列。

二　北京文化及相关上市公司的发展现状

（一）北京文化及相关产业上市公司的甄选

本报告根据国家统计局《文化及相关产业分类（2018）》以及证监会

① 清科研究中心：《2019—2020 杭州文化创意产业投资发展报告》，2020 年 10 月。

② 清科研究中心：《2019—2020 杭州文化创意产业投资发展报告》，2020 年 10 月。

《上市公司行业分类指引》（2012 年修订）对上海证券交易所（沪市主板和科创板）和深圳证券交易所（深市主板、中小板和创业板）A 股注册地址在北京的上市公司 2017 ~ 2019 年年度报告披露的主营业务范围进行甄选。

1. 北京文化及相关上市公司的甄选标准

目前注册地址在北京市的 A 股上市公司有 379 家，须确定标准对上述上市公司进行甄选。甄选如下。

第一，信息披露标准，主要指上市公司年报披露信息“所属行业”属于文化及相关产业范畴；第二，主营业务标准，主要指上市公司年报披露信息“主营构成”中含有文化及相关产业业务收入，且符合证监会 2012 年行业分类要求①；第三，公司属地标准，主要指上市公司的注册地址在北京。

根据上述标准甄选得到 2017 ~ 2019 年北京文化及相关产业上市公司数量如下。

2017 年，43 家文化及相关产业上市公司；

2018 年，43 家文化及相关产业上市公司；

2019 年，45 家文化及相关产业上市公司。

2017 年与 2018 年文化及相关产业上市公司数量相同的原因是，2018 年新股上市没有北京地区的公司。

2. 研究样本数据来源

上述上市公司的相关数据，全部来自 2017 ~ 2019 年上市公司年度报告。年度报告下载自上海证券交易所、深圳证券交易所及中国证监会制定信息披露网站——巨潮网。此外，部分研究数据来源于同花顺等金融数据终端。

---

① 《上市公司行业分类指引》（2012 年修订）中规定，上市公司的分类原则与方法如下。第一，以上市公司营业收入等财务数据为主要分类标准和依据，所采用财务数据为经过会计师事务所审计并已公开披露的合并报表数据。第二，当上市公司某类业务的营业收入比重大于或等于 50%，则将其划入该业务相对应的行业。第三，当上市公司没有一类业务的营业收入比重大于或等于 50%，但某类业务的收入和利润均在所有业务中最高，而且均占到公司总收入和总利润的 30% 以上（包含本数），则该公司归属该业务对应的行业类别。第四，不能按照上述分类方法确定行业归属的，由上市公司行业分类专家委员会根据公司实际经营状况判断公司行业归属；归属不明确的，划为综合类。

（二）北京文化及相关产业上市公司的分布概况

厘清北京文化及相关产业上市公司行业、所有制以及实际控制人分布概况，有利于了解北京文化及相关产业上市公司的结构生态，为投资者及政府提供基本的信息参考。本报告选取 2019 年作为样本分析的时间点。

1. 行业分布：广告行业分布最多

按照国民经济产业分类第一层，北京市文化及相关产业上市公司主要分布于以下行业。新闻和出版业；电信、广播电视和卫星传输服务业；广播、电视、电影和录音制作业；印刷和记录媒介复制业；文教、工美、体育和娱乐用品制作业；互联网和相关服务业；计算机、通信和其他电子设备制造业；软件和信息技术服务业；纺织服装、服饰业；建筑装饰、装修和其他建筑业；商务服务业（广告业）；零售业；土木工程建筑业；专业技术服务业（见图 1）。

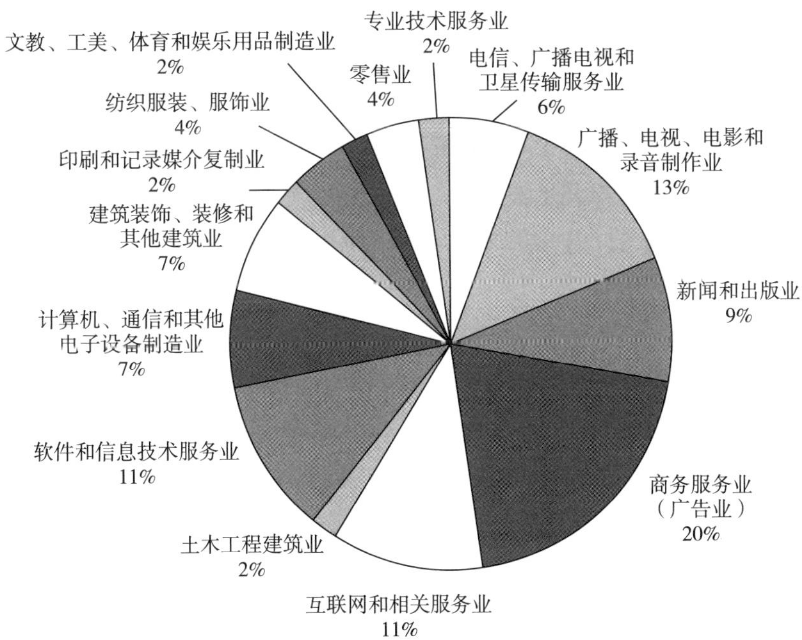

图 1　北京市文化及相关产业上市公司行业分布情况

资料来源：根据国家统计局《文化及相关产业分类（2018）》、证监会《上市公司行业分类指引》（2012 年修订）及同花顺金融数据库数据计算整理。

2019 年北京市文化及相关产业上市公司共有 45 家，其行业分布呈现以下特点。

属于广告业的上市公司有 9 家，占比为 20%。广告服务在国民经济行业分类中属于创意设计服务，包括互联网广告服务和企业广告服务。北京作为全国文化中心，文化创意产业发展在全国领先，围绕中央广播电视总台等中央级媒体平台以及数量众多的互联网企业，广告业的市场潜力和市场规模巨大，属于各类资本竞相投资的热点行业，催生了大批文化及相关上市公司。

属于广播、电视、电影和录音制作业的上市公司有 6 家，占比为 13.33%。广播、电视、电影和录音制作业主要是电影、电视和录像（含以磁带、光盘为载体）节目的制作，节目可以作为电视、电影播出、放映，也可以作为出版、销售的原版录像带（或光盘），还可以在其他场合宣传播放。此外，这一行业还包括影视节目的后期制作，但不包括电视台制作节目的活动。注册地在北京市上市公司主要从事影视节目制作和电影放映。

属于新闻和出版业的上市公司有 4 家，占比为 8.89%，主要分布在图书出版、数字出版以及期刊出版三个细分行业。北京汇集了多家中央级出版单位，在新闻出版行业转企改制的推动下，中国出版、中国科传和中信出版三家中央级出版单位实现了集团化的改革，完成了上市。另外，在互联网科技创新力量的推动下，数字出版领域也出现了创业型企业中文在线，实现了创业板上市。

属于互联网和相关服务业的上市公司有 4 家，占比为 8.89%，主要分布在互联网游戏以及互联网其他信息服务行业。互联网和相关服务业包括互联网信息服务业、增值电信服务业（文化部分），均属于新兴领域，拥有无限商机。北京既是全国科技创新中心又是全国科技创新中心，互联网游戏软件开发属于新兴文化产业领域，具有良好的发展前景。

属于软件和信息技术服务业的上市公司有 5 家，占比为 11.11%，主要分布在办公软件及服务、智能识别与智能交互技术、语义智能技术等领域。人工智能在语义识别和内容管理上属于新兴的方向。

属于电信、广播电视和卫星传输服务的上市公司有 3 家，占比为

6.67%，主要分布在有线广播电视传输服务行业和其他电信服务行业。广播电视和卫星传输服务行业的文化属性与意识形态属性较强，市场准入门槛较高，非公资本很难进入，北京的相关企业具有天然的优势进入该领域。

属于计算机、通信和其他电子设备制造行业的上市公司有3家，占比为6.67%，主要是显示器件制造和广播电视接收设备制造。在文化产业中，视听设备制造行业也是必不可少的，这个行业是较为传统的行业。但是在显示设备制造领域，三星等国外厂商具有较强的竞争力，在与国外厂商竞争中，技术与资本都十分密集，中国国内企业融资的需求较为强烈。

还包括11家文化相关产业上市公司，主要分布在建筑装饰、装修和其他建筑业，土木工程建筑业，印刷和记录媒介复制业，文教、工美、体育和娱乐用品制造业，零售业，专业技术服务业以及纺织服装、服饰业等领域。

2. 所有制及实际控制人分布：民营公司数量最多

在北京市文化及相关产业上市公司中，民营公司数量最多。与之相对应的是实际控制人，以自然人数量最多。上市公司控股股东实际控制人可划分为国资委控股的上市公司、中央直属国有企业控股的上市公司、地方所属的国有企业控股的上市公司和私有产权控股的上市公司。①

近年来，文化产业迅速发展，在新兴领域及互联网领域，民营企业数量激增。民营上市公司数量为32家，占北京市文化上市公司总数的71.11%（见表3），主要集中在文化、体育、娱乐业和信息传输、软件和信息技术服务业。这些民营上市公司的实际控制人也均是自然人。

表3　北京市文化及相关产业上市公司所有制及实控人分布情况

单位：家，%

所有制及实控人类型	公司数量	有效占比
央企国资控股	8	17.78
省属国资控股	3	6.67
地方国资控股	1	2.22

① 徐莉萍、辛宇、陈工孟：《控股股东的性质与公司经营绩效》，《世界经济》2006年第10期。

续表

所有制及实控人类型	公司数量	有效占比
民营企业	32	71.11
其他	1	2.22
合计	45	100

资料来源：根据国家统计局《文化及相关产业分类（2018）》和同花顺金融数据库数据计算整理。

国有资本按照出资者分类，可以分为央企国资控股、省属国资控股和地市国资控股三类，北京市文化上市公司中这三类国有资本共计 12 家，占总数的 26.67%，其中央企 8 家、省属 3 家、地市级 1 家。

3. 上市时间分布：1997～2001年和2010年之后

从上述上市公司的上市时间来看，1997～2001 年有 7 家公司实现上市，主要分布在传统文化产业，如有线电视传播服务业，旅游行业、计算机、通信和其他电子设备制造业，零售业以及显示器业务。2009 年，文化部出台《关于加快文化产业发展的指导意见》和《文化产业振兴规划》，其重点任务之一就是"着力培育一批有实力、有竞争力的骨干文化企业，增强我国文化产业的整体实力和国际竞争力"，2010 年至今，各类型文化企业相继上市（见图 2）。

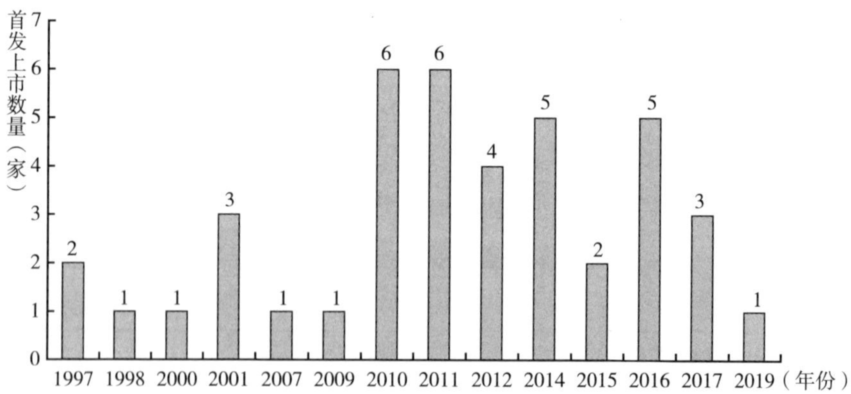

图 2　北京市文化及相关产业上市公司首发上市时间分布

资料来源：同花顺金融数据库。

具体来看，北京市文化及相关产业上市公司的上市高峰时期是 2010 年和 2011 年，此后，2014 年和 2016 年也是两个小高峰时期。2010 年和 2011 年属于文化及相关产业上市的爆发期，这两年上市的文化及相关产业上市公司占北京市上市公司总量的26.08%。出现这一高峰的原因是一系列文化产业政策相继出台。在国家层面，2009年9月10日，文化部出台《关于加快文化产业发展的指导意见》，并紧接着发布《文化产业振兴规划》，作为全国第11个产业振兴规划，意味着文化产业已上升为国家的战略性产业，其中的重点任务之一就是“着力培育一批有实力、有竞争力的骨干文化企业或企业集团，加大政策扶持力度，推动跨地区、跨行业联合或重组，尽快壮大企业规模，提高集约化经营水平；鼓励好引导有条件的文化企业面向资本市场融资，培育一批文化领域战略投资者，实现低成本扩张，进一步做大做强”，该规划的颁布与实施有力地推动了北京市文化及相关产业企业的股票上市交易。

（三）北京市文化及相关产业上市公司的经营状况

文化及相关产业涉及的细分产业较多，本部分将对北京市文化及相关产业上市公司的主营产品及其资产负债、收入利润情况进行梳理，为理论界和政府有关部门了解北京市文化及相关产业上市公司的经营状况提供基本的信息参考。限于数据信息的时效性，本报告主要依据2019年北京市文化及相关产业上市公司的数据进行分析。

1. 北京市文化及相关产业上市公司主营产品

北京市文化及相关产业上市公司主营产品种类多样，按照证监会发布的2020年第三季度行业分类标准，对45家北京市文化及相关产业上市公司2019年的主营产品及文化相关营业收入占比情况进行分类梳理总结（见表4）。

表4　2019年北京市文化及相关产业上市公司主营产品及文化相关营业收入占比情况

单位：%

证监会行业分类	文化及相关产业上市公司	主营产品及文化相关营业收入占比
建筑装饰、装修和其他建筑业	弘高创意	设计业务(4.64)、装饰业务(94.93)
	东易日盛	工程(87.16)、设计(9.87)、特许(0.20)、销售(0.49)、服务(2.21)、运装(0.16)
	江河集团	建筑装饰服务(95.43)、医疗健康服务(4.57)

续表

证监会行业分类	文化及相关产业上市公司	主营产品及文化相关营业收入占比
土木工程建筑业	乾景园林	市政绿化(68.86)、地产景观(19.78)、园林景观设计(3.38)、苗木销售(1.41)、建筑设计(6.16)、其他(0.41)
专业技术服务业	恒信东方	LBE 城市新娱乐(29.68)、CG/VR 影像内容生产(4.45)、儿童产业链开发运营(23.74)、互联网视频应用产品及服务(39.75)、移动信息产品销售与服务(1.84)
零售业	三夫户外	户外服装(55.21)、户外鞋袜(15.93)、户外装备(13.52)、户外服务(15.34)
	北巴传媒	广告传媒业务(9.26)、汽车 4S 店(73.79)、驾驶员培训(3.39)、汽车租赁服务(0.10)、报废拆解服务(0.98)
电信、广播电视和卫星传输服务	歌华有线	有线电视收入(100)
	中信国安	信息及服务(99.71)、房地产开发及物业管理(0.29)
纺织服装、服饰业	朗姿股份	时尚女装(50.28)、婴童服饰(25.09)、医疗美容(20.90)、资产管理(1.31)
	探路者	户外服装(67.55)、户外鞋品(12.77)、户外装备(3.06)、旅行服务(15.05)、体育业务(0.25)、其他业务(1.32)
广播、电视、电影和影视录音制作业	万达电影	院线电影放映(59.10)、销售卖品(12.48)、发布广告(12.64)、电影制作及发行(5.79)、电视剧制作及发行(3.23)、游戏发行(2.55)
	捷成股份	音视频整体解决方案(12.08)、影视剧内容制作(5.30)、影视版权运营及服务(82.43)
	光线传媒	电影及衍生品(89.48)、电视剧(8.41)、经纪业务及其他(2.11)
	华录百纳	影视(71.81)、综艺(11.39)、体育(0.29)、营销(16.09)
	北京文化	电影(91.44)、电视剧网剧(0.30)、艺人经纪(3.21)、新媒体(0.04)、旅游景区(4.89)、其他(0.12)
	中国电影	影视制片制作(9.32)、电影发行(52.50)、电影放映(21.05)、影视服务(16.40)
互联网和相关服务业	掌趣科技	移动终端游戏(92.36)、互联网页面游戏(7.28)
	昆仑万维	游戏(40.29)、社交网络(46.41)、网络广告(11.56)
	值得买	信息推广(67.79)、互联网效果营销平台(32.11)
	数知科技	智慧营销业务(63.82)、数据智能应用与服务(23.87)、智能通信物联网业务(12.32)
	腾信股份	互联网广告服务(91.04)、互联网公关服务(0.94)、技术开发与服务(7.96)

续表

证监会行业分类	文化及相关产业上市公司	主营产品及文化相关营业收入占比
互联网和相关服务业	新华网	网络广告(41.99)、信息服务(24.67)、移动互联网(17.49)、网络技术服务(10.40)、数字内容(10.43)
	人民网	广告及宣传服务(44.98)、移动增值服务(16.95)、信息服务(28.02)
	华扬联众	品牌营销(96.67)、品牌代运营(2.90)、影视节目(0.43)
	数知科技	智慧营销业务(63.82)、数据智能应用与应用业务(23.87)、智能通信物联网业务(12.32)
	掌阅科技	数字阅读平台(84.14)、硬件产品(1.40)、版权产品(13.90)、其他(0.55)
	二六三	企业通信业务(59.84)、个人通信业务(38.83)、其他业务(1.33)
计算机、通信和其他电子设备制造业	京东方A	端口器件(91.75)、智慧物联(14.42)、智慧医工(1.17)
	数码科技	云服务及大数据(3.35)、数字电视系统及服务(19.97)、新媒体技术服务及应用(13.92)、宽带网改(13.00)、智能网关及终端产品(30.04)、金融及互联网金融技术(1.30)、TVOS及安全产品(7.98)、其他(10.45)
	同方股份	总部投资及科技园(2.94)、公共安全(30.69)、节能环保(19.97)、信息安全(47.70)
	大恒科技	信息技术及办公自动化(65.75)、光机电一体化产品(11.90)、电视数字网络编辑及播放系统(18.73)、半导体元器件(0.75)
其他制造业	金一文化	纯金制品(26.42)、珠宝首饰(38.36)、投资金条(21.41)、纯银制品(1.19)、邮品(0.04)、原材料(6.54)
软件和信息技术服务业	邦讯技术	系统集成(85.71)、设备销售(13.56)、代维服务(0.08)、互联网游戏收入(0.09)、其他业务(0.57)
	拓尔思	软件(15.50)、安全产品(13.97)、技术服务(26.74)、媒介代理(15.42)、云和数据服务(22.76)
	金山办公	WPS Office办公软件产品使用授权(31.39)、互联网广告推广服务(25.60)、办公服务订阅(43.02)
	北纬科技	物联网应用及移动增值业务(21.31)、手机游戏业务(26.66)、移动互联网产业园(51.23)、其他业务(0.79)

续表

证监会行业分类	文化及相关产业上市公司	主营产品及文化相关营业收入占比
商务服务业(广告业)	华谊嘉信	体验营销(36.40)、公关广告(26.92)、数字营销(36.11)、内容营销(0.55)、大数据营销(0.02)
	宣亚国际	营销解决方案业务(86.30)、营销技术运营业务(12.92)、数据技术产品业务(0.78)
	蓝色光标	全案推广服务(16.54)、全案广告代理(10.91)、出海广告投放(61.49)、海外公司业务(11.06)
	引力传媒	传统媒介代理(19.87)、数字营销(79.92)、专项广告服务(0.21)
新闻和出版业	中文在线	文化产品(90.98)、教育产品(8.47)
	中信出版	图书出版物销售(85.76)、数字阅读服务(3.53)
	中国科传	图书业务(47.70)、期刊业务(4.54)、出版物出口业务(47.05)、其他业务(0.70)
	中国出版	出版业务(65.95)、发行业务(11.89)、物资供销业务(14.81)、印刷业务(3.31)、其他业务(4.04)
印刷和记录媒介复制业	盛通股份	出版综合服务(83.08)、教育培训业务(16.92)

资料来源：2019 年北京市文化产业及相关上市公司年报。

45 家上市公司分属于不同的产业，文化及相关产业产品收入占比超过 50% 的上市公司有 20 家，其他产业上市公司与文化产业主营产品均占比较低。

2. 北京市文化及相关产业上市公司投资决策情况

以投资拉动公司增长。投资活动现金流量中有两类现金流能反映企业的长期战略和投资决策，一是构建和处置长期资产的投资决策和活动，二是并购和处置子公司的投资决策和活动。在文化及相关产业中，无形资产的变动，以及与无形资产相关的投资活动现金流量是值得关注的。本报告从上述两类现金流活动角度，梳理了 2019 年北京市文化及相关产业上市公司的投资决策情况。

（1）构建和处置长期资产的投资决策和活动

构建和处置长期资产之后，公司经营规模和生产能力会出现变化，究竟是呈扩张性还是呈收缩性，需要使用一些指标来进行判断。郭永清[①]提出以下三个指标。

$$长期资产净投资额 = 构建长期资产支付的现金 - 当期处置长期资产收回的现金 \quad (1)$$

$$长期资产新投资额 = 长期资产净投资额 - 报废或到期退役的长期资产净额 \quad (2)$$

$$长期资产扩张性资本支出比例 = 长期资产净投资额 \div 期初长期资产净额 \times 100\% \quad (3)$$

公式（1）是当期新构建的长期资产减去当期处置的长期资产，代表一家公司是买进来的长期资产多，还是卖出去的长期资产多。

公式（2）是长期资产净投资额减去到期退役的长期资产净额，代表一家公司实际增加的经营规模和生产能力，反映一家公司扩张的绝对程度。

公式（3）长期资产扩张性资本支出比例，代表一家公司当期新增加的经营规模和生产能力占前期经营规模和生产能力的比重，反映一家公司扩张的相对程度。以下就用上述三个公司说明北京市文化产业及相关上市公司的投资决策情况。

图 3 为北京市文化产业及相关上市公司 2019 年投资决策情况，45 家上市公司中 18 家公司呈现长期资产扩张的态势，分别是歌华有线、中国科传、中国出版、掌阅科技、华扬联众、新华网、金山办公、京东方 A、盛通股份、万达电影、三夫户外、值得买、中信出版、拓尔思、同方股份、北巴传媒、数知科技、恒信东方，其中金山办公的长期资产扩张程度最高达到了 174%，恒信东方的扩张程度也达到了 143%。27 家公司呈现长期资产收缩的态势，分别是中国电影、人民网、引力传媒、乾景园林、北京文化、中信国安、北纬科技、二六三、弘高创意、朗姿股份、东易日盛、金一文化、探路者、华谊嘉信、数码科技、捷成股份、光线传媒、华录百纳、邦讯技术、掌趣科技、中文在线、昆仑万维、宣亚国际、大恒科技、江河集团、蓝色光标、腾信股份，其中北京文化和昆仑万维 2 家公司的收缩程度最大。

① 郭永清：《财务报表分析与股票估值》，机械工业出版社，2017，第 68 页。

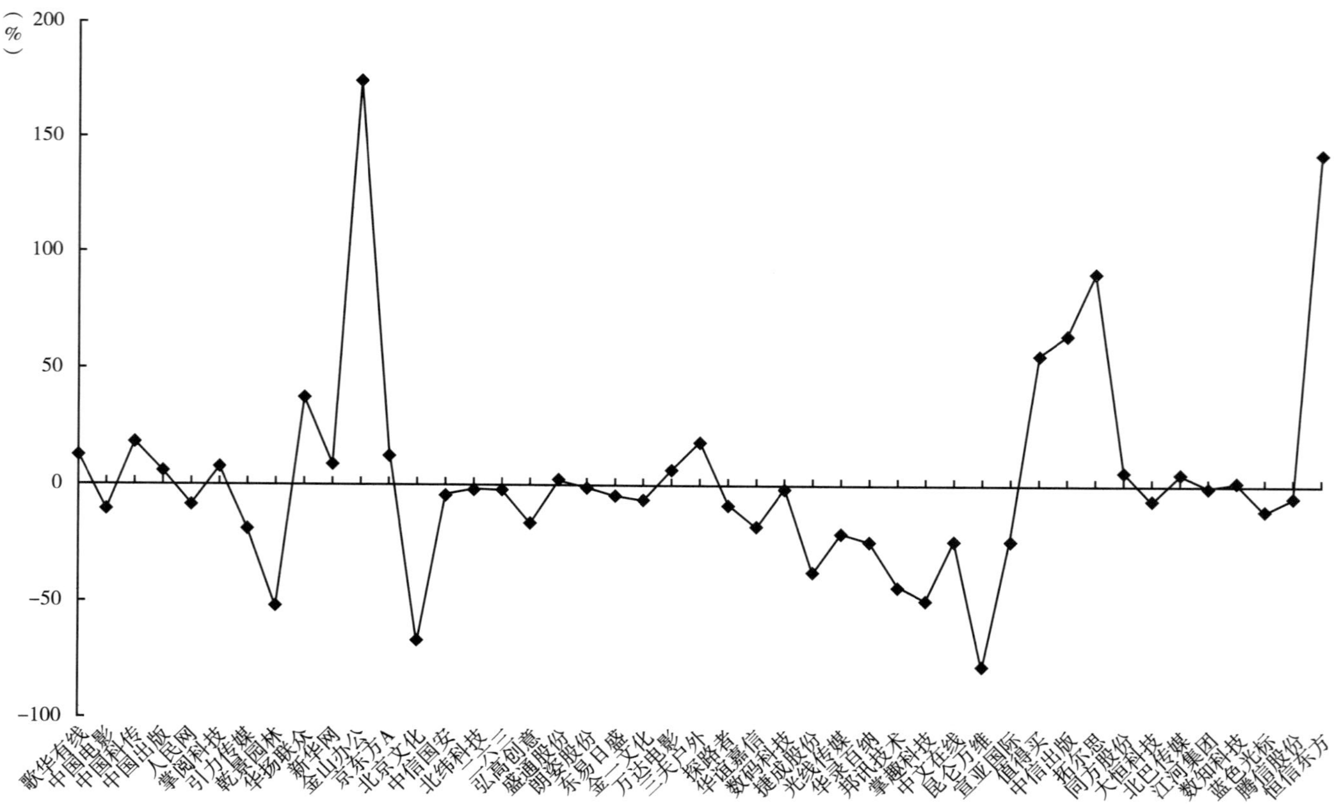

图3　2019年北京市文化产业及相关上市公司年投资决策情况

资料来源：根据2019年北京市文化产业及相关上市公司财务报告数据整理计算。

（2）取得和处置子公司的投资决策情况

除了自我构建长期资产外，一家公司的战略还取决于其并购活动。投资活动现金流量中取得子公司及其他营业单位支付的现金净额项目和处置子公司及其他营业单位收到的现金净额项目，及时反映一家公司的兼并收购活动情况。其中，取得子公司及其他营业单位支付的现金净额项目，反映企业取得子公司及其他营业单位购买出价中以现金支付的部分，减去子公司或其他营业单位持有的现金和现金等价物后的净额；处置子公司及其他营业单位收到的现金净额项目，反映企业处置子公司及其他营业单位所取得的现金，减去子公司或其他营业单位持有的现金和现金等价物以及相关处置费用后的净额。

$$\text{净合并额} = \text{取得子公司支付的现金} - \text{处置子公司收回的现金} \tag{4}$$

公式（4）中，净合并额等于取得子公司支付的现金净额减去处置子公司收回的现金净额，这个概念就可以评价衡量北京市文化产业及相关上市公司的并购规模，以揭示取得和处置子公司的投资决策。

通过搜集整理2019年北京市文化产业及相关上市公司并购的相关公告，使用净合并额来分析北京市文化产业及相关上市公司并购投资情况。

2019年共有23家上市公司发生收购或处置子公司业务。其中13家上市公司并购规模为正，中国出版和引力传媒的并购规模超过了1亿元；11家上市公司并购规模为负，朗姿股份和金一文化在2019年时处置了子公司，净并购额为负5.6亿元和负6.4亿元。另外，还有22家公司在2019年没有发生并购业务（见图4）。

3. 北京市文化及相关产业上市公司融资情况

如果一家公司在战略投资中存在资金缺口，融资就成为必要的手段。一般包括三种方式，一是与股东之间的融资活动，二是与债权人之间的融资活动，三是其他融资活动，但是其他融资活动上市公司一般金额不大。上述融资活动可以使用股东筹资净额和债务筹资净额两个指标来衡量，见公式（5）、公式（6）。

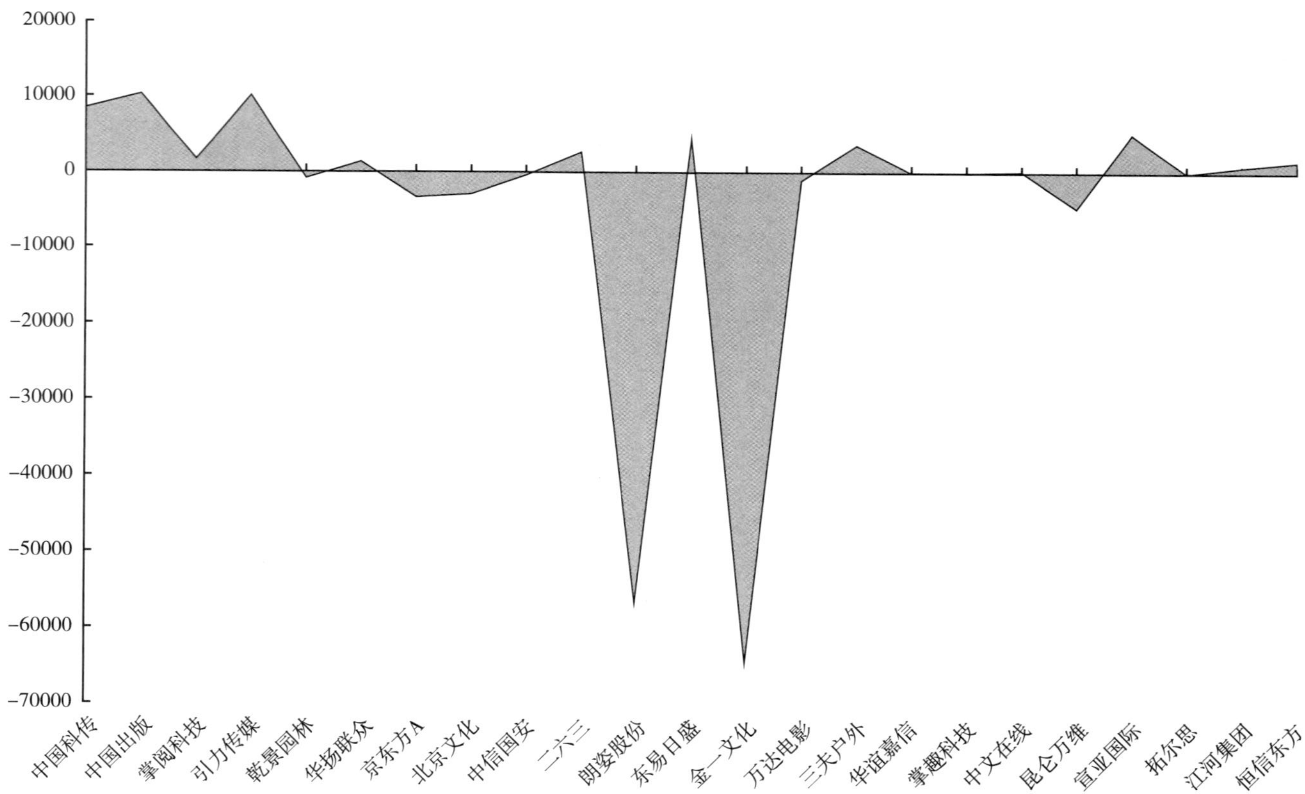

图4　2019年北京市文化产业及相关上市公司并购投资情况

资料来源：根据2019年北京市文化产业及相关上市公司年报数据整理计算。

股东筹资净额 = 吸收投资收到的现金 - 分配股利、利润支付的现金 (5)

债务筹资净额 = 借款收到的现金 - 偿还债务所支付的现金 - 偿付利息支付的现金 (6)

公式（5）表示上市公司从股东那里吸收投资的资金减去给股东分配股利所支付的现金，反映上市公司从股东处筹集的资金净额。公式（6）表示上公司从债权人那里借款收到的现金减去偿还债务所支付的现金，再减去偿付利息支付的现金，反映上市公司从债权人处筹集的资金净额。

（1）北京市文化及相关产业上市公司股权融资情况

通过股东筹资净额这个指标，可以判断上市公司股权融资情况：股东筹资净额为正，说明公司股东追加投入；股东筹资净额为负，说明上市公司给予股东分红回报或者公司股东减资。

2019 年，北京市文化及相关产业上市公司股权融资情况呈现不同特征。45 家上市公司中，18 家进行了股权融资，其中金额最大的是京东方 A，融资金额达 133.7 亿元（见表 5）。通过查阅公司年报，可以发现京东方 A 在 2019 年吸收了子公司中少数股东的投资。另外 27 家上市公司均没有进行股权融资，其中 18 家给股东进行了分红，歌华有线分配股利支付的现金达 91857 万。

表 5　2019 年北京市文化及相关产业上市公司股权融资情况

单位：万元

证券名称	股东筹资净额	证券名称	股东筹资净额	证券名称	股东筹资净额
引力传媒	100.00	北京文化	0.00	歌华有线	-91857.34
金山办公	434324.14	中信国安	0.00	中国电影	-37758.60
京东方 A	1337037.59	弘高创意	0.00	中国科传	-15019.50
北纬科技	101.00	东易日盛	0.00	中国出版	-18710.30
盛通股份	4607.90	金一文化	0.00	人民网	-11984.55
三夫户外	394.00	万达电影	0.00	掌阅科技	-2525.00
华谊嘉信	721.27	捷成股份	0.00	乾景园林	-148.17
华录百纳	1585.00	邦讯技术	0.00	华扬联众	-4783.53
掌趣科技	4.41	中文在线	0.00	二六三	-5732.38
宣亚国际	268.50			朗姿股份	-4775.34
值得买	30209.55			探路者	-4418.51
中信出版	57600.29			数码科技	-729.01

续表

证券名称	股东筹资净额	证券名称	股东筹资净额	证券名称	股东筹资净额
拓尔思	1214.92			光线传媒	-12284.04
同方股份	7217.02			昆仑万维	-2615.51
蓝色光标	772.88			大恒科技	-349.44
腾信股份	490.00			北巴传媒	-2855.60
恒信东方	302.22			江河集团	-34099.96
新华网	5878.93			数知科技	-2660.57
合计	1882829.62	合计	0.00	合计	-253307.35

资料来源：2019 年北京市文化及相关产业上市公司年报。

（2）北京市文化及相关产业上市公司债务融资情况

通过债务筹资净额这个概念，可以反映上市公司的债务融资情况。债务筹资净额为正，表明上市公司在当年进行了债务融资；债务筹资净额为负，则反映出上市公司在当年或者以现金偿还了债务，或者偿付了借款利息、债券利息。

2019 年，北京市文化及相关产业上市公司进行了不同程度的债务融资以及债务和利息偿还。45 家上市公司中，仅有 13 家进行了债务融资，融资金额合计 167.1 亿元，其中京东方 A 的债务融资金额达 138.1 亿元。进一步查阅京东方 A 年报发现，京东方 A 长期借款，借款额从 2018 年末的 947.8 亿元增加至 2019 年末的 1077 亿元，增幅较大，另外，2019 年末京东方 A 的货币资金为 569.7 亿元，货币资金和银行借款“双高”的特点值得持续关注。

表 6　2019 年北京市文化及相关产业上市公司债务融资情况

单位：万元

证券名称	债务筹资金额	证券名称	债务筹资金额	证券名称	债务筹资金额
中国出版	24753.34	人民网	0.00	歌华有线	-206.30
引力传媒	13708.68	掌阅科技	0.00	中国电影	-15642.79
乾景园林	6568.56	新华网	0.00	中国科传	-35.64
京东方 A	1381083.42	北纬科技	0.00	华扬联众	-61374.29
北京文化	32756.59	二六三	0.00	金山办公	-0.02
东易日盛	1798.52	宣亚国际	0.00	中信国安	-104356.22
金一文化	126366.62	中信出版	0.00	弘高创意	-1795.67
万达电影	23569.02			盛通股份	-10706.16

续表

证券名称	债务筹资金额	证券名称	债务筹资金额	证券名称	债务筹资金额
探路者	391.43			朗姿股份	-140477.48
昆仑万维	26762.11			三夫户外	-2583.54
值得买	3448.25			华谊嘉信	-15248.18
数知科技	16567.94			数码科技	-14179.31
腾信股份	13833.37			捷成股份	-91522.77
				光线传媒	-39815.49
				华录百纳	-3567.02
				邦讯技术	-2015.77
				掌趣科技	-2527.22
				中文在线	-7411.55
				拓尔思	-4886.38
				同方股份	-503650.78
				大恒科技	-8769.20
				北巴传媒	-11560.24
				江河集团	-11217.09
				蓝色光标	-33884.41
				恒信东方	-34529.28
合计	1671607.85	合计	0.00	合计	-1121962.80

资料来源：2019 年北京市文化及相关产业上市公司年报。

三　北京市文化及相关产业上市公司综合能力评价

国内关于上市公司的指数研究内容有很多方面，主要有上市公司创新能力指数、公司治理指数、公司合规指数、现金分红连续性和稳定性研究指数、知识产权信息披露指数、智力资本信息披露指数、会计舞弊风险指数、无形资产评价指数以及会计投资者保护指数等。文化及相关产业上市公司指数研究，主要集中于上市公司绩效评价、综合评价以及技术创新效率评价等相关领域。基于改进的功效系数法构建的中国文化及相关产业上市公司综合评价指标体系——龙文化指数，主要是通过借鉴莱斯特·M. 萨拉蒙在《全球公民社会——非营利部门国际指数》中“以固定标准为基点来度量变化”的方法，改进了之前指数构建的数据标准化方法，使观测对象在全部样本的相对位次可以在不同年份之间进行比较。[①] 本报告借鉴上述方法，结合当前的政策要求，构建北京市文化及相关产业上市公司综合能力评价指数。

（一）北京市文化及相关产业上市公司综合能力评价指标体系构建

北京市文化及相关产业上市公司综合能力评价既应包括经济绩效，也应包括社会绩效。2015 年 9 月 14 日，中共中央办公厅、国务院办公厅印发的《关于推动国有文化企业把社会效益放在首位、实现社会效益和经济效益相统一的指导意见》，为文化企业的发展指明了方向。党的十九届五中全会对文化建设高度重视，在“十四五”规划和二〇三五年远景目标的建议中，提出健全现代文化产业体系，坚持把社会效益放在首位、社会效益和经济效益相统一。按照中央精神，此处将构建北京市文化及相关产业上市公司层面的综合能力评价指标体系。

1. 北京市文化及相关产业上市公司综合能力评价的四个维度

文化及相关产业上市公司是文化产业发展过程中具有竞争优势的企业，对文化产业的发展具有引领作用。北京市文化及相关产业上市公司既须实现首都文化中心的核心功能，又须满足上市公司的业绩要求，还须不断进行科技创新，实现科技与文化的融合发展。同时，须在企业内部建立现代化的企业制度，引领其他文化企业的发展。因此，应从社会效益、经济效益、科技创新和公司治理四个维度评价北京市文化及相关产业上市公司的综合能力。

（1）社会效益维度

文化企业提供精神产品，传播思想信息，担负文化传承使命，必须始终坚持把社会效益放在首位、实现社会效益和经济效益相统一。文化产业上市公司的社会责任的定义，包括对股东责任、对消费者责任、对员工责任、对债权人责任、对供应商责任、对政府责任和对社区责任。[②] 但此处的社会责

---

① 臧志彭、解学芳：《中国文化及相关产业上市公司研究报告 2011—2013》，知识产权出版社，2015。

② 周森森、孟枫平：《文化产业上市公司的社会责任评价》，《长春理工大学学报》（社会科学版）2018 年第 5 期。

任和社会效益在概念内涵上仍有所区别，社会效益主要体现在对社会的贡献、对员工的责任以及对政府的责任，对股东的责任主要是经济责任，可以归类到经济效益维度中。

（2）经济效益维度

企业是以营利为最终目的的经济组织，经济效益反映企业经营活动的结果。作为上市公司，短期经济效益更成为资本市场关注的焦点。绩效评价是衡量文化产业上市公司经营成果的有效方法，一般是构建绩效评价体系，利用企业的财务指标进行评价的。[①] 参考上述研究成果，建立北京市文化及相关产业上市公司的经济绩效评价指标。

（3）科技创新维度

文化与科技相辅相成、相互促进，先进文化理念是科技创新的思想源泉，科技创新是推动文化产业转型升级、实现高质量发展的有力杠杆。创新能力应从创新投入能力、创新产出能力和创新可持续发展能力三个维度建立评价指标。[②] 借鉴前文研究成果，本报告也从上述三个维度入手，评价北京市文化及相关上市公司的科技创新能力。

（4）公司治理维度

上市公司是股市的基石，因此必须提高上市公司质量，股市才能健康发展。[③] 公司治理质量则是公司质量的基础和核心。文化及相关产业上市公司肩负着社会效益和经济效益的双重责任，公司治理水平具有更加重要的作用。股权结构、董事会以及监事会对内部控制影响机制[④]的规律是，股权集中度越高，越有利于建立完善的内部控制，国有股比例以及股权制衡度则与内部控制完善程度直接是负向的关系；在董事会层面，董事会规模、独立董事比例、董事会持股比例、董事薪酬都会正向促进企业内部控制；在监事会

① 夏绪梅、李翔：《文化产业上市公司绩效评价研究》，《合作经济与科技》2020 年第 21 期。

② 肖淑芳、石琦、张一鸣：《上市公司创新能力指数的构建》，《北京理工大学学报》（社会科学版）2020 年第 1 期。

③ 成思危：《让股市日趋健康》，《经济界》2007 年第 6 期。

④ 李清、闫世刚：《公司治理对内部控制指数的影响研究》，《吉林大学社会科学学报》2020 年第 6 期。

层面，监事会规模与监事会持股比例会正向促进企业内部控制制度的完善。

2. 北京市文化及相关产业上市公司综合能力评价指标体系

北京市文化及相关产业上市公司综合能力评价指标体系可以由社会效益、经济效益、科技创新（文化科技融合）与公司治理 4 个一级指标、13 个二级指标、33 个三级指标构成（见表 7）。

表 7　北京市文化及相关产业上市公司综合能力评价指标体系

评价维度	评价内容	评价指标	指标释义	指标公式
社会效益	对员工责任	员工工资福利比	企业的实际收入中用来支付员工的工资所占据的部分以及是否成立工会	员工工资福利额/主营业务收入
	对政府责任	资产纳税率	反映企业在获得社会财富之后,通过纳税形式上交给国家的部分财富的比值	企业纳税总额/平均资产总额
		参与政府文化领域建设项目	反映企业承担树立社会主义核心价值观的责任情况	当年参加政府组织的文化活动为 1,未参加则为 0
	对社会责任	获得行业奖项	反映企业在文化及相关行业中的贡献	当年获得的行业及政府奖项
		就业贡献率	反映企业在向社会提供就业岗位的贡献	为员工支付的现金/平均净资产总额
		捐赠收入比	反映企业对外捐赠情况	捐赠支出额/主营业务收入
经济效益	盈利能力	销售毛利率	反映公司业务盈利能力	毛利/销售收入
		加权平均净资产收益率	反映企业净资产创造利润的能力	
		基本每股收益	反映股东盈利能力	归属于母公司股东的净利润/加权平均归属于母公司所有者权益合计
		投入资本回报率	反映企业经营成功、吸引资金、偿还债务和回报所有的能力	息前税后经营利润/(期初全部投入资本 + 期末全部投入资本)
		人力投入回报率	反映企业有效净利润与薪酬总额的比,较适用于软件服务类企业	(净利润 + 所得税 + 财务费用 - 投资收益 - 公允价值变动收益)/(当期支付给职工以及为职工支付的现金 + 期末应付职工薪酬 - 期初应付职工薪酬)

续表

评价维度	评价内容	评价指标	指标释义	指标公式
经济效益	营运能力	流动资产周转率	反映短期资产利用率	营业收入/流动资产总额
		总资产周转率	反映企业资产的总利用率	营业收入/资产总额
	发展能力	资本保值增值率	反映了企业资本的运营效益与安全状况	本年末所有者权益总额/年初所有者权益总额
		总资产增值率	反映企业资本积累能力	本年总资产增长额/年初资产总额
		营业收入增长率	反映企业经营业务拓展趋势	本年营业收入增长额/上年营业收入总额
	偿债能力	流动比率	反映企业短期偿债能力	流动资产/流动负债
		速动比率	反映企业流动资产中可以立即变现用于偿还流动负债的能力	速动资产/流动负债
		资产负债率	反映企业利用债权人提供资金进行经营活动的能力	负债总额/资产总额
		产权比率	反映企业长期偿债能力	负债总额/所有者权益总额
科技创新	研发投入水平	平均研发投入占比	反映企业创新活动的经费投入强度	研发投入/营业收入
		平均资本化研发投入占比	开发阶段的研发投入一旦成功会转换成无形资产，反映企业创新能力强弱	资本化研发投入/营业收入
		平均研发投入增长率	反映企业研发的持续性及强度	(期末研发投入 - 期初研发投入)/上年研发投入
	员工素质	平均技术人员占比	反映企业科技创新的基础条件	技术人员数量/全部员工数量
		平均本科及以上学历员工占比	反映企业科技创新的实力水平	本科学历及以上人员数量/全部员工数量
	创新产出成果	专利数量	反映企业创新的直接成果	公司专利数量总数
		平均专利质量	反映企业高质量科技创新成果	公司发明专利数量/公司专利数量总数
公司治理	股权结构	国有股比例	反映企业股东监督管理层的动力强度	(国家股和国家法人股)/总股本
		股权集中度	反映企业股东对企业内部控制的建设及监督力度	前十大持股数量/总股本
		股权制衡度	反映企业控股股东参与管理积极性	第二到第五股东合计持股比例/第一大股东持股比例

续表

<table>
<tr><th>评价维度</th><th>评价内容</th><th>评价指标</th><th>指标释义</th><th>指标公式</th></tr>
<tr><td rowspan="6">公司治理</td><td rowspan="4">董事会</td><td>董事会规模</td><td>反映企业内部控制的强度</td><td>董事会人数</td></tr>
<tr><td>独立董事比例</td><td>反映对经理层的监督</td><td>独立董事人数/董事会总人数</td></tr>
<tr><td>董事会持股比例</td><td>反映董事会成员管理企业的激励</td><td>董事会成员持股数/公司总股数</td></tr>
<tr><td>董事薪酬</td><td>反映董事会成员建设内部控制制度建设的激励</td><td>董事前三名薪酬之和</td></tr>
<tr><td rowspan="2">监事会</td><td>监事会规模</td><td>监督董事会和经理层</td><td>监事会人数</td></tr>
<tr><td>监事会持股比例</td><td>监事报酬与企业经营绩效挂钩</td><td>监事会成员持股比例</td></tr>
</table>

资料来源：根据前文论述及前述文献整理设定。

（1）社会效益指标

在社会效益指标中，综合能力评价的核心内容主要包括对政府责任、对社会责任和对员工责任。对政府责任的具体评价指标则包括资产纳税率和参与政府文化领域建设项目；对社会责任具体包括公司在细分行业内取得的奖项、就业贡献率以及捐赠收入比；对员工责任则具体包括员工工资福利比，即企业的实际收入中用来支付员工的工资所占据的部分，以及是否成立工会。

（2）经济效益指标

在经济效益指标中，综合能力评价的核心内容主要包括盈利能力、营运能力、发展能力和偿债能力。盈利能力的评价指标主要有销售毛利率、加权平均净资产收益率、基本每股收益、投入资本回报率、人力投入回报率；营运能力的评价指标包括流动资产周转率和总资产周转率；发展能力的评价指标包括资本保值增值率、总资产增值率和营业收入增长率；偿债能力的评价指标包括流动比率、速动比率、资产负债率和产权比率。

（3）科技创新指标

在科技创新指标中，综合能力评价的核心内容主要包括研发投入水平、员工素质以及创新产出成果。研发投入水平指标主要有企业平均研发投入占比、平均资本化研发投入占比和平均研发投入增长率；员工素质指标主要有平均技术人员占比和平均本科及以上学历员工占比；创新产出成果指标主要有企业专利数量和平均专利质量。

（4）公司治理指标

在公司治理指标中，综合能力评价的核心内容包括股权结构、董事会和监事会。股权结构指标主要有国有股比例、股权集中度以及股权制衡度；董事会相关内容包括董事会规模、独立董事比例、董事会持股比例和董事薪酬；监事会相关内容包括监事会规模和监事会持股比例。

（二）北京市文化及相关产业上市公司综合能力评价指数的构建

1. 指数构建依据

根据萨拉蒙的“以固定标准为基点来度量变化”的方法，在最大、最小参考值的选择上保持2017年的数值不变，以此反映不同年份的变化差异。

$$Indicator_{i,j,t} = \frac{F_{i,j,t} - F_{\min,j,t}}{F_{\max,j,t} - F_{\min,j,2017}} \times 40 + 60 \tag{7}$$

$$BIndex = \sum_{j=1}^{6} Indictor_{S,j,t} \times W_S \sum_{j=1}^{14} Indicator_{S,j,t} \times W_S + \sum_{j=1}^{6} Indicator_{T,j,t} \times W_T + \sum_{j=1}^{7} Indicator_{G,j,t} \times W_G \tag{8}$$

公式（7）计算的是文化及相关产业上市公司综合评价指标体系中每个指标的得分，其中，$Indicator_{i,j,t}$表示第i家文化及相关产业上市公司第j个指标在第t年的得分。t的取值为2017年、2018年和2019年；i在2017年和2018年取值为1~43，2019年取值为1~45。$F_{i,j,t}$表示第i家公司在第j个指标在第t年的实际值；$F_{\min,j,2017}$表示第j个指标在2017年的最小值；$F_{\max,j,2017}$表示第j个指标在2017年的最大值。①

公式（8）是基于指标体系基础上的北京市文化及相关产业上市公司综合能力评价指数。其中$\sum_{j=1}^{6} Indicator_{T,j,t} \times W_S$表示社会效益6个指标按其权重

① 臧志彭、解学芳：《中国文化及相关产业上市公司研究报告2011—2013》，知识产权出版社，2015。

汇总求和得到社会效益指数得分，$\sum_{j=1}^{14} Indicator_{E,j,t} \times W_E$ 表示经济效益的 14 个指标按其权重汇总求和得到经济效益指数得分，$\sum_{j=1}^{6} Indicator_{T,j,t} \times W_T$ 表示科技创新的 6 个指标乘以权重得到科技创新指数得分，$\sum_{j=1}^{7} Indicator_{G,j,t} \times G_T$ 表示公司治理的 7 个指标按其权重汇总求和得到公司治理指数得分。W 表示指标的权重。

2. 德尔菲法设置指标权重

在具体指标权重设置上，学术界已经有较为成熟的做法，包括主观的层次分析法、德尔菲法和客观熵值赋权法。本报告选取德尔菲法进行赋权，具体实施步骤如下。

构建层次结构模型图。本报告确定的指标体系中，目标层为北京市文化及相关上市公司综合能力；准则层为经济效益、科技创新、社会责任和公司治理；指标层为具体的 35 个指标。

运用德尔菲法向 20 名专家发放咨询问卷。整个问卷的发放与收回的过程严格遵守德尔菲法下的控制过程，包括将各位专家第一次判断意见汇总，列成图表进行对比，再分发给各位专家，让专家比较自己同他人的不同意见，修改自己的意见和判断。也可以把各位专家的意见加以整理，或请学术地位更高的其他专家加以评论，然后把这些意见再分送给各位专家，以便他们参考后修改自己的意见。20 名专家包括北京市文化及相关产业上市公司管理者 9 名，从事上市公司投资决策研究的分析师 7 名，以及在北京高校从事相关研究的学者 4 名。

对专家的意见进行综合处理。最终得出各指标权重。

3. 指标权重设置结果

在准则层中，社会效益、经济效益、科技创新与公司治理采用简单平均权重方法进行权重的设定，即各占 1/4 权重。

（1）在社会效益指标中，文化企业需树立社会主义核心价值观，传播社会正能量，因此对社会的文化引领应该有更重要的权重，在权重设定上文化上市公司的参与政府文化领域项目指标占 1/2 的权重，其余的三级指标中获得行业奖项具有较为重要的地位，因此权重设置为1/4，其余的指标如员工工资福利比、就业贡献率和捐赠收入比，则在剩余的1/4中设定平均的权重。

（2）经济效益指标14个三级指标分别属于盈利能力、营运能力、发展能力和偿债能力，企业盈利能力具有更加重要的地位，因此在经济效益内部权重上设定1/2权重，其余指标则采取平均分配权重的方式。

（3）在科技创新指标（文化科技融合指标）中，反映“物力”投入水平的有3项三级指标，反映“人力”投入水平的有2项三级指标，产出维度有6项三级指标。在文化企业的发展，最为核心的是文化与科技的融合，与知识产权、版权相关的无形资产应有更重要的权重，因此，应该采用逐级简单平均权重法，即科技创新投入（包括物力和人力）和科技创新产出各占1/2权重，其中物力和人力各占1/2权重，由此体现出文化上市公司与文化相关的无形资产占比指标的重要性。

（4）公司治理指数，二级指标和三级指标则都按照平均的思路来设定权重。

（三）北京市文化及相关产业上市公司综合能力评价结果

1. 北京市文化及相关产业上市公司综合能力评价

根据前文构建的北京文化及相关产业上市公司综合能力评价指标体系，计算得出2017年、2018年、2019年上市公司综合评价指数（见图5），具体指数见附录2。

总体来看，北京市文化及相关产业上市公司综合能力评价指数的构成，一共有4257个观测值，上市公司在个别指标上差异较大，但经过各指标不同权重的合成，最终形成的指数差异较小。

2017年，综合能力评价指数最高值为62.53（昆仑万维），最小值为49.41（弘高创意），均值为55.08，指数分布区间差距不大。2018年，综合能力评价指数最高值为65.40（京东方A），最小值为52.66（华录百纳），均值为57.68。2019年，综合能力评价指数最高值为65.42（掌趣科技），最小值为52.52（北京文化），均值为57.30。从均值的发展趋势来看，指数均值三年增长幅度不大，2019年甚至较2018年有所下降。在指数的构成方

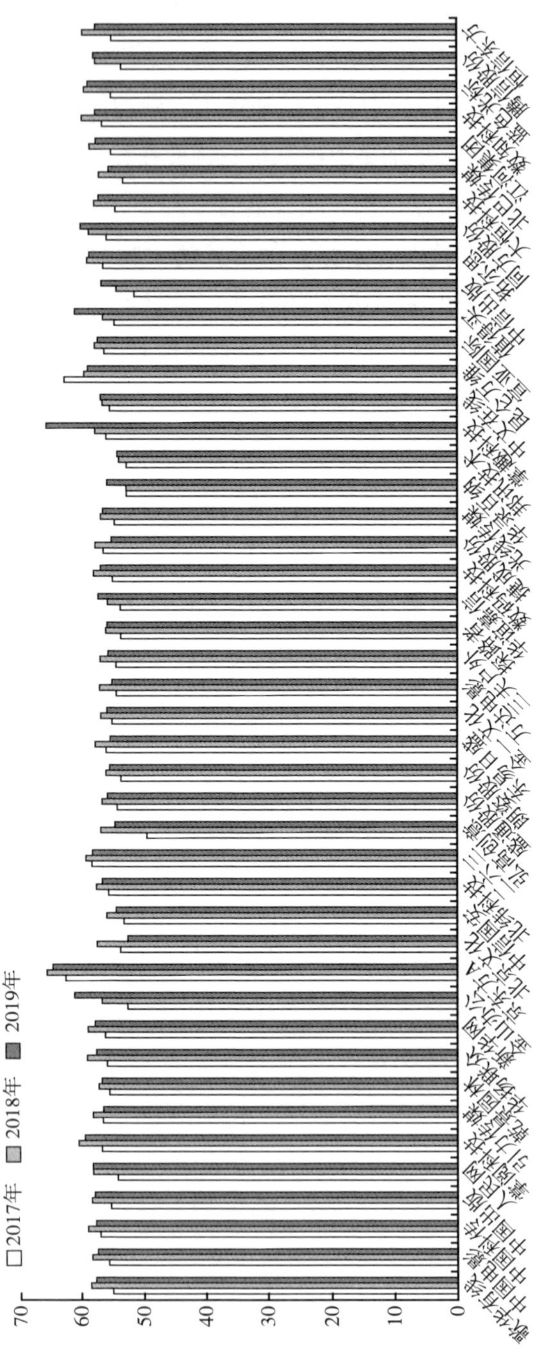

图5 2017～2019年北京市文化及相关产业上市公司综合能力评价指数

资料来源：根据2017～2019年相关上市公司年报数据计算得出。

面，经济效益和科技创新领域指数总体较高，反映出上市公司在经济与科技领域的贡献较大。

从细分行业来看，广播、电视、电影和录音制作业中，中国电影 2017～2019 年三年平均综合能力评价指数最高为 57.14；新闻和出版业中，中国科传的三年平均综合能力评价指数最高为 57.89，市场热捧的中信出版的综合能力评价指数反而最低只有 54.00；电信、广播电视和卫星传输服务行业中，三年平均综合能力评价指数最高为 58.55（二六三）；互联网公司最多的商业服务业中，基于 2017～2019 年年报，主营互联网营销的数知科技是综合能力评价指数最高的上市公司；软件和信息技术服务业中，主营业务是承建中央、地方、行业、县级媒体单位以及大型企业的融媒体中心和提供相关增值服务的拓尔思，其三年综合能力评价指数最高。

2. 北京市文化及相关产业上市公司社会效益评价

社会效益主要包括上市公司对政府的责任、对社会责任和对员工责任。上市公司对政府责任主要体现在企业纳税的贡献和参与文化领域内建设项目；对社会责任则包括企业在行业内取得的奖项，就业贡献率以及捐赠收入比；对员工责任则包括员工的工资福利水平等。

（1）文化及相关产业上市公司社会效益总体评价

由于评价指标中有是否参与政府文化项目，参与政府文化项目的上市公司社会效益指数较高，没有参加政府文化项目的得分则为 0，因此，文化及相关产业上市公司呈现三个档次。中国电影、盛通股份、中国出版、中国科传、新华网、中文在线、人民网、歌华有线的得分均在 70 分以上；江河集团、数知科技、三夫户外、探路者、拓尔思、恒信东方、大恒科技、弘高创意、中信出版位于第二档次，得分在 39 分以上；昆仑万维、同方股份、京东方 A、掌趣科技、蓝色光标、乾景园林、万达电影、北京文化、腾信股份、北巴传媒、捷成股份、华扬联众、朗姿股份、邦讯技术、东易日盛、金一文化、光线传媒、北纬科技、中信国安、华谊嘉信、金山办公、值得买、宣亚国际、二六三、引力传媒、华录百纳、数码科技、掌阅科技则处在第三档次（见图 6）。从上述社会效益指标结果可以看出，主业是文化产业核心

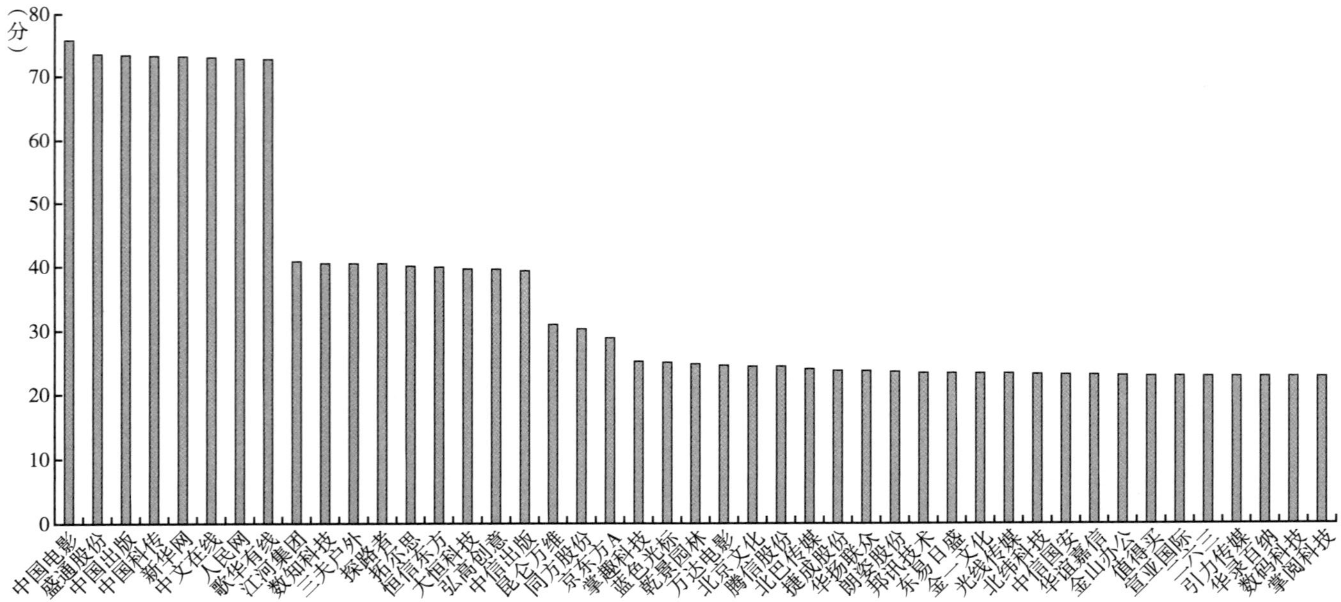

图6　北京市文化及相关产业上市公司社会效益指标得分

资料来源：根据社会效益评价指标及相关上市公司年报数据计算得出。

业务的上市公司社会责任履行情况较好，同时，这些公司多数具有国资背景，在承揽政府文化项目方面具有一定的优势。

（2）文化及相关产业上市公司分行业社会效益得分

将 2017～2019 年北京市文化及相关产业上市公司所属行业按照平均社会效益得分进行排序，可以看到，平均社会效益得分最高的行业是印刷和记录媒介复制业，其次是新闻和出版业，再次是电信、广播电视和卫星传输服务业（见图 7）。这三个行业均是文化产业中内容创作和复制输出的行业，受政府管理和监督，比如，2015 年中央办公厅和国务院办公厅印发《关于推动国有文化企业把社会效益放在首位、实现社会效益和经济效益相统一的指导意见》，因此，在社会效益方面做得较好。

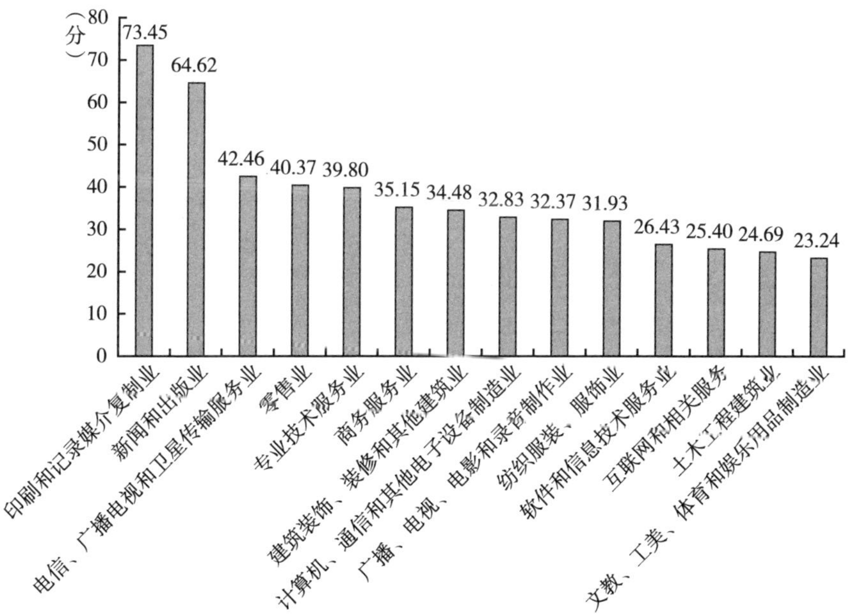

图 7　2017～2019 年北京市文化及相关产业上市公司所属行业平均社会效益得分

资料来源：根据社会效益评价指标及相关上市公司年报数据计算得出。

（3）文化及相关产业上市公司税收贡献评价

税收贡献是考察企业通用意义上的社会贡献的重要指标。一个企业税收贡献的多少，直接反映出该企业为全社会创造的价值。通过使用2017～2019年北京市文化及相关产业上市公司平均资产纳税率来进行衡量，资产纳税率＝企业纳税总额/平均资产总额。

从文化及相关产业上市公司三年平均资产纳税率来看，2017年北京市文化及相关产业上市公司三年平均资产纳税率为12.27%，2018年为10.45%，2019年为12.64%，说明整个北京文化及相关产业上市公司的三年平均资产纳税率变化不大（见图8）。

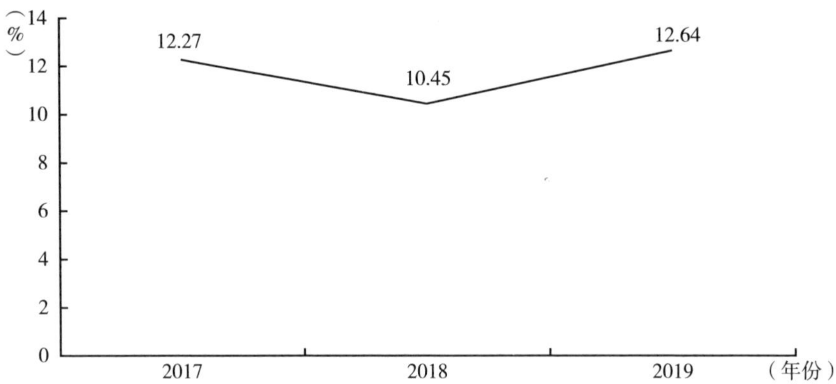

图8　2017～2019年北京市文化及相关产业上市公司平均资产纳税率

资料来源：根据相关上市公司年报数据计算得出。

从税收贡献角度看，已有的45家上市公司按照三年平均资产纳税率进行排名，排名前十的上市公司分别是京东方A、同方股份、蓝色光标、万达电影、捷成股份、江河集团、朗姿股份、昆仑万维、东易日盛、金一文化（见图9）。其中，京东方A和同方股份以绝对优势领先，这两家公司都是国资央企，纳税金额超过资产总额，反映了国企的社会责任履行程度；第二梯队是蓝色光标、万达电影、捷成股份、江河集团，三年平均资产纳税率均在29%以上；第三梯队是朗姿股份、昆仑万维、东易日盛、金一文化，三年平均资产纳税率在9%以上。

从纳税前十强的所有制分布来看，除京东方A和同方股份之外，其余上市公司均是民营企业背景，说明北京的民营文化上市公司的社会责任履行

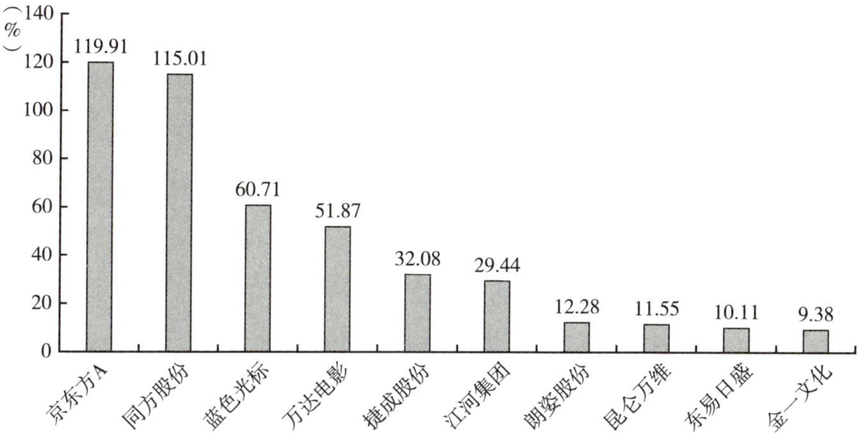

图 9　2017～2019 年北京市文化及相关产业上市公司平均资产纳税率排名前十强

资料来源：根据相关上市公司年报数据计算得出。

得较好。

3. 北京市文化及相关产业上市公司经济效益评价

北京市文化及相关产业上市公司经济效益评价主要包括盈利能力、营运能力、发展能力和偿债能力。盈利能力反映北京市文化及相关产业上市公司在激烈市场竞争中的生存能力；营运能力反映上市公司营运资产的效率与效益；发展能力反映上市公司未来的成长能力；偿债能力反映上市公司用其资产偿还长期债务与短期债务的能力，是上市公司能否健康生存和发展的关键。基于上述四方面的评价标准，结合北京市文化及相关产业上市公司经济效益评价指数得分，汇总并评价北京市文化及相关产业上市公司经济效益。

（1）北京市文化及相关产业上市公司经济效益总体评价

根据前文构建的文化及相关产业上市公司经济效益指标体系，计算得出 2017～2019 年的平均经济效益得分。2017～2019 年，45 家上市公司的平均经济效益得分表现出先上升后微降的情形。其中，2017 年文化及相关产业上市公司的经济效益得分为 71.01 分，2018 年得分为 80.51 分，2019 年得分为 77.92 分（见图 10）。

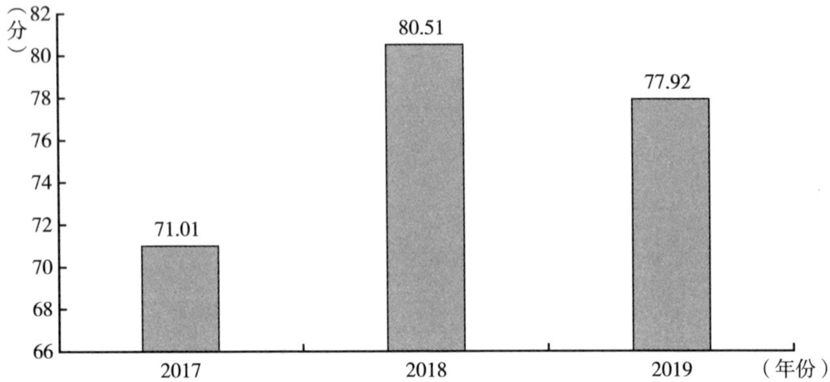

图 10　2017 ~2019 年北京市文化及相关产业上市公司平均经济效益得分

资料来源：根据经济效益评价指标及相关上市公司年报数据计算得出。

（2）北京市文化及相关产业上市公司经济效益前十强

从 2017 ~2019 年北京市文化及相关产业上市公司平均经济效益得分来看，前十强文化及相关产业上市公司主要有值得买、金山办公、中信出版、华扬联众、昆仑万维、东易日盛、掌阅科技、蓝色光标、引力传媒、数知科技（见图 11）。这些上市公司主要呈现以下特点。

首先，这些上市公司的经济效益得分达到 78 分以上。除中信出版和东易日盛之外，上述公司都分布在互联网行业，主营业务多是互联网广告营销。

其次，经济效益得分最高的文化及相关产业上市公司是值得买，为 87.26 分，值得买是一家是运营消费内容平台什么值得买网站（www.smzdm.com）及相应的移动端，主要将用户、创作者、电商和品牌商汇集在消费内容平台上，代表了数字经济的新型商业模式。

最后，经济效益得分在 80 以上的上市公司还有金山办公、中信出版、华扬联众、昆仑万维，得分分别是 82.68、81.54、81.24、80.77。其中，金山办公是新上市企业，其应用软件产品使用范围广，盈利能力较强，主营业务收入与净利润增长较快；中信出版是内容出版领域最贴合市场的大众出版企业；华扬联众是一家互联网营销企业；昆仑万维则是一家主营互联网游戏的公司。

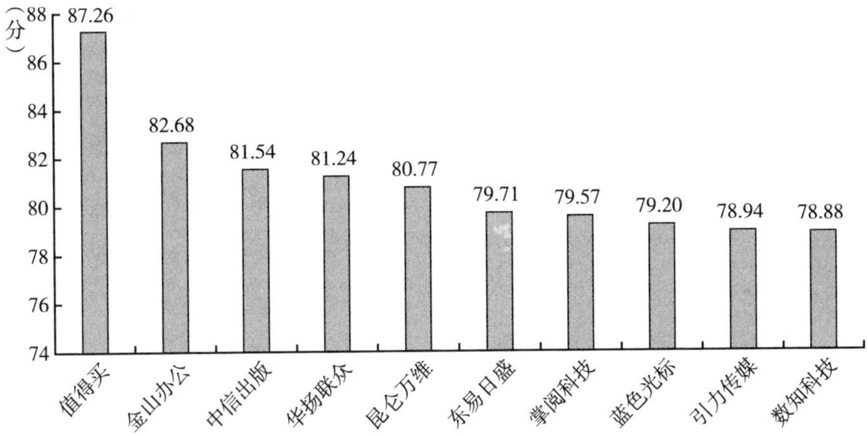

图11　2017～2019年北京市文化及相关产业上市公司经济效益得分前十强

资料来源：根据经济效益评价指标及相关上市公司年报数据计算得出。

（3）北京市文化及相关产业上市公司经济效益所有制评价

按照45家北京市文化及相关产业上市公司的所有制进行分析，可以发现：北京市文化及相关产业上市公司中经济效益得分最高的企业类型是省属国有企业，其三年平均经济效益得分为79.75分；得分次之的是央企国资企业，平均经济效益得分为78.87分；另外，金一文化的所有制较为特殊，是地市国资控股，其经济效益得分排在第三位，为76.73分；经济效益得分最低的是民营企业，其平均经济效益得分为75.59（见图12）。原因是民营文化及相关上市公司数量众多，有33家，它们的经济效益得分差异较大，得分最高的是掌阅科技，为79.71分，得分最低的是恒信东方，为68.48分，如果采用中位数指标，则33家民营上市公司的经济效益中位数能上升至76.27。

（4）北京市文化及相关产业上市公司盈利能力评价

北京市文化及相关产业上市公司盈利能力主要使用销售毛利率、加权平均净资产收益率、基本每股收益、投入资本回报率和人力投入回报率进行衡量。2017～2019年北京市文化及相关产业上市公司盈利能力呈现以下几个特点。

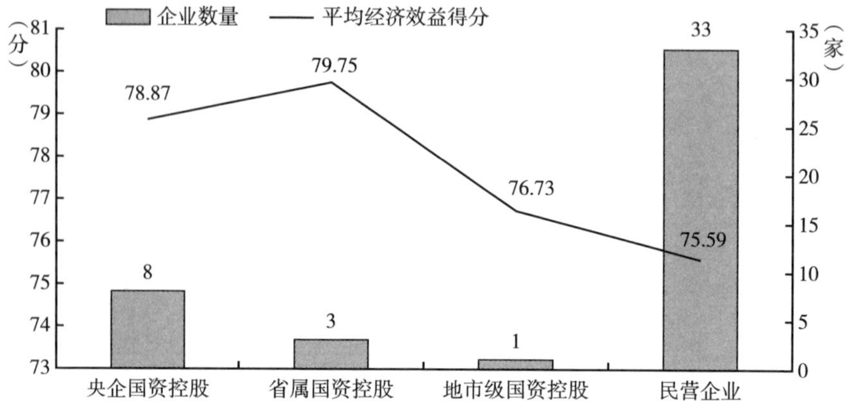

图 12　2017～2019 年北京市文化及相关产业上市公司平均经济效益所有制分布

资料来源：根据经济效益评价指标及相关上市公司年报数据计算得出。

三年平均销售毛利率差异较大。平均销售毛利率最高的文化及相关产业上市公司是金山办公，达 86.84%（见图 13），最低的是华录百纳，仅为 8.56%。从行业层面来看，毛利率最高的是互联网及相关服务，行业毛利率达 62.02%，印刷和记录媒介复制业的毛利率仅为 20.95%。

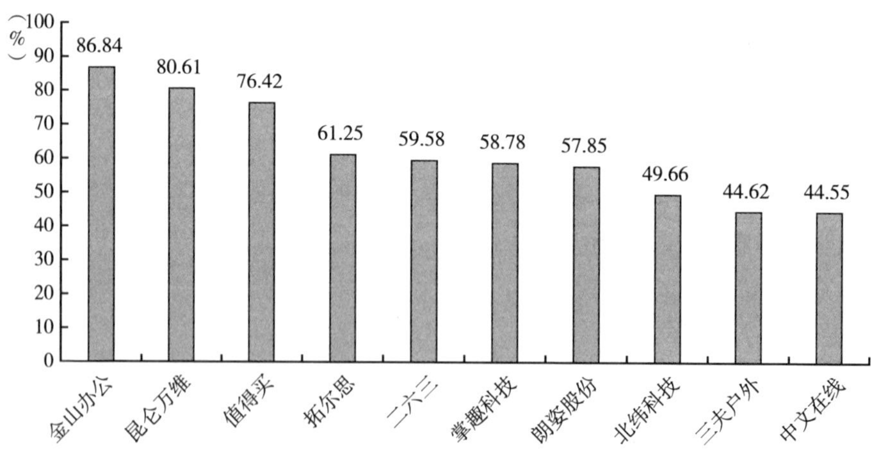

图 13　2017～2019 年北京市文化及相关产业上市公司平均销售毛利率前十强

资料来源：根据上述上市公司年报数据计算得出。

净资产收益率表现略逊。45 家文化及相关产业上市公司中，有 14 家公司三年平均净资产收益率为负，占全部上市公司的 31. 11%，与前面销售毛利率情况相似，排名较前的仍集中在互联网和相关服务领域，前五名分别是值得买、中信出版、金山办公、昆仑万维、掌阅科技（见图 14）。

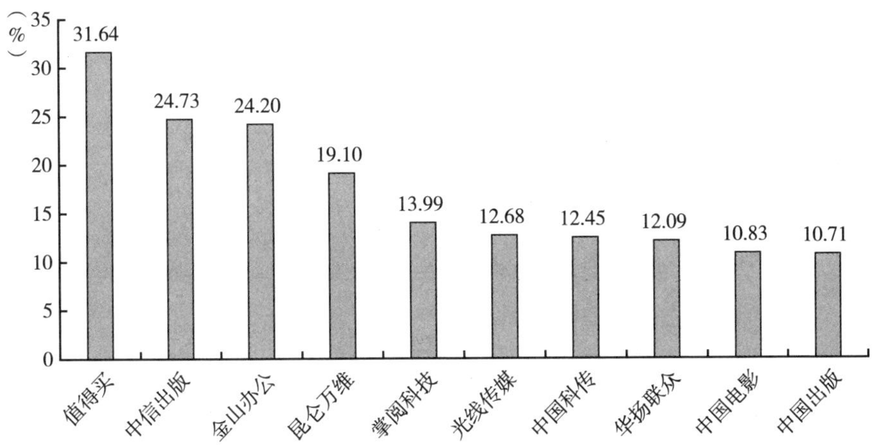

图 14　2017～2019 年北京市文化及相关产业上市公司平均净资产收益率前十强

资料来源：根据上述上市公司年报数据计算得出。

三年平均每股收益差异较大，近 1/3 公司亏损。平均每股收益最高的企业是值得买，三年平均每股收益是 2. 39 元；排名第二的是中信出版，三年平均每股收益是 1. 42 元；排名第三、第四、第五的公司是昆仑万维、金山办公和数知科技，三年平均每股收益不足 1 元（见图 15）。收益最低的公司为华录百纳，每股收益为 -1. 31 元。

（5）北京市文化及相关产业上市公司发展能力评价

本报告使用总资产增长率和营业收入增长率对北京市文化及相关产业上市公司发展能力进行排序，得到发展能力最强的前十强企业。

首先，对总资产增长情况进行分析。总资产增长率前十的上市公司为金山办公、数知科技、值得买、恒信东方、引力传媒、中信出版、宣亚国际、盛通股份、昆仑万维、掌阅科技。其中，金山办公的三年平均总资产增长率为

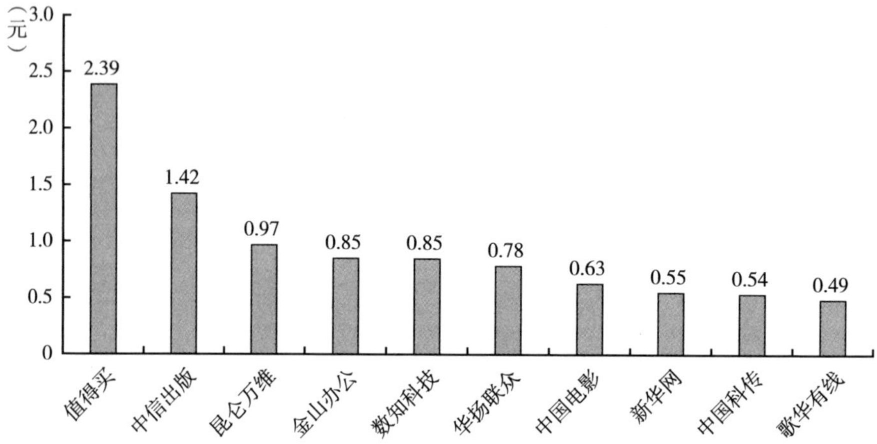

图 15　2017～2019 年北京市文化及相关产业上市公司平均每股收益前十强

资料来源：根据上述上市公司年报数据计算得出。

127.76%，排名第二、第三的数知科技和值得买的总资产增长率分别为 75.27% 和 69.05%（见表 8）。总体来看，排名前十上市公司的总资产增长率均在 20% 以上。同时，也有 8 家上市公司的总资产增长率为负，企业发展能力不佳。

表 8　2017～2019 年北京市文化及相关产业上市公司平均总资产增长率前十强

单位：%

排名	证券名称	平均总资产增长率	排名	证券名称	平均总资产增长率
1	金山办公	127.76	6	中信出版	33.08
2	数知科技	75.27	7	宣亚国际	32.56
3	值得买	69.05	8	盛通股份	27.30
4	恒信东方	39.70	9	昆仑万维	26.88
5	引力传媒	35.55	10	掌阅科技	25.57

资料来源：根据上述上市公司年报数据计算得出。

其次，对三年平均营业收入增长情况进行分析。营业收入增长率排名前十的上市公司为数知科技、值得买、金山办公、盛通股份、朗姿股份、蓝色光标、光线传媒、中信出版、引力传媒、京东方 A（见表 9）。上述公司的营业收入增长率均在 19% 以上，其中数知科技的三年平均营业收入增长率达94.23%，值得买和金山办公的营业收入增长率分别为50.39%和42.88%。从行业分布来看，互联网行业的发展能力较强，三年平均营业收入增长率较高，主营出版物印刷的盛通股份的三年平均营业收入增长率约达35%，反映出传统文化产业的发展能力较为优质稳定。

表9　2017～2019年北京市文化及相关产业上市公司平均营业收入增长率前十强

单位：%

排名	证券名称	三年平均营业收入增长率	排名	证券名称	三年平均营业收入增长率
1	数知科技	94.23	6	蓝色光标	32.33
2	值得买	50.39	7	光线传媒	25.70
3	金山办公	42.88	8	中信出版	24.74
4	盛通股份	34.56	9	引力传媒	22.09
5	朗姿股份	32.71	10	京东方A	19.73

资料来源：根据上述上市公司年报数据计算得出。

（6）北京市文化及相关产业上市公司营运能力评价

在营运能力分析中，平均流动资产周转率和总资产周转率是两个重要的指标（见图16）。在45家文化及相关产业上市公司中，平均流动资产周转率最高的是万达电影，公司平均流动资产周转率达2.72%，显示出企业平均流动资产周转速度较快。在企业中，流动资产投入越多，越会降低企业的平均流动资产周转率。一般来说，文化企业固定资产少，无形资产和流动资产多，企业较高的平均流动资产周转率反映出文化企业的营运能力较强。万达电影主要经营电影院线以及投资电影，在营运过程中，企业构建的资产主要体现在影院和影视剧等固定资产和无形资产中，相应的流动资产的投入较少，因此平均流动资产周转率较高。

总资产周转率最高的是华扬联众，它主要通过运用大数据技术，为客户提供品牌客户提供品牌运营等全案服务，属于新兴的科技与文化相结合的业务领域。由于公司主要依赖互联网等媒体开展经营，对固定资产的投入要求并不高，因此，其总资产周转率成为北京市文化及相关产业上市公司中最高的，达1.85%。

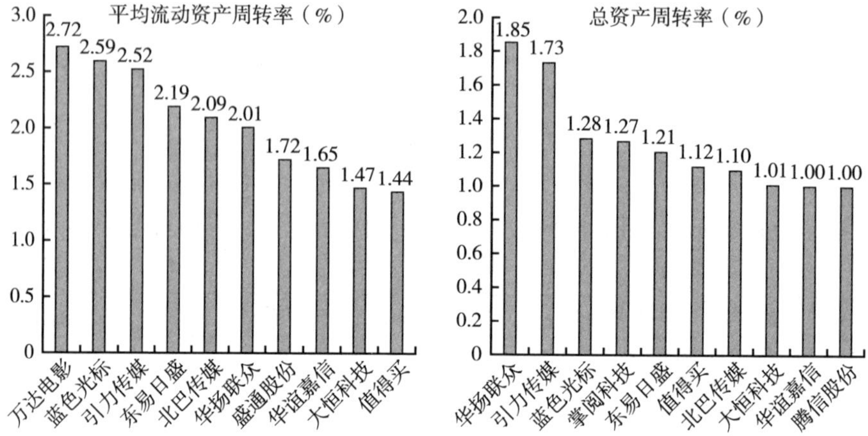

图16　2017～2019年北京市文化及相关产业上市公司平均流动资产及总资产周转率前十强

资料来源：根据上述上市公司年报数据计算得出。

4. 北京市文化及相关产业上市公司科技创新评价

北京市文化及相关产业上市公司科技创新主要体现在科技在文化内容创作、传播以及呈现中所体现的作用。科技创新需要研究人员的研发和科研资源的投入，因此，科技创新的评价主要用研发投入水平、员工素质以及创新产出成果来衡量。

（1）北京市文化及相关产业上市公司科技创新总体评价

总体来看，北京市文化及相关产业上市公司科技创新指数均处在较高的水平，45家上市公司科技创新评价指数三年均在60以上，且三年变动较为稳定（见图17）。具体来看，北京市文化及相关产业上市公司科技创新指数较高的公司集中于计算机、互联网和软件等行业，这些行业中的文化公司，从事的业务范围多在新媒体、网络游戏、网络广告营销、移动互联网文化创意内容服务等领域，这些领域高度依赖互联网、云计算以及虚拟现实技术等高新技术。

（2）北京市文化及相关产业上市公司研发投入水平评价

2017～2019年，北京市文化及相关产业研发投入总量逐年增长，研发总量持续增长，各上市公司的研发投入水平也持续提升。

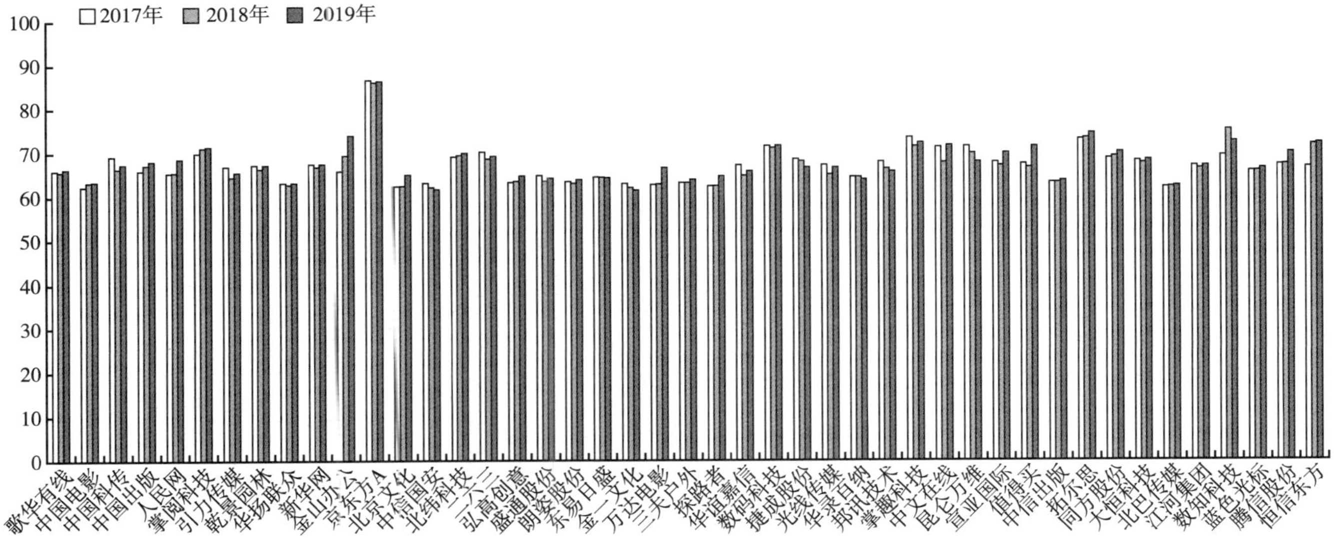

图 17　北京市文化及相关产业上市公司科技创新评价指数

资料来源：根据科技创新评价指标及相关上市公司年报数据计算得出。

从平均研发投入占营业收入比重来看,2017～2019 年北京文化及相关产业上市公司平均研发投入前十强企业分别是金山办公、掌趣科技、拓尔思、数码科技、二六三、中文在线、值得买、北纬科技、邦讯技术、昆仑万维,研发投入占营业收入比重均在8%以上（见图 18）。行业分布和前面分析结果一致，主要集中在互联网和软件行业，中文在线虽然属于新闻和出版业，但其主营业务是数字出版，盈利模式主要依赖移动互联网技术。

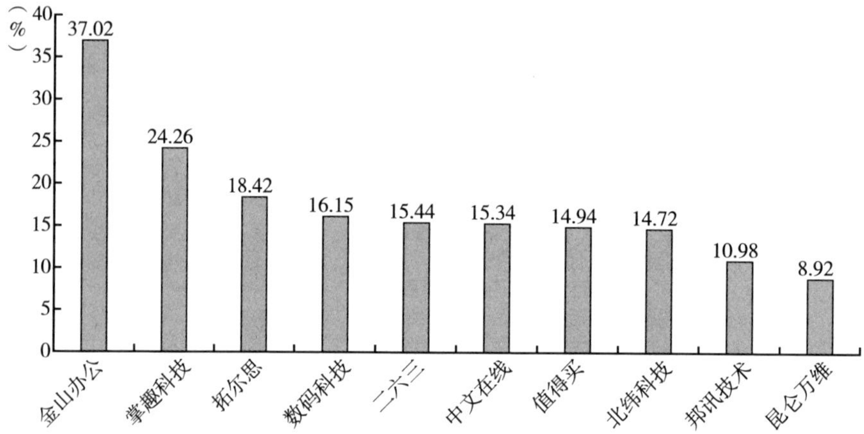

图 18　2017～2019 年北京市文化及相关产业上市公司平均研发投入占营业收入比重前十强

资料来源：根据相关上市公司年报数据计算得出。

从平均研发投入增长率来看，2017～2019 年北京市文化及相关产业上市公司研发投入平均增长率前十强企业分别是中国科传、数知科技、中国出版、昆仑万维、新华网、华谊嘉信、值得买、宣亚国际、恒信东方、金山办公，其中研发投入平均增长率最高的公司是中国科传，研发投入三年平均增长率达 148.11%（见图 19）。中国科传是目前唯一主营科技类期刊编辑发行业务的上市公司，公司最核心的资产是科技期刊中的前沿科技内容。近年来，中国科传从传统出版向知识服务的产业转型升级，在科技内容数据化方面做了很多工作。目前，中国科传的专业学科知识库已集成5 万余种图书和 300 多种期刊的数字化内容资源，这些业务的开展需要大量的研发支出。其余的上市公司也都分布在互联网和软件以及主营出版业务的公司，中国出版的研发支出增长率也非常高，其在数字出版领域也开展了多项业务。

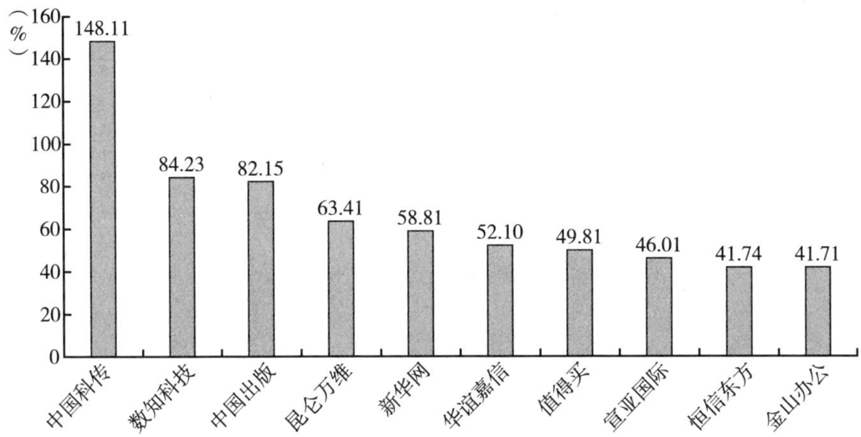

图 19　2017～2019 年北京市文化及相关产业上市公司研发投入平均增长率前十强

资料来源：根据上述上市公司年报数据计算得出。

（3）北京市文化及相关产业上市公司科技人员评价

2017～2019 年，北京市文化及相关产业上市公司科技人员数量占职工总人数比重差异较大，互联网软件和高新技术产业的科技人员数量占比较高，同时本科学历及以上人员数量占比较高。考察科技评价指数最高的前十强上市公司的科技人员情况和高学历人员情况，可以发现，这些公司的科技人员占比均不低于 30%，本科学历及以上人员占比不低于 20%（见图 20）。

5. 北京市文化及相关产业上市公司公司治理评价

文化及相关产业上市公司综合能力除了体现在社会效益、经济效益和科技创新三个方面之外，还体现在公司治理水平上。公司治理会影响内部控制水平，公司治理水平高，则公司不易出现内部控制的重大缺陷。公司治理水平与公司股权结构以及董事会和监事会中的权力结构相关。因此，本报告采用股权结构、董事会和监事会相关情况作为公司治理评价指标。

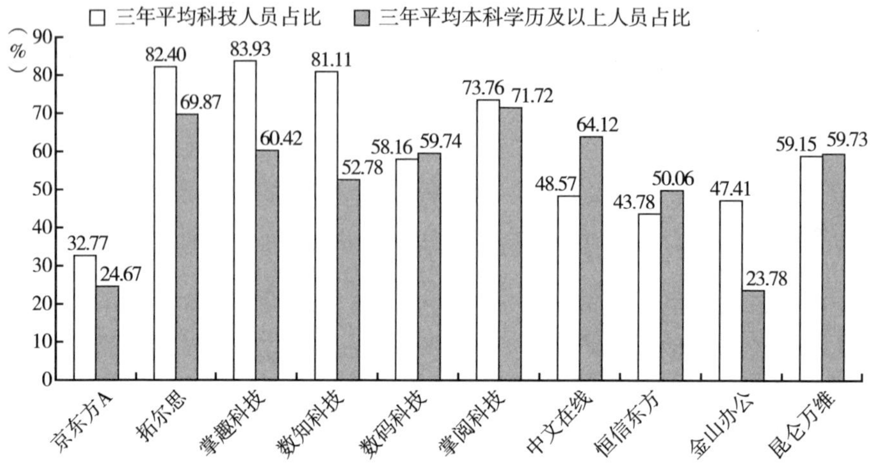

图 20　2017～2019 年科技评价指数前十强的北京市文化及相关产业上市公司科技人员情况

资料来源：根据上述上市公司年报数据计算得出。

（1）北京市文化及相关产业上市公司治理总体评价

在公司治理评价体系中，良好的公司治理体现在股权结构中，在国有监督管理制度下，国有股具有较强的监督管理动力；股权集中度与股权制衡度则反映股东对企业经营管理、监督管理的力度和积极性。另外，董事会和监事会中的权利结构也反映出上市公司治理水平，比如董事会规模、独立董事比例以及董事会成员持股比例和薪酬都会影响企业所有者对管理层的监督和管理水平；监事会规模和监事会持股比例则会影响监事会监督董事会和经理层的行为。

2017～2019 年 45 家北京市文化及相关产业上市公司的平均公司治理指数基本都在 60 左右，其中治理指数排名前十的公司是掌趣科技、二六三、京东方 A、歌华有线、中国科传、中国电影、掌阅科技、华扬联众、新华网以及人民网（见图 21）；公司治理改善最显著的前十家公司是掌趣科技、值得买、金山办公、弘高创意、中信出版、蓝色光标、北京文化、昆仑万维、掌阅科技以及江河集团。

（2）北京市文化及相关产业上市公司股权结构情况

良好的股权结构能有效提升公司所有者对公司管理层的监管。45 家北

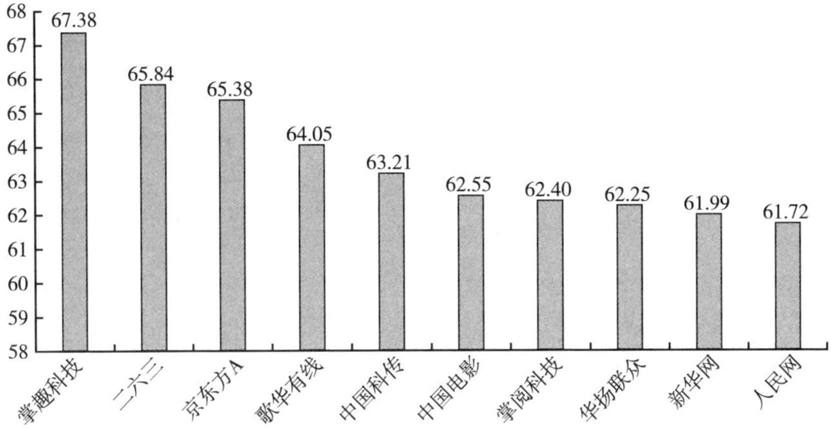

图21　2017～2019年北京市文化及相关产业上市公司平均公司治理评价指数前十强

资料来源：根据公式3.2中公司治理评价指标及相关上市公司年报数据计算得出。

京市文化及相关产业上市公司中，有国有股参股的公司有22家，但国有持股5%以上的有10家，分别是中国科传、中国出版、新华网、中国电影、人民网、歌华有线、京东方A、同方股份、金一文化、拓尔思，其中，国有股持股比例最高的是中国科传，持股比例达83.49%（见图22）。

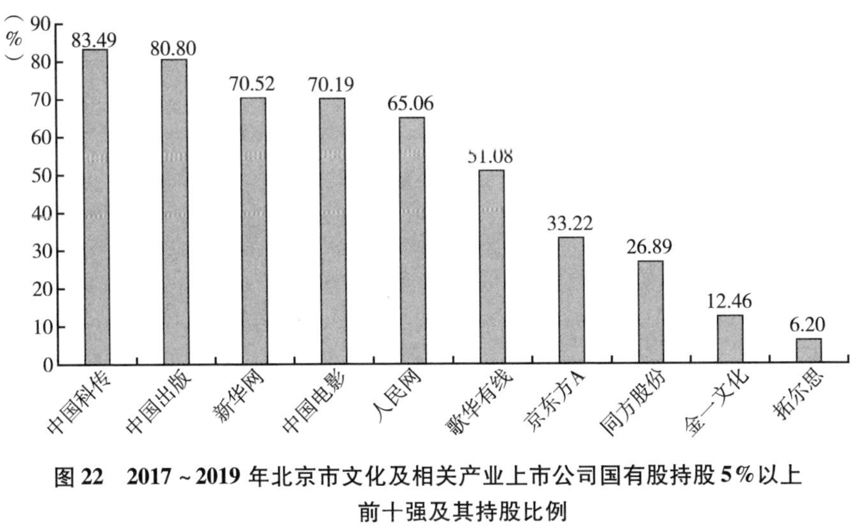

图22　2017～2019年北京市文化及相关产业上市公司国有股持股5%以上前十强及其持股比例

资料来源：根据上述上市公司年报数据计算得出。

股权制衡度是第二到第五股东合计持股比例与第一大股东持股比例的比值，反映的是参股股东参与管理的积极性，衡量参股股东制衡控股股东的水平。在北京市文化及相关产业上市公司中，股权制衡度最高的公司是二六三（见图23），这家公司主要业务是为国内参与“一带一路”倡议和“走出去”战略的企业提供跨境的通信服务，同时为北美华人提供家庭安防以及多平台、多终端的中文视频内容服务。该公司控股股东和第二到第五股东均是自然人，持股比例较为均衡，在股权制衡度上表现较为突出。

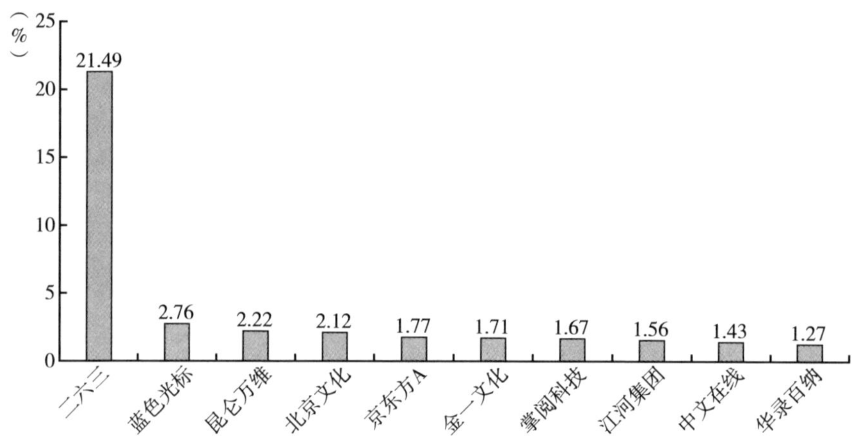

图23　2017～2019年北京市文化及相关产业上市公司三年平均股权制衡度情况

资料来源：根据上述上市公司年报数据计算得出。

（3）北京市文化及相关产业上市公司董事会和监事会情况

北京市文化及相关产业上市公司董事会规模、独立董事比例、董事会持股比例和董事薪酬反映出董事会的权利结构。在45家上市公司中，董事会规模最大的上市公司是歌华有线，2019年，歌华有线董事会人数达19人，同时，独立董事的比例也是最高的，达47.37%，反映出歌华有线较为合理的董事会权利结构（见图24）。在董事会持股比例方面，掌阅科技具有较高的董事持股比例，2017～2019年，董事会持股比例分别为69.21%、67.46%和66.67%，董事会持股比例反映出董事会成员较高的管理激励。

监事会是监督董事会和管理层的权力机构，能代表公司内部职工的利益。监事会规模越大，对董事会和管理层的监督力度越大，另外，监事会成员持股也能激励监事关注企业的经营绩效。在45家上市公司中，监事会规模最大的公司为京东方A，它是国有控股企业，国有股持股比例达33.22%。在国有企业中，其具有人数规模较大的监事会，反映出职工对董事会和管理层监督的强度，也体现出京东方A拥有较高的治理能力。在监事会持股比例方面，金山办公和二六三的监事会持股比例较高，金山办公监事会持股比例是0.4%，二六三是0.27%，这两个公司均是互联网与通信公司，在首发上市过程中就引入了高管持股的制度，担任监事会成员的管理者对公司权利结构的监督激励性较强。

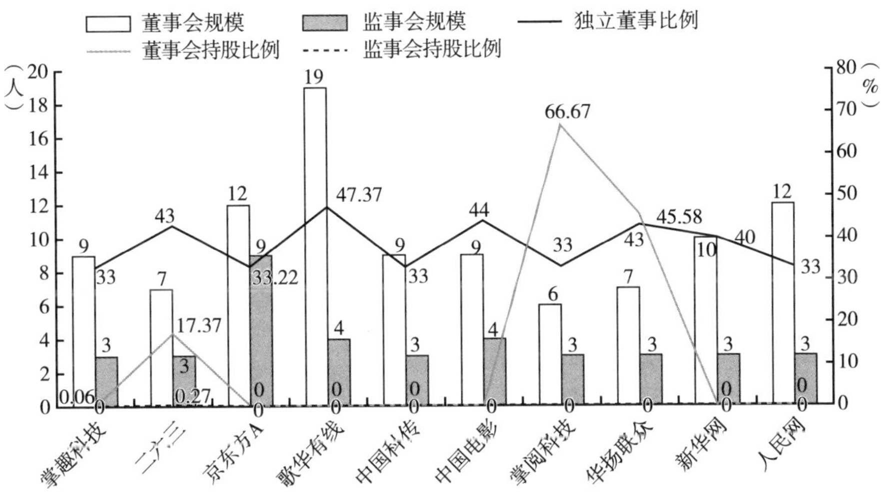

图24　2019年北京市文化及相关产业上市公司治理指数前十强董事会和监事会情况

资料来源：根据上述上市公司年报数据计算得出。

附表：

文化及相关产业分类

<table>
<tr><th>行业领域</th><th>第一层次分类</th><th>第二层次分类</th><th>第三层次分类</th></tr>
<tr><td rowspan="23">文化核心领域</td><td rowspan="4">新闻信息服务</td><td>新闻服务</td><td>新闻业</td></tr>
<tr><td>报纸信息服务</td><td>报纸出版</td></tr>
<tr><td>广播电视信息服务</td><td>广播、电视、广播电视集成播控</td></tr>
<tr><td>互联网信息服务</td><td>互联网搜索服务、互联网其他信息服务</td></tr>
<tr><td rowspan="7">内容创作生产</td><td>出版服务</td><td>图书出版、期刊出版、音像制品出版、电子出版物出版、数字出版、其他出版业</td></tr>
<tr><td>广播影视节目制作</td><td>影视节目制作、录音制作</td></tr>
<tr><td>创作表演服务</td><td>文艺创作与表演、群众文体活动、其他文化艺术业</td></tr>
<tr><td>数字内容服务</td><td>动漫、游戏数字内容服务，互联网游戏服务，多媒体、游戏动漫和数字出版软件开发、增值电信文化服务，其他文化数字内容服务</td></tr>
<tr><td>内容保存服务</td><td>图书馆、档案馆、文物及非物质文化遗产保护、博物馆、烈士陵园、纪念馆</td></tr>
<tr><td>工艺美术品制造</td><td>雕塑工艺品制造、金属工艺品制造、漆器工艺品制造、花画工艺品制造、天然植物纤维编织工艺品制造、抽纱刺绣工艺品制造、地毯、挂毯制造、珠宝首饰及有关物品制造、其他工艺美术及礼仪用品制造</td></tr>
<tr><td>艺术陶瓷制造</td><td>陈设艺术陶瓷制造、园艺陶瓷制造</td></tr>
<tr><td rowspan="2">创意设计服务</td><td>广告服务</td><td>互联网广告服务、其他广告服务</td></tr>
<tr><td>设计服务</td><td>建筑设计服务、工业设计服务、专业设计服务</td></tr>
<tr><td rowspan="7">文化传播渠道</td><td>出版物发行</td><td>图书批发、报刊批发、音像制品、电子和数字出版物批发、图书、报刊零售、音像制品、电子和数字出版物零售、图书出租、音像制品出租</td></tr>
<tr><td>广播电视节目传输</td><td>有线广播电视传输服务、无线广播电视传输服务、广播电视卫星传输服务</td></tr>
<tr><td>广播影视发行放映</td><td>电影和广播电视节目发行、电影放映</td></tr>
<tr><td>艺术表演</td><td>艺术表演场馆</td></tr>
<tr><td>互联网文化娱乐平台</td><td>互联网文化娱乐平台</td></tr>
<tr><td>艺术品拍卖及代理</td><td>艺术品、收藏品拍卖、艺术品代理</td></tr>
<tr><td>工艺美术品销售</td><td>首饰、工艺品及收藏品批发，珠宝首饰零售，工艺美术品及收藏品零售</td></tr>
</table>

续表

行业领域	第一层次分类	第二层次分类	第三层次分类
文化核心领域	文化投资运营	投资与资产管理	文化投资与资产管理
		运营管理	文化企业总部管理、文化产业园区管理
	文化娱乐休闲服务	娱乐服务	歌舞厅娱乐活动、电子游艺厅娱乐活动、网吧活动、其他室内娱乐活动、游乐园、其他娱乐业
		景区游览服务	城市公园管理，名胜风景区管理，森林公园管理，其他游览景区管理，自然遗迹保护管理，动物园、水族馆管理服务，植物园管理服务
		休闲观光游览服务	休闲观光活动、观光游览航空服务
文化相关领域	文化辅助生产和中介服务	文化辅助用品制造	文化用机制纸及纸板制造、手工纸制造、油墨及类似产品制造、工艺美术颜料制造、文化用信息化学品制造
		印刷复制服务	书、报刊印刷，本册印制包装装潢及其他印刷，装订及印刷相关服务，记录媒介复制、摄影扩印服务
		版权服务	版权和文化软件服务
		会议展览服务	会议、展览及相关服务
		文化经纪代理服务	文化活动服务，文化娱乐经纪人、其他文化艺术经纪代理、婚庆典礼服务，文化贸易代理服务，票务代理服务
		文化设备（用品）出租服务	休闲娱乐用品设备出租、文化用品设备出租
		文化科研培训服务	社会人文科学研究、学术理论社会（文化）团体、文化艺术培训、文化艺术辅导
	文化装备生产	印刷设备制造	印刷专用设备制造、复印和胶印设备制造
		广播电视电影设备制造及销售	广播电视节目制作及发射设备制造、广播电视接收设备制造、广播电视专用配件制造、专业音响设备制造、应用电视设备及其他广播电视设备制造、广播影视设备批发、电影机械制造
		摄录设备制造及销售	影视录放设备制造、娱乐用智能无人飞行器制造、幻灯及投影设备制造、照相机及器材制造、照相器材零售
		演艺设备制造及销售	舞台及场地用灯制造、舞台照明设备批发
		游乐游艺设备制造	露天游乐场所游乐设备制造、游艺用品及室内游艺器材制造、其他娱乐用品制造

续表

行业领域	第一层次分类	第二层次分类	第三层次分类
文化相关领域	文化装备生产	乐器制造及销售	中乐器制造、西乐器制造、电子乐器制造、其他乐器及零件制造、乐器批发、乐器零售
	文化消费终端生产	文具制造及销售	文具制造、文具用品批发、文具用品零售
		笔墨制造	笔的制造、墨水、墨汁制造
		玩具制造	玩具制造
		节庆用品制造	焰火、鞭炮产品制造
		信息服务终端制造及销售	电视机制造、音响设备制造、可穿戴智能文化设备制造、其他智能文化消费设备制造、家用视听设备批发、家用视听设备零售、其他文化用品批发、其他文化用品零售

资料来源：国家统计局：《文化及相关产业分类（2018）》。

专题篇

Special Reports

B.5 北京文化产业统计与结构优化研究

环　梅*

摘　要：北京市是全国文化中心，具有良好的文化产业发展的人文、政策和社会环境，文化产业增加值占GDP的比重稳居全国第一，但仍存在行业发展不平衡和地区发展不平衡等结构性问题。本报告运用数理统计、数据挖掘和波士顿矩阵等方法，对北京市文化产业各行业和各地区的发展状况进行深入分析，发现新闻信息服务和文化传播渠道为高市场占有率、高增长率行业，需要加大投资，积极扩大经济规模；内容创作生产、文化娱乐休闲服务、文化辅助生产和中介服务为高增长率、低市场占有率行业，需要积极开拓市场；其他行业的发展相对滞后。对不同地区的对比分析发现，朝阳区为高市场占有率、低增长率的地区，其文化产业发展已趋于成熟；

* 环梅，理学博士，北京印刷学院经济管理学院讲师，主要研究方向为文化产业结构与空间优化、出版传媒数据挖掘与建模。

东城区和海淀区为高市场占有率、高增长率地区，需要增加投资以支持其迅速发展；北京市各区域的文化产业资产使用效率总体偏低。据此进一步提出了相应的优化策略：充分利用区域优势资源，大力发展新闻信息服务、文化传播渠道、创意设计服务和内容创作生产等优势文化行业；文化投资运营、文化休闲娱乐服务等发展滞后的行业，需调整内部结构，弥补短板，实现北京地区文化产业全业态协调发展；针对文化消费与资产投入不协调问题，政府需有针对性地提高服务效能，改进服务方式，加大文化宣传力度，满足不同群体的文化需求，提升文化消费水平。

关键词：　文化产业　产业结构优化　文化消费

文化是一个国家和民族的灵魂，党的十八大提出了要"建设社会主义文化强国"，十九大报告强调"坚定文化自信"，文化在我国经济社会发展中的地位日益提升。北京市是全国文化中心，在文化建设发展方面长期处于全国领先地位，起着引领示范作用，但仍存在行业发展不平衡和地区发展不平衡等结构性问题。本报告首先对文化产业的相关概念与分类进行界定，并对北京市的文化产业发展历程进行概述，之后重点针对北京市文化产业各行业和各地区的发展状况进行统计分析，对北京市文化产业的结构性问题展开深入研究，并据此提出相应的优化建议。

一　文化产业概念及其分类

（一）文化产业概念

产业是一个经济学概念，是一种社会生产形态，原来主要指工业，后来拓展到物资生产领域和非物质生产领域。[①] 文化是相对于经济和政治而言的人类全部精神活动及其产品。文化一般通过两条途径实现其价值：一是通过市场获得经济利益，创造财富；二是促进劳动者素质的提升。这两条途径又是相辅相成、相互促进的。

文化产业作为一种新兴的产业形态，已逐渐被越来越多的国家和地区确定为重要的支柱产业，成为拉动经济增长的重要引擎。对于文化产业的界定，各国学术界和政府组织从不同的角度对其进行了相关阐述。美国和日本分别主要从版权和内容属性角度研究文化产业，而韩国和英国分别从文化艺术性和文化创意角度来界定文化产业。联合国教科文组织从文化产品的工业标准化生产、流通、分配、消费、再次消费的角度对文化产业进行界定。[②]

我国对文化产业的界定不仅包括文化核心领域，还包括文化相关领域。2012 年国家统计局制定的《文化及相关产业分类（2012）》将文化及相关产业定义为“为社会公众提供文化产品和文化相关产品的生产活动的集合”。2018 年的分类沿用了 2012 年的定义。本报告涉及的文化产业概念、分类、数据均基于国家统计局制定的标准和统计数据。

（二）文化产业分类

文化产业结构主要指文化产业内部各行业的联系和比例关系。研究文化产业结构的目的是协调产业内各行业的发展，对产业内部资源进行合理调配，使产业结构合理化和系统化，从而促进文化产业高质量发展。

国家统计局颁布实施了《文化及相关产业分类（2018）》，将文化及相关产业分为九大行业，包括文化核心领域和文化相关领域。其中，文化核心领域包括新闻信息服务、内容创作生产、创意设计服务、文化传播渠道、文化投资运营和文化娱乐休闲服务等；文化相关领域主要指文化辅助生产和中

① 徐望：《从文化产业概念辨析看文化与资本结合》，《河南教育学院学报》（哲学社会科学版）2019 年第 3 期。

② 王志斌：《北京市平谷区文化产业发展研究》，硕士学位论文，中央民族大学，2012。

介服务、文化装备生产和文化消费终端生产等。更为详尽的细分分类可参考《文化及相关产业分类（2018）》。

二　北京市文化产业发展概况

（一）北京市文化产业发展的历程与现状

北京市是我国政治文化中心和世界历史文化名城，拥有享誉世界的历史文化遗产和名胜古迹，历史悠久，积淀深厚，具有有利的文化产业发展条件，文化产业发展水平稳居全国前列。早在1995年前后，中央就多次强调北京为全国的政治中心和文化中心。经过20余年国家和政府的大力推动，北京市文化产业得到了迅猛发展，2017年北京市文化产业实现增加值2700.4亿元，是2004年的7倍，年均增长16.1%。多年来，北京市文化产业在国民经济中起着举足轻重的作用，如表1所示，2015～2017年北京市文化产业增加值占GDP比重稳居全国第一，超出全国平均水平1倍左右，上海市为第2名。

表1　2015～2017年文化产业增加值占GDP比重

单位：%

年份	北京市文化产业增加值占GDP比重	上海市文化产业增加值占GDP比重	全国文化产业增加值占GDP比重
2015	8.38	6.5	3.95
2016	8.20	6.61	4.14
2017	9.64	6.79	4.2

注：因来源不同，本报告数据存在误差，未做统一。

资料来源：2016～2018年《中国文化及相关产业统计年鉴》。

根据北京市统计局2018年9月发布的公告，自2018年起，发布内容由“规模以上文化创意产业情况”调整为“规模以上文化产业情况”。

2013～2017年北京市文化产业数据，是按照《文化及相关产业分类

(2012)》统计的，北京市2013~2017年规模以上文化创意产业情况如表2所示。从表2中可知，2013~2017年，北京市规模以上文化创意产业收入、利润、从业人员均呈现持续增长趋势。按照《文化及相关产业分类（2018）》，2018年北京市规模以上文化产业法人单位收入合计为10703亿元，2019年为12849.7亿元，从业人员由2018年的59万人增长到2019年的59.4万人。

表2　2013~2017年北京市规模以上文化创意产业情况

单位：亿元，万人

年份	2013	2014	2015	2016	2017
收入	10498.77	11802.04	13451.34	15224.80	17972.89
利润	852.10	931.56	1063.69	1095.15	1322.62
从业人员	110.55	115.12	122.27	125.68	135.55

资料来源：2014~2018年《北京市区域统计年鉴》。

（二）北京市文化产业发展的资源环境

（1）人文环境

北京历史文化资源丰富，有3000多年建城史和850多年建都史。在悠久漫长的历史进程中，积淀了璀璨的文化遗产，有历史文物古迹，如古建筑遗址、古城与村落遗址、战场遗迹、古人类居住与生产遗址、名人故居、皇家陵寝和名人陵墓；有民俗文化场所，如历史文化街区、居民建筑等。历朝历代的文物古迹达3500多处，北京的大街小巷都蕴含着丰富的文化内涵，是重要的文化资源。周口店北京猿人遗址、长城、故宫等已被列入联合国《世界遗产名录》。

北京会集了大批文化人才，包括享誉全国乃至全球的文学家、艺术家、文化名人、创作人才和表演人才等，同时还有众多的领导者、学者等，为文化产业的发展积累了人力资本。

北京云集了众多文化机构，包括各类博物馆、艺术馆、展览馆、图书馆、影剧院、体育馆、公园、出版机构、书店或书城、影视城、电台等。

2019年，北京已建成了33家文化创意产业园区，蕴积着巨大的文化艺术生产力。

同时，北京拥有丰富多彩的民俗文化资源，如京腔京韵北京话、戏院文化、老北京服饰和饮食、传统习俗等；闻名遐迩的旅游文化资源，包括各种自然景观与人文景观；富有特色的艺术文化资源，如京剧、北京曲艺等享有盛誉的商业文化资源。这些得天独厚的文化资源为北京文化产业的发展创造了先天性条件。

（2）政策环境

文化产业政策是指以文化产业为政策对象，为了促进产业的健康发展而出台的一系列文化产业相关政策。政策的制定对加速产业发展、引导产业结构调整、规范市场秩序、提升产业竞争力等起着重要的推动作用。为了强化北京全国文化中心的功能，1996年北京市委、市政府发布指导城市文化发展的战略性政策《关于加快北京市文化发展的若干意见》，将“大力发展北京文化产业”作为重大战略决策加以推进，在该意见的推动下，北京市组建了部分大型文化集团，北京市文化产业得到了长足的发展。2000年发布的《中共北京市委关于制定北京市国民经济与社会发展第十个五年计划的建议》，定位了“文化产业是首都经济的重要组成部分，要适度优先发展”，同时确立“文化产业园区”的概念，并提出要在北京“推动文化产业园区的规划与建设”。2006年，北京市发布了《北京市促进文化创意产业发展的若干政策》，2007年发布《北京市文化创意产业集聚区基础设施专项资金管理办法（试行）》和《北京市文化创意产业集聚区认定和管理办法（试行）》。2009年，北京市发布的《北京市关于支持影视动画产业发展的实施办法（试行）》和《北京市关于支持网络游戏产业发展的实施办法（试行）》，包含了对影视动画产业、网络游戏产业等领域进行专项支持的政策。2015年，北京市政府发布《北京市推进文化创意和设计服务与相关产业融合发展行动计划（2015—2020年）》，2016年发布《北京市文化创意产业发展专项资金项目奖励实施细则（试行）》。2018年，北京市政府发布《关于推进文化创意产业创新发展的意见》，该意见为文创产业发展明确了方向、目标，提出了任务措施，为首都文创产业构建“高精尖”产业结构提供了一份发展“路书”。从2019年底至2020年初，北京连续发布了《关于推动北京音乐产业繁荣发展的实施意见》《关于推动北京游戏产业健康发展的若干意见》《北京市文化企业“房租通”支持办法（试行）》《北京市文化创意产业园区和市级文化创意产业示范园区“服务包”工作方案》等多项文化产业相关政策，为2020年北京市文化产业高质量发展注入了新的活力。2020年4月，北京市正式发布了《北京市推进全国文化中心建设中长期规划（2019年—2035年）》，指出要提升北京文化产业竞争力、辐射力和影响力，为推进全国文化中心建设做出更大贡献。从以上政策可以看出，自“九五”时期以来，北京市政府提出的相关政策对文化产业的快速、健康、高质量发展起到了推动作用。

（3）社会环境

人口方面。2019年底，北京市常住人口为2153.6万人，其中城镇人口占86.6%，乡村人口占13.4%；常住人口中15～59岁的占72.23%，60岁及以上的占17.24%，0～14岁的占14.53%。据统计，2018年北京市6岁及以上常住人口中，大专及以上教育程度人口占比为38.88%。[①]

经济方面。2019年北京GDP为35371.3亿元，比上年增长6.1%。其中，第三产业增加值为29542.5亿元，增长6.4%。全年实现服务性消费额15048.8亿元，增长10.2%。北京市文化产业消费指数多年来稳居全国首位。[②]

科技方面。据统计，2018年，北京市研发投入经费为1870.8亿元，比上年增长18.4%。[③] 2019年，北京拥有独立的科研机构500多家科研人员30多万人、高等院校156所、IT专业研究机构300多家，在京国家级实验

① 北京市统计局编《北京统计年鉴2020》，中国统计出版社，2020。

② 《北京市2019年国民经济和社会发展统计公报》，北京市统计局网站，2020年3月2日，http：//www.beijing.gov.cn/gongkai/shuju/tjgb/202003/t20200302_1838196.html。

③ 赵语涵：《北京研发经费投入额居全国第三 2018年研发经费1870.8亿元》，《北京日报》2020年1月11日。

室占到全国的1/3。2019年1~11月，规模以上金融业，信息传输、软件和信息技术服务业，科学研究和技术服务业法人单位收入占第三产业收入的比重合计为36.6%，同比提高3.6个百分点。2019年1~11月，规模以上高技术服务业法人单位实现收入同比增长10%，高于服务业收入增速4.7个百分点。①

三　北京市文化产业各行业的统计与结构分析

本报告根据《文化及相关产业分类（2018）》，对文化的三个产业类别九个不同行业以及不同规模企业的市场状况进行了统计分析。首先从产业链环节角度，对文化制造业、文化批发和零售业、文化服务业分别进行统计分析；其次，由于规模以上文化企业是行业发展的主力军，因此主要针对九个文化行业规模以上企业的市场发展情况进行统计分析，统计文化产业各行业同比增长和行业企业同比增长情况，分析文化产业各行业发展趋势；最后，通过波士顿矩阵分析文化各行业发展存在的结构性问题。

（一）三大产业类别不同规模企业情况统计

为了保持统计数据的连贯性，《文化及相关产业分类（2018）》保留了原有文化制造业、文化批发和零售业、文化服务业三个产业类别的划分。

表3为2018年北京市文化产业三大产业类别的市场规模情况，三大产业类别中文化服务业企业单位数占整个文化产业的82.81%，从业人员数占84.65%，营业收入占76.26%，资产总计占86%。文化批发和零售业企业单位数占整个文化产业的15.78%，从业人员数占11.05%，营业收入占19.93%，资产总计占11.25%。文化制造业企业单位数占整个文化产业的1.41%，从业人员数占4.3%，营业收入占3.81%，资产总计占2.76%。文

① 赵语涵：《去年北京市新经济增加值超1.27万亿》，《北京日报》2020年2月14日。

化服务业是三大产业类别中规模最大的产业类别，而文化制造业是其中规模最小的产业类别，且发展缓慢。

表 3　2018 年北京市文化产业三大产业类别的市场规模情况

三大产业类别	行业规模	企业单位数(个)	从业人员数（人）	营业收入（万元）	资产总计（万元）
文化制造业	规模以上	150	30834	4436981	5300940
	规模以下	1923	16992	690646	1406870
文化批发和零售业	规模以上	422	52397	22405785	19362704
	规模以下	22793	70451	4410147	7984502
文化服务业	规模以上	3315	454106	82786803	141126151
	规模以下	118538	487258	19817769	67895311

资料来源：国家统计局社会科技和文化产业统计司、中宣部文化体制改革和发展办公室编《中国文化及相关产业统计年鉴 2019》，中国统计出版社，2019。

从文化产业企业规模情况看，北京市文化产业规模（限额）以上企业单位数只占 2.64%，而规模（限额）以下企业单位数占整个产业的 97.36%，这说明文化产业的小微企业数量比较多，是产业发展的主力军。但规模（限额）以上文化产业从业人员数占48.32%，营业收入占81.48%，资产总计占68.20%，规模（限额）以下从业人员数占51.68%，营业收入占18.52%，资产总计占31.80%，这说明规模（限额）以下企业没有形成规模效应，市场竞争力较弱。

从各产业类别内部不同规模企业情况看，各产业均为规模（限额）以下企业单位数远远多于规模（限额）以上企业单位数，文化批发和零售业、文化服务业和文化制造业规模（限额）以下企业单位数分别是规模（限额）以上企业单位数的54 倍、36 倍和 13 倍；而规模（限额）以上企业的营业收入是规模（限额）以下企业的4 倍多，规模（限额）以上企业的资产总计是规模（限额）以下企业的 2 倍多；只有从业人员数，文化制造业规模（限额）以上企业从业人员数是规模（限额）以下企业的 1.8 倍，文化批发和零售业、文化服务业规模（限额）以下企业从业人员数均超过规模（限额）以上企业从业人员数（见表4）。

表 4　2018 年北京三大产业类别内部不同规模企业市场情况对比

单位：%

三大产业类别	行业规模	企业单位数占比	从业人员数占比	营业收入占比	资产总计占比
文化制造业	规模以上	7.24	64.47	86.53	79.03
	规模以下	92.76	35.53	13.47	20.97
文化批发和零售业	限额以上	1.82	42.65	83.55	70.80
	限额以下	98.18	57.35	16.45	29.20
文化服务业	规模以上	2.72	48.24	80.69	67.52
	规模以下	97.28	51.76	19.31	32.48

资料来源：国家统计局社会科技和文化产业统计司、中宣部文化体制改革和发展办公室编《中国文化及相关产业统计年鉴 2019》，中国统计出版社，2019。

（二）文化产业各行业规模以上法人单位收入情况分析

通过以上统计可以发现，规模以上文化企业是行业发展的决定力量和主力军，接下来主要针对文化产业规模以上法人单位情况进行分析。

2019 年，北京市文化产业规模以上法人单位收入合计为 12849.7 亿元，比上一年提升了 20.06%，其中文化核心领域收入占总收入的 89.1%，文化相关领域收入占 10.9%，文化核心领域收入占比比上一年提高了 2.3 个百分点。根据《文化及相关产业分类（2018）》，2018 ~2019 年北京市文化产业规模以上法人单位收入情况如表 5 所示。

表 5　2018 ~2019 年北京市文化产业规模以上法人单位收入

单位：亿元

	2018 年	2019 年
合计	10703	12849.7
文化核心领域	9292	11448.2
新闻信息服务	2558.3	3692.7
内容创作生产	2005.2	1899.4
创意设计服务	2771.1	2852.8
文化传播渠道	1826.9	2876.8
文化投资运营	30.5	19.8
文化娱乐休闲服务	99.8	106.7

续表

	2018 年	2019 年
文化相关领域	1411	1401. 5
文化辅助生产和中介服务	654. 8	737. 9
文化装备生产	168. 3	121. 9
文化消费终端生产	587. 8	541. 8

资料来源：《规模以上文化产业情况》，北京市统计局网站，http：//tjj. beijing. gov. cn/tjsj_ 31433/yjdsj_ 31440/wh/2019/。

图 1 为 2018 ~2019 年北京市文化产业各行业规模以上法人单位的收入占比。在文化核心领域中，创意设计服务、新闻信息服务、内容创作生产、文化传播渠道行业收入占当年总收入的比重较高，2018 年、2019 年这 4 项合计分别占 85. 6% 和 88. 1%；而文化娱乐休闲服务和文化投资运营行业收入占比较少，2018 年、2019 年占比合计分别为 1. 2% 和 1%。2018 年、2019 年文化相关领域收入分别占当年总收入的 13. 2% 和 10. 8%。

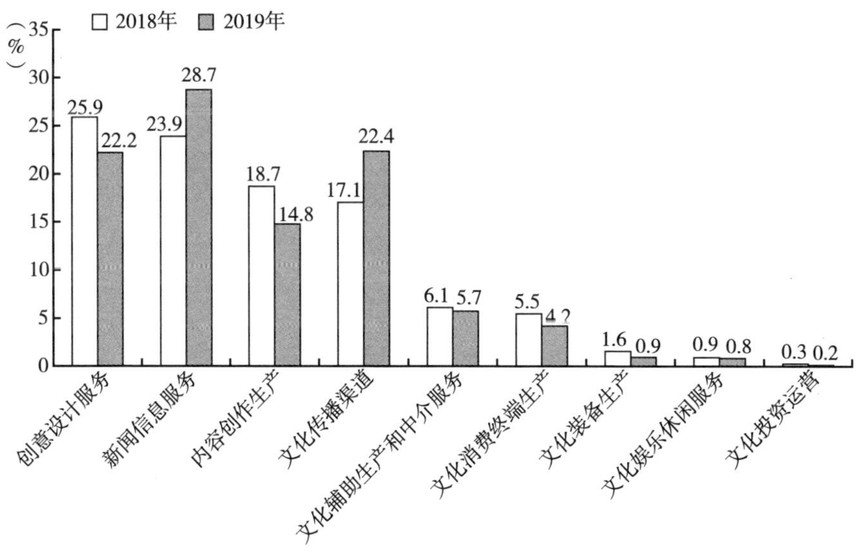

图 1　2018 ~2019 北京市文化产业各行业规模以上法人单位收入占比

资料来源：《规模以上文化产业情况》，北京市统计局网站，http：//tjj. beijing. gov. cn/tjsj_ 31433/yjdsj_ 31440/wh/2019/。

接下来，本报告将对北京市文化产业各行业收入增长与企业收入增长进行对比分析。根据 2019 年北京市统计局的数据，企业收入同比增长，指的是文化产业各行业规模以上法人单位增长情况，即同行业中，2018 年和 2019 年均在行业统计范畴的企业进行同期收入比较，而 2018 年属于行业统计范畴，2019 年不属于行业统计范畴的企业，以及 2018 年不属于行业统计范畴，2019 年新纳入行业统计范畴的企业，均不在计算范围内。行业收入同比增长，指的是整个行业的情况，纳入行业统计范畴的都在计算范围内。

据表 6 可知，新闻信息服务行业，2019 年行业收入同比增长 44.34%，企业收入同比增长 25.80%，说明 2018 年和 2019 年均属于行业统计范畴的企业收入增长了 25.80%，行业增长超出企业增长的部分，是 2019 年新纳入行业统计范畴的企业带来的增长，新闻信息服务行业发展势头良好，不仅现有行业统计范畴内企业市场状况较好，而且原有的规模较小的文化企业扩大了生产规模从而被纳入行业统计范畴，或者其他行业企业转向新闻信息服务行业。同理，内容创作生产行业，属于行业统计范畴的企业收入同比增长 2.50%，而行业收入同比增长 -5.28%，这说明部分企业缩小了经营规模或退出了该行业；创意设计服务行业，企业收入与上一年同期持平，整个行业的收入同比增长了 2.95%，这说明有一部分企业扩大规模被纳入了行业统计范畴，或有部分企业加入了该行业。文化传播渠道行业，企业收入同比增长了 8.30%，行业收入同比增长了 57.47%，这说明两年都在行业统计范畴内的企业收入有所增长，而该行业 2019 年有一些企业规模扩大，从而被纳入行业统计范畴，或者有部分企业主营业务从其他行业转入文化传播渠道行业。文化投资运营行业，不仅现有企业收入同比减少，而且有部分企业退出该行业或缩小了经营规模。文化娱乐休闲服务行业，企业收入同比增长了 2.70%，同时有一些企业转入该行业或扩大了经营规模。文化相关领域中，文化装备生产和文化消费终端生产行业，企业收入和行业收入同比增长均小于零，且行业收入下降幅度更大，这说明该行业发展形势不太好；而文化辅助生产和中介服务行业，行业收入同比增长高于企业收入同比增长，且均为正增长，这说明该行业发展势态良好。

表 6　2019 年北京市文化产业各行业收入同比增长情况

单位：亿元，%

领域	行业	收入合计	行业收入同比增长	企业收入同比增长
文化核心领域	新闻信息服务	3692.7	44.34	25.80
	内容创作生产	1899.4	-5.28	2.50
	创意设计服务	2852.8	2.95	0.00
	文化传播渠道	2876.8	57.47	8.30
	文化投资运营	19.8	-35.08	-4.80
	文化娱乐休闲服务	106.7	6.91	2.70
文化相关领域	文化辅助生产和中介服务	737.9	12.69	2.40
	文化装备生产	121.9	-27.57	-26.90
	文化消费终端生产	541.8	-7.83	-4.60

资料来源：《规模以上文化产业情况》，北京市统计局网站，http：//tjj.beijing.gov.cn/tjsj_31433/yjdsj_31440/wh/2019/。

（三）北京市文化产业各行业发展结构分析

本报告运用波士顿矩阵方法，也称为四象限分析法，对北京市文化产业各行业发展的结构进行研究。波士顿矩阵一般包含销售增长率和市场占有率两个指标。两个指标的不同组合构成了四种产品类型，分别为问题型、明星型、现金型和瘦狗型。其中，问题型指产品具有较高的销售增长率，但市场占有率比较低；明星型指产品的销售增长率和市场占有率都较高；现金型指市场占有率较高，而销售增长率低；瘦狗型指市场占有率和销售增长率均较低。

本报告选取 2019 年北京市统计局提供的规模以上文化产业情况数据，将子行业收入占文化产业总收入的比值作为市场占有率的指标，将同比增长率作为销售增长率指标。具体数据如表 7 所示。

表7　2019 年北京市文化产业各行业销售增长率和市场占有率

单位：亿元，%

行业	标签	收入	销售增长率	市场占有率
新闻信息服务	A	3692.7	25.8	28.74
内容创作生产	B	1899.4	2.5	14.78
创意设计服务	C	2852.8	0	22.20
文化传播渠道	D	2876.8	8.3	22.39
文化投资运营	E	19.8	-4.8	0.15
文化娱乐休闲服务	F	106.7	2.7	0.83
文化辅助生产和中介服务	G	737.9	2.4	5.74
文化装备生产	H	121.9	-26.9	0.95
文化消费终端生产	I	541.8	-4.6	4.22

资料来源：《规模以上文化产业情况》，北京市统计局网站，http://tjj.beijing.gov.cn/tjsj_31433/yjdsj_31440/wh/2019/。

图 2 为 2019 年北京市文化产业九个行业的波士顿矩阵分析结果，从中可得，新闻信息服务（A）和文化传播渠道（D）为北京市文化产业的明星型行业；内容创作生产（B）、文化娱乐休闲服务（F）、文化辅助生产和中介服务（G）为问题型行业；文化投资运营（E）、文化装备生产（H）和文化消费终端生产（I）等为瘦狗型行业；创意设计服务（C）介于明星型行业和现金型行业之间。

根据上述基于北京市统计局数据的整理与分析，从不同行业的市场规模看，2019 年北京市文化产业的九个行业的结构分析主要结论如下。

新闻信息服务行业的收入最高，为 3692.7 亿元，占北京市文化产业的 28.74%，与 2018 年相比，同比增长幅度最大，且市场占有率最高，是文化产业的明星型行业。

文化传播渠道行业，2019 年收入为 2876.8 亿元，占北京市文化产业的 22.39%，与 2018 年相比，同比增长 8.3%，而整个行业的总收入增长了 57.47%，波士顿矩阵分析发现，该行业为文化产业的明星型行业。

创意设计服务行业，2019 年收入为 2852.8 亿元，占北京市文化产业的 22.20%，与 2018 年相比，同比增长 0%，而整个行业的总收入增长了

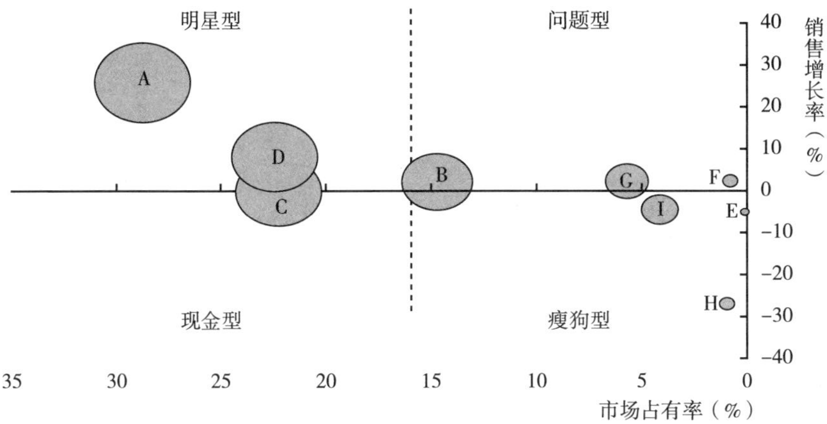

图 2　2019 年北京市文化产业不同行业的波士顿矩阵分析

2.95%，波士顿矩阵分析发现，该行业介于明星型行业与现金型行业之间。

内容创作生产行业，2019 年收入为 1899.4 亿元，占北京市文化产业的 14.78%，与 2018 年相比，同比增长 2.5%，但是整个行业的总收入下降了 5.28%，波士顿矩阵分析发现，该行业为问题型行业。

文化辅助生产和中介服务行业，2019 年收入为 737.9 亿元，占北京市文化产业的 5.74%，与 2018 年相比，同比增长了 2.4%，整个行业的总收入增长了 12.69%，波士顿矩阵分析发现，该行业为文化产业的问题型行业。

文化消费终端生产行业，2019 年收入为 541.8 亿元，占北京市文化产业的 4.22%，与 2018 年相比，同比下降了 4.6%，整个行业的总收入下降了 7.83%，波士顿矩阵分析发现，该行业为文化产业的瘦狗型行业。

文化装备生产行业，2019 年收入为 121.9 亿元，占北京市文化产业的 0.95%，与 2018 年相比，同比下降了 26.9%，整个行业的总收入下降了 27.57%，波士顿矩阵分析发现，该行业为文化产业的瘦狗型行业。

文化娱乐休闲服务行业，2019 年收入为 106.7 亿元，占北京市文化产业的 0.83%，与 2018 年相比，同比增长了 2.7%，整个行业的总收入增长了 6.91%，波士顿矩阵分析发现，该行业为文化产业的问题型行业。

文化投资运营行业，2019 年收入为 19. 8 亿元，只占北京市文化产业的 0. 15%，与 2018 年相比，同比下降了 4. 8%，整个行业的总收入下降了 35. 08%，波士顿矩阵分析发现，该行业为文化产业的瘦狗型行业。

四　北京市文化产业各地区的统计与结构分析

本报告针对北京市 17 个地区的文化产业市场发展及结构状况进行统计分析。首先，对各地区文化产业市场规模情况进行了统计；其次，通过收入与资产的对比分析，探讨了各地区文化产业资产利用效率情况；最后，运用波士顿矩阵揭示了北京市文化产业存在的地区结构问题。

（一）北京市各地区文化产业市场规模情况统计

文化产业的区域结构是指文化产业各领域在不同地区的分布情况。2019 年，北京市各地区规模以上文化产业法人单位收入如表 8 所示，其中海淀区收入最高，为 6137. 4 亿元，占整个北京市的 45. 31%；其次是朝阳区，其收入占北京市的 19. 96%；海淀、朝阳、东城、西城 4 个区规模以上文化产业法人单位收入占北京市的 85. 27%。而平谷、门头沟、延庆 3 个区规模以上文化产业法人单位收入总和只占北京市的 0. 76%。

表 8　2019 年北京市各地区规模以上文化产业法人单位基本情况

单位：亿元，万人

地区	收入	资产	从业人员平均人数
全市	13544. 3	20198. 0	61. 8
东城区	1736. 4	2573. 8	5. 8
西城区	972. 3	2211. 5	7. 5
朝阳区	2703. 0	4789. 2	14. 8
丰台区	199. 4	329. 9	2. 2
石景山区	495. 7	853. 4	2. 1
海淀区	6137. 4	7654. 0	21. 5
门头沟区	28. 8	81. 1	0. 2

续表

地区	收入	资产	从业人员平均人数
房山区	90.3	46.2	0.3
通州区	289.4	148.3	1.1
顺义区	174.6	236.5	1.1
昌平区	111.5	164.8	1.0
大兴区	125.9	222.0	1.3
怀柔区	113.6	262.2	0.5
平谷区	47.4	65.4	0.7
密云区	58.4	96.0	0.6
延庆区	26.6	117.7	0.3
北京经济技术开发区	233.6	346.0	0.8

资料来源：北京市统计局编《北京区域统计年鉴 2020》，中国统计出版社，2020。

从北京市各区规模以上文化产业法人单位的资产情况看，如图 3 所示，2019 年，海淀区资产最高，占北京市的 37.89%，其次是朝阳区，占北京市的 23.71%，西城区占 10.95%，东城区占 12.74%，4 个区规模以上文化产业法人单位资产总值占整个北京市的 85.3%。房山、平谷、延庆 3 个区规模以上文化产业法人单位资产总值只占北京市的 1.14%。

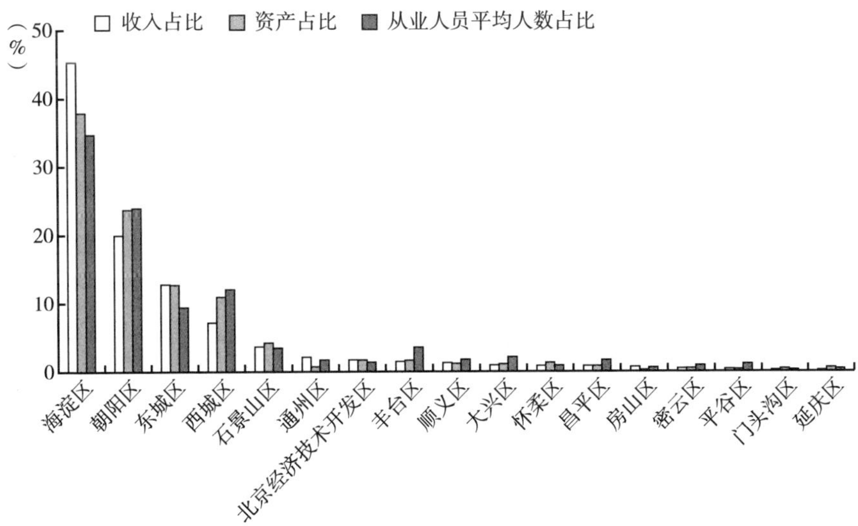

图 3　2019 年北京市各区规模以上文化产业法人单位收入、资产、从业人员平均人数占北京市的比重

资料来源：北京市统计局编《北京区域统计年鉴 2020》，中国统计出版社，2020 年。

从各区从业人员看，海淀区规模以上文化产业法人单位从业人员平均人数占北京市的 34.73%，朝阳、东城、西城分别为 23.93%、9.39%、12.09%，该四个区从业人员占北京市的 80.14%。房山、门头沟、延庆文化产业规模以上法人单位从业人员数量占北京市的 1.22%。

（二）北京市各地区文化产业资产利用效率分析

总资产收入率反映了企业总收入与总资产之间的对比关系，该指标反映了企业整个经营过程中资产的利用效率，指标越高，说明企业总资产营运能力越强。

根据《中国文化及相关产业统计年鉴 2020》提供的 2019 年数据计算发现，全国文化产业平均总资产收入率为 0.548，北京市为 0.522；规模以上企业，全国平均总资产收入率为 0.723，北京市为 0.683；规模以下企业，全国平均总资产收入率为 0.330，北京市为 0.257。可以看出北京市文化产业资产使用效率普遍低于全国平均水平（见图 4）。

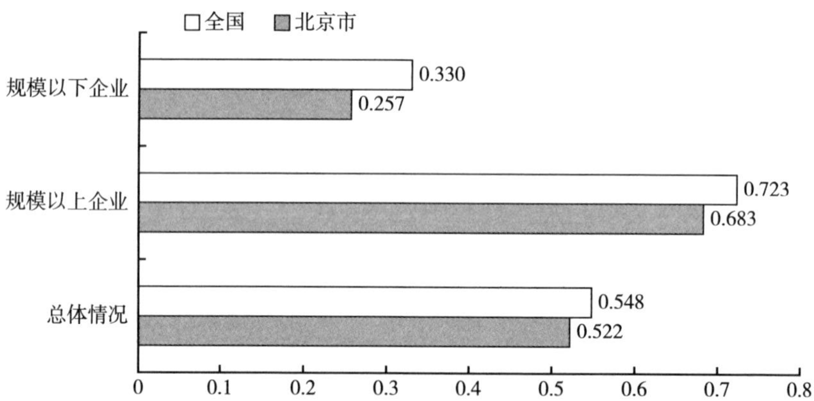

图 4　2019 年北京市与全国总资产收入率比较

资料来源：国家统计局社会科技和文化产业统计司、中宣部文化体制改革和发展办公室编《中国文化及相关产业统计年鉴 2020》，中国统计出版社，2020。

计算北京市各行政区规模以上文化产业法人单位总资产收入率发现，房山区和通州区最高，均为 1.95，其次是海淀区，为 0.8；延庆区、门头沟区和怀柔区的总资产收入率较低；西城、朝阳、大兴等区的总资产收入率均低于北京市平均水平（见图5）。

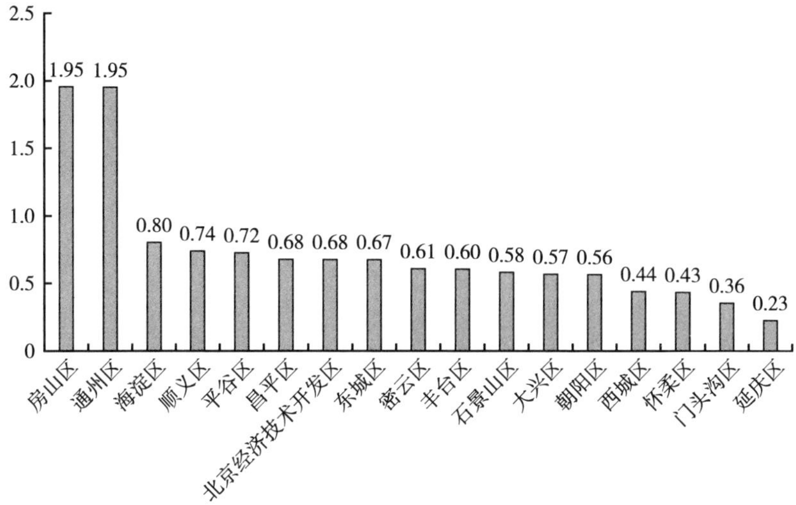

图5　2019年北京市各行政区规模以上文化产业法人单位总资产收入率比较

资料来源：北京市统计局编《北京区域统计年鉴2020》，中国统计出版社，2020。

（三）北京市各地区的文化产业结构发展情况分析

本报告继续采用波士顿矩阵分析法，基于2019年北京市各行政区官方网站统计数据，对北京市文化产业各地区发展状况进行分析。其中，将北京市各地区文化产业收入占文化产业总收入的比值作为市场占有率的指标，将同比增长率作为销售增长率指标。表9为2019年北京各地区的相应数据。

表9　2019年北京市各地区文化产业销售增长率和市场占有率

单位：亿元，%

地区	标签	2019年收入	销售增长率	市场占有率
东城区	A	1736.4	19.95	12.82
西城区	B	972.3	-3.66	7.18
朝阳区	C	2703.0	19.22	19.96

续表

地区	标签	2019 年收入	销售增长率	市场占有率
丰台区	D	199.4	19.43	1.47
石景山区	E	495.7	16.36	3.66
海淀区	F	6137.4	37.31	45.31
门头沟区	G	28.8	53.76	0.21
房山区	H	90.3	4.71	0.67
通州区	I	289.4	300.13	2.14
顺义区	J	174.6	4.79	1.29
昌平区	K	111.5	38.2	0.82
大兴区	L	125.9	36.80	0.93
怀柔区	M	113.6	20.00	0.84
平谷区	N	47.4	-32.72	0.35
密云区	O	58.4	69.41	0.43
延庆区	P	26.6	127.43	0.20
北京经济技术开发区	Q	233.6	24.00	1.72

资料来源：北京市统计局编《北京区域统计年鉴 2020》，中国统计出版社，2020。

从图 6 可以看到，现金型区域有海淀区（F），问题型区域有通州区（I）、和延庆区（P），其他地区均为瘦狗型区域。由于一次分析大多数地区集中在瘦狗型，需对瘦狗型区域进行进一步分析。

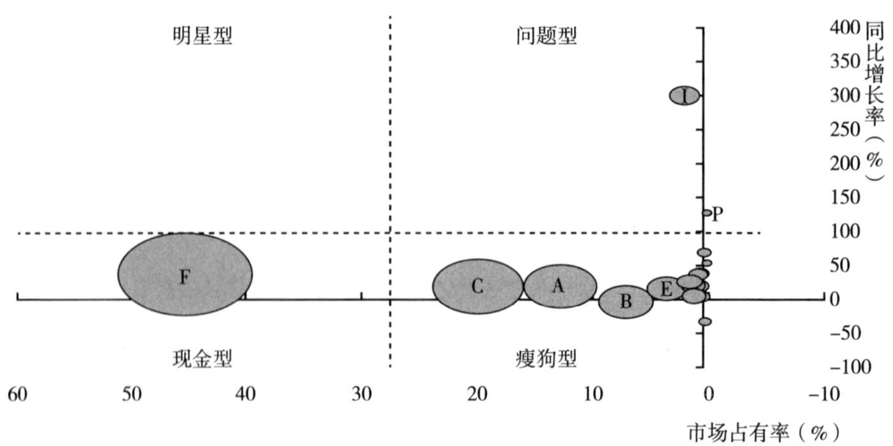

图 6　北京市各区文化产业的波士顿矩阵分析

剔除 F、I、P 后，进一步做波士顿矩阵分析，如图 7 所示，明星型区域有东城区（A）和朝阳区（C），问题型区域有密云区（O）、门头沟区（G）、昌平区（K）、北京经济技术开发区（Q）、石景山区（E）、丰台区（D）、怀柔区（M）、大兴区（L），瘦狗型区域有西城区（B）、顺义区（J）、房山区（H）和平谷区（N）。

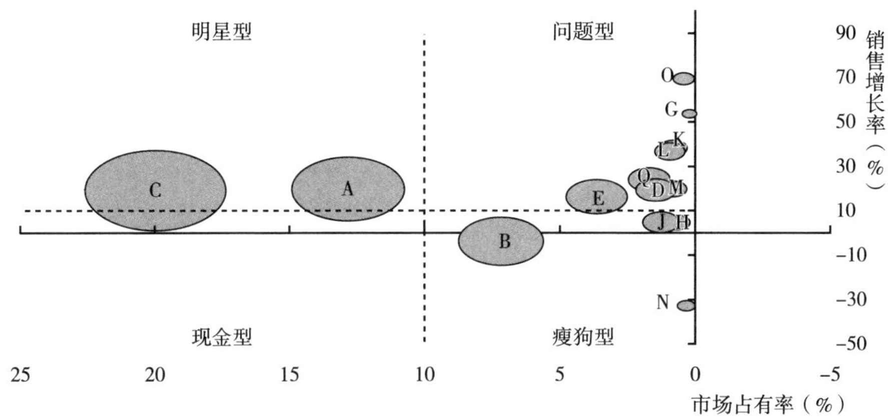

图 7　不同地区的波士顿矩阵二次分析

经过二次波士顿矩阵分析后，最终结果为明星型区域有东城区（A）和朝阳区（C），现金型区域有海淀区（F），问题型区域有通州区（I）、延庆区（P）、密云区（O）、门头沟区（G）、昌平区（K）、北京经济技术开发区（Q）、石景山区（E）、丰台区（D）、怀柔区（M）、大兴区（L），瘦狗型区域有西城区（B）、顺义区（J）、房山区（H）、平谷区（N）。

基于《北京区域统计年鉴 2020》的整理与分析，2019 年北京市不同地区文化产业的结构分析的主要结论如下（以下均指规模以上文化产业法人单位）。

海淀区文化产业的收入、资产以及从业人员平均人数等方面均为最高，2019 年海淀区文化产业收入为 6137.4 亿元，占整个北京市的 45.31%，通过波士顿矩阵分析结果发现，海淀区为现金型区域。但通过收入资产对比分析发现，该地区规模以上文化产业法人单位的总资产收入率为 0.80，略高于于北京市平均水平。

朝阳区文化产业的收入、资产和从业人员平均人数均仅次于海淀区，2019 年朝阳区文化产业收入为 2703 亿元，占北京市比重为 19.96%。通过波士顿矩阵分析发现，朝阳区为明星型区域，其文化产业发展已趋于成熟，且该区域的资产利用效率低于于北京市平均水平。

东城区文化产业，2019 年收入为 1736.4 亿元，占北京市比重为 12.82%，同比增长了 19.95%。通过波士顿矩阵分析发现，东城区为明星型区域，且该区域的资产利用接近北京市平均水平。

西城区文化产业，2019 年收入为 972.3 亿元，占北京市比重为 7.18%，同比下降了 3.66%。通过波士顿矩阵分析发现，西城区为瘦狗型区域，且该区域的资产利用效率低于北京市平均水平。

石景山区文化产业，2019 年收入为 495.7 亿元，占北京市比重为 3.66%，同比增长了 16.36%。通过波士顿矩阵分析发现，石景山区为问题型区域，且该区域的资产利用效率略低于北京市平均水平。

丰台区文化产业，2019 年收入为 199.4 亿元，占北京市比重为 1.47%，同比增长了 19.43%。通过波士顿矩阵分析发现，丰台区为问题型区域，且该区域的资产利用效率略低于北京市平均水平。

顺义区文化产业，2019 年收入为 174.6 亿元，占北京市比重为 1.29%，同比增长了 4.79%。通过波士顿矩阵分析发现，顺义区为瘦狗型区域，但该区域的资产利用效率略高于北京市平均水平。

怀柔区文化产业，2019 年收入为 113.6 亿元，占北京市比重为 0.84%，同比增长了 20%。通过波士顿矩阵分析发现，顺义区为问题型区域，但该区域的资产利用效率低于北京市平均水平。

大兴区文化产业，2019 年收入为 125.9 亿元，占北京市比重为 0.93%，同比增长了 36.8%。通过波士顿矩阵分析发现，大兴区为问题型区域，且该区域的资产利用效率低于北京市平均水平。

房山区文化产业，2019 年收入为 90.3 亿元，占北京市比重为 0.67%，同比增长了 4.71%。通过波士顿矩阵分析发现，房山区为瘦狗型区域，但该区域的资产利用效率高于北京市平均水平。

昌平区文化产业，2019 年收入为 111.5 亿元，占北京市比重为 0.82%，同比增长了 38.2%。通过波士顿矩阵分析发现，昌平区为问题型区域，且该区域的资产利用效率与北京市平均水平持平。

通州区文化产业，2019 年收入为 289.4 亿元，占北京市比重为 2.14%，同比增长了 300.13%。通过波士顿矩阵分析发现，通州区为问题型区域，且该区域的资产利用效率高于北京市平均水平。

平谷区文化产业，2019 年收入为 47.4 亿元，占北京市比重为 0.35%，同比下降了 32.72%。通过波士顿矩阵分析发现，平谷区为瘦狗型区域，但该区域的资产利用效率略高于北京市平均水平。

密云区文化产业，2019 年收入为 58.4 亿元，占北京市比重为 0.43%，同比增长了 69.41%。通过波士顿矩阵分析发现，密云区为问题型区域。但该区域的资产利用效率低于北京市平均水平。

门头沟区文化产业，2019 年收入为 28.8 亿元，占北京市比重为 0.21%，同比增长了 53.76%。通过波士顿矩阵分析发现，门头沟区为问题型区域，且该区域的资产利用效率低于北京市平均水平。

延庆区文化产业，2019 年收入为 26.6 亿元，占北京市比重为 0.20%，同比增长了 127.43%. 通过波士顿矩阵分析发现，延庆区为问题型区域，该区域的资产利用效率低于北京市平均水平。

北京经济技术开发区文化产业，2019 年收入为 233.6 亿元，占北京市比重为 1.72%，同比增长了 24%。通过波士顿矩阵分析发现，开发区为问题型区域，该区域的资产利用效率与北京市平均水平持平。

五　北京市文化产业结构优化策略分析

根据前面分析得出的北京市文化产业存在的行业结构问题和地区结构问题，本报告提出了相应的优化策略。首先，分析了北京市文化产业需充分利用各地区优势资源，继续发展优势文化行业，并针对不同行业提出相应的优化策略；其次，指出需要弥补文化产业短板，根据发展滞后行业的情况，提出弥补措施；最后，从文化消费角度进行分析，提出了相应的消费提升建议。

（一）充分利用区域优势资源，发展优势文化行业

通过上述分析发现，北京市文化产业的优势行业为新闻信息服务行业、文化传播渠道行业、创意设计服务行业和内容创作生产行业，这4个行业2019年收入占北京市文化产业的比重最高，合计占比为88.1%。且新闻信息服务行业和文化传播渠道行业均为明星型行业，创意设计服务行业介于明星型行业与现金型行业之间，内容创作生产行业为问题型行业。

（1）新闻信息服务行业

随着互联网和数字技术的迅猛发展，我国的新闻信息服务行业在与新技术的深度融合下得到了长足的发展，尤其是互联网搜索服务以及网络新闻、音视频、在线阅读、信息传递等领域给人们的工作和生活提供了极大的便利，已成为人们生活中不可或缺的组成部分。行业的快速发展得益于科技的不断创新和进步，全国互联网百强企业中有近1/3的企业在北京，在互联网新业态的带动下北京市软件和信息服务行业规模和质量同步发展，2018年北京软件业每亿元研发费可带来132.5件有效发明专利，同比增加了69.8件。北京市有42家企业入选2018中国软件和信息技术服务综合竞争力百强企业，占全国的近半数。[①] 2019年文化产业中以快手、抖音等企业为代表的短视频行业依托AI、VR、AR等技术，实现了收入和利润的大幅提升。

新闻信息服务行业蓬勃发展的同时，信息安全问题随之而来。对于互联网信息安全问题，国家和政府一直都比较关心，并出台了一系列相关政策和规定，如2016年出台的《互联网信息搜索服务管理规定》，2017年国家互联网信息办公室审议通过的《互联网新闻信息服务管理规定》，2017年国家互联网信息办公室出台的《互联网信息内容管理行政执法程序规定》，2019

① 曹政：《北京软件和信息服务业2018年产业规模首破万亿元》，《北京日报》2019年2月18日。

年国家互联网信息办公室、文化和旅游部、国家广播电视总局制定的《网络音视频信息服务管理规定》等。在行业政策的保护下，新闻信息服务行业正朝着健康的方向发展。

在总体大环境比较有利的前提下，新闻信息服务行业需继续紧跟时代步伐，利用北京地区科技创新领先优势，充分运用5G技术，提升超高清视频直播、云端阅读、新兴电子手游、新型音乐智能终端等功能，提升消费者对新闻信息服务业超高速、低时延和万物互联的体验感。有效利用政府提供的行业政策，及时预测和消除不利于行业发展的安全隐患，确保新闻信息服务行业健康稳定发展。

（2）文化传播渠道行业

北京是全国文化中心，拥有全国超过40%的出版社、近8900多处出版物发行网点，北京出版业在主题出版、融合发展、“走出去”等方面发挥了引领作用。5G技术的发展促进了出版行业与数字技术的进一步融合，疫情防控常态化阶段，出版单位要充分拥抱新技术，培育出版新业态，统筹推进读书和读屏，满足读者疫情防控常态化情况下的阅读需求。

文化出口方面，2019～2020年，国家文化出口重点企业共335家，重点项目共129个，其中北京市及中央在京的文化出口重点企业有75家，占全国的22.4%。为了让文化“走出去”走得更远，需要结合对象国的文化和实际，挖掘其文化需求，提供更适合的文化产品，提高对象国读者的满意度。同时推进在线版权贸易，参加线上国际书展，构建国际数字发行渠道，多形式助力出版物“走出去”。

影视产业是文化产业的重要组成部分，2019年北京市人民政府印发了《关于推动北京影视业繁荣发展的实施意见》，围绕影视业发展痛点、难点问题，精准发力、多措并举，以推动影视业和文化产业高质量发展。2019年全国票房排名前10的影片中，有6部出自北京的电影制片公司，全国影院票房排名前10的影院中有6家来自北京。受新冠肺炎疫情影响，2020年上半年，北京260余家影院暂停营业，影视行业受到较大冲击和挑战，为了全力支持影视产业复苏，北京市启动了宣传文化引导基金（电影类）和

2020 年市级电影专项资金两项扶持资金，增加疫情特殊补贴。在推动精品内容创作方面，市政府加大了支持资助力度，同时相关部门还需出台专项政策，搭建“走出去”渠道平台，鼓励优秀影视企业拓展国际市场，向世界讲述中国和北京。

北京是全球最大的中国文物艺术品交易中心，2018 年北京地区的文物艺术品成交额达 160 多亿元，占全国的 60% 左右。① 北京又是我国首批电子商务示范城市，拥有丰富的艺术资源，其艺术电商行业发展引领全国，目前已有多种艺术品交易平台：国美、苏宁易购等在其官方商城中开辟了艺术品交易平台；互联网艺术专业平台，如博宝艺术网；手机 App 交易平台，如 Artand 交易平台；微信社交交易平台；等等。2018 年“艺术北京”在京东平台上开设“艺术北京旗舰店”，打造大众艺术消费平台。然而艺术品线上交易存在真假难辨的问题，为了消除艺术品消费者的顾虑，需要以购买者为中心，构建艺术品交易垂直电商平台，培养专业的艺术经纪人协助用户进行艺术品购买。搭建场景化购物平台，组建艺术品社交圈，吸引艺术品行家和艺术品消费者加入，从更专业的视角，引导消费者了解艺术品，消除购买顾虑。

文旅融合促进文化传播。北京拥有丰富的古都文化、红色文化、京味文化等旅游资源，文旅融合创新了文化传播方式。2019 年是文旅融合深入推进的第一年，2019 年北京接待游客共 3.20 亿人次，实现旅游收入 6220 亿元、票房收入 17.44 亿元。② 文旅融合可进一步挖掘北京时尚文化资源、奥运文化遗产资源、教育游学的文教旅资源、核心商圈的文化消费资源、京郊农家院文化资源等，推出坚持文化引领的“北京方案”，立足北京、服务全国、面向国际，用国际化标准来要求和完善“北京服务”。

（3）创意设计服务行业

创意设计服务行业包括广告服务和设计服务两类。北京是全国的政治文

---

① 宗泳杉：《北京商报中国拍卖行业协会会长黄小坚：2018 年北京文物艺术品市场成交额超 160 亿》，《北京商报》2019 年 4 月 18 日。

② 李洋：《北京文旅融合今年将办 2 万场市民文化活动》，《北京日报》2020 年 1 月 10 日。

化中心，是各大跨国公司总部的聚集地，拥有大批中央级专业媒体和众多北京地区媒体资源，成为全国规模最大的广告媒体中心。

设计产业是北京的支柱产业之一，北京拥有 30 余个文化创意集聚区，设计行业从业人数近 25 万人，产业总值超过 1600 亿元。为了促进行业的健康发展，北京市出台了一系列促进文化创意产业发展的相关政策，如 2015 年北京市出台了《北京市推进文化创意和设计服务与相关产业融合发展行动计划（2015—2020 年）》，推动了文化创意产业与其他相关产业，如制造业、数字内容产业、旅游业、都市农业、体育产业、人居环境等的积极融合；2020 年 4 月 9 日北京发布了《北京市推进全国文化中心建设中长期规划（2019 年—2035 年）》，提出北京将重点打造“五都一城两中心”，即设计之都、影视之都、演艺之都、音乐之都、网络游戏之都，世界旅游名城以及艺术品交易中心、会展中心，将北京建设成具有国际竞争力的创新创意城市。但对于尚未成熟的文化创意产业而言，除了政策支持以外，还需进一步完善知识产权保护法，为当前发展不完善的文化创意产业降低风险，保驾护航。文化创意产业具有较强的意识形态属性，其发展受到政府的高度重视，政府对产业发展和走向进行宏观调控。为了让文化创意产业真正成为新的经济增长点，政府和企业需要共同努力，探索出一条符合时代特点的发展道路。

（4）内容创作生产行业

内容创作生产行业包括出版服务、广播影视节目制作、创作表演服务、数字内容服务等。2019 年，内容创作生产行业收入占北京市文化产业的 14.78%，而行业总收入下降了 5.28%。波士顿矩阵分析发现，内容创作生产行业是北京市文化产业的问题型行业。内容是文化产业的根本，2019 年 6 月，时任文化和旅游部部长雒树刚做国务院工作报告时强调把创作生产优秀文化产品作为推动我国文化产业实现高质量发展的中心环节。2018 年北京市正式了发布《关于推进文化创意产业创新发展的意见》，该意见构建了由“两大主攻方向”和“九大重点领域环节”组成的文创“高精尖”内容体系。2019 年北京首批认定 33 家北京市文化创意产业园区，开启文化产业高质量发展的新航程。

在图书出版高质量发展方面，近年来北京市在鼓励精品、出版单位“走出去”、科技出版融合发展等方面出台了一系列政策，尤其是通过设立北京市提升出版业国际传播力奖励扶持专项资金鼓励出版单位“走出去”，调动了各出版企业走向国际的积极性。同时建议北京市出版行业主管部门加大对获得国家优秀出版物奖、入选主题出版重点出版物的选题和项目给予奖励，鼓励出版单位多出精品。

在影视方面，目前还存在有数量缺质量、有高原缺高峰、有人才缺大师、有作品缺精品的问题。当前影视业的经济效益和社会效益主要集中在少数影片上，大部分电影创作的内容和质量与观众的期待还存在一定的差距。促进电影行业的高质量发展，需要站在国家文化战略的制高点，以人民为中心，聚焦中国精神、中国价值、中国力量，围绕经济发展、科技突破、社会变革等富有时代特色的题材，讲好中国故事。同时培养“德艺双馨”的电影工作者是电影事业高质量发展的关键，电影工作者是备受人们关注的职业，电影能否打动人心、能否带来相应的社会效应和经济效应，关键在于电影工作者是否自觉践行了社会主义核心价值观，电影作品是否文质兼美。电影工作者应把个人的艺术理想和追求同党和国家的前途和命运紧紧联系在一起，牢记肩负的文化责任和社会担当，努力做对国家和人民有贡献的艺术家。

数字内容行业，近年来随着互联网的快速发展，数字内容产业发展迅猛，尤其在新冠肺炎疫情发生后，数字内容行业发挥其特有的优势，对疫情防控和维持经济社会的正常运行起到了积极作用。目前数字内容行业已成为文化产业的重要组成部分，但数字内容行业存在文化内涵不足、内容同质化等问题，尤其是广大青少年是数字内容的原生读者，数字内容反映的文化属性和意识形态属性，对青少年价值观的形成具有较大影响。为此，数字内容行业应对国家和人民高度负责，把社会效益放在首位，传播社会主流价值、弘扬中华优秀文化，为经济社会发展提供服务。第一，数字文化行业需要提升文化内涵，将中华民族优秀传统文化、社会主义先进文化融入产品；第二，加强数字内容管理，数字内容企业和相关政府管理部门需要增强对数字内容的管理意识，坚决制止拜金思想、官本位、封建迷信、低俗暴力等体现负面思想的内容，绝不为错误内容提供传播渠道；第三，树立知识产权意识，对于各种违背知识产权法规的做法，应加强市场监管，加大惩罚力度，维护良好的数字生态秩序。

（二）弥补文化产业短板

文化产业的短板行业是文化产业中发展缓慢、落后的产业门类。北京地区独特的文化发展资源，使得文化产业发展初期呈现非均衡的特征，弱势文化行业发展艰难，各种劳动力和资本等生产要素进一步流向其他优势文化行业，导致优势行业和弱势行业之间的差距持续加大。为了实现北京地区文化产业全业态协调发展，有必要调整其内部结构，弥补短板，探索弱势文化行业发展思路。

（1）文化投资运营行业

2019 年，全国文化投资运营行业收入绝对额为 221 亿元，比上年增加了 13.8%，① 而北京市 2019 年文化投资运营行业收入绝对额为 19.8 亿元，比上年下降了 35.08%②。北京市拥有包括银行、文化基金等在内的众多金融机构，但文化投资运营企业收入不升反降，表明需要进一步提升文化金融的发展。

近些年，市政府发布了多条加强文化与金融融合的相关政策，如 2017 年 12 月，北京市文资办会同北京市财政局推出北京市文化创意产业“投贷奖”联动体系，主要通过贷款贴息、融资租赁贴租、发债融资奖励、股权融资奖励等方式，促进资本投资文创产业，帮助文创企业有效突破融资瓶颈。2018 年 2 月，北京市发布了《关于促进首都文化金融发展的意见》，从加大对文化产业的资金投入、优化文化金融业务流程和管理模式等方面，促

① 国家统计局社会科技和文化产业统计司、中宣部文化体制改革和发展办公室编《中国文化及相关产业统计年鉴 2020》，中国统计出版社，2020。

② 北京市统计局编《北京统计年鉴 2020》，中国统计出版社，2020。

进金融资源和文化资源的有机结合。2020年制定了《北京市文化产业“投贷奖”风险补偿资金管理办法（试行）》，旨在进一步缓解北京市文化企业融资难的问题，推动财政资金、社会资本相结合，建立风险共担机制，鼓励金融机构增加对小微文化企业的融资服务。

北京市就文化与金融的融合已开展了一系列行动，由于前期支持的重点在于重点企业以及重点项目，重点企业和重点项目的投资金额大，回报周期长，短期内很难见到经济效益。2020年制定的《北京市文化产业“投贷奖”风险补偿资金管理办法（试行）》加大了对小微文化企业的扶持力度，促进重点企业和小型企业共同发展。同时需加强文化财政投入的绩效评估，制定科学合理的绩效评估体系，使用规范的绩效评估方法，对扶持企业和项目的运营绩效进行有效评估，了解运营中存在问题和不足，并加以改进，以提高文化投资运营行业的投资效率和经济效益。

（2）文化休闲娱乐服务行业

2019年全国文化休闲娱乐服务行业收入为1583亿元，绝对额较上年增长6.5%，① 北京市2019年文化休闲娱乐服务行业收入为106.7亿元，绝对额较上年增长了6.91%，② 与全国平均水平基本持平。文化休闲娱乐服务行业包括娱乐服务、景区游览服务、休闲观光游览服务三小类，主要体现在文化与旅游融合方面。

2018年是文化与旅游全面融合的一年，北京的旅游市场不断扩大，旅游综合治理全面展开，旅游产业定位不断提升，北京旅游业正向高质量方向发展。2019年，北京市出台《关于推进北京市文化和旅游融合发展的意见》，以七个方面26条举措将北京文化和旅游资源优势转化为发展优势。2020年，北京文旅局表示，北京市将推出三大类非遗旅游线路，实施漫步北京、畅游京郊和点亮北京三项计划，全年安排六大板块各类文化活动2万

---

① 国家统计局社会科技和文化产业统计司、中宣部文化体制改革和发展办公室编《中国文化及相关产业统计年鉴2020》，中国统计出版社，2020。

② 《规模以上文化产业情况》，北京市统计局网站，http://tjj.beijing.gov.cn/tjsj_31433/yjdsj_31440/wh/2019/。

场，保障具备条件的4A级旅游景区实现家庭卫生间全覆盖，同时完成100座旅游厕所建设改造，进一步提升服务质量。2020年疫情发生后，北京市公布了100个高精尖产业项目，其中包含14个文化旅游项目，分别分布在通州、平谷、延庆、房山、石景山、北京经济技术开发区等区域，进一步推动文化旅游的高质量发展。

当前我国社会的主要矛盾是人民日益增长的美好生活需要与不平衡不充分的发展之间的矛盾。文旅行业涉及“美好生活”的各个具体节点，是一个国家社会生活的缩影，进行旅游环境整治，提供高品质的旅游基础环境，是民众对旅游行业的迫切需求。同时，差异化旅游产品定位可解决规模与品质之间的矛盾，将游客引导到各自适应的消费层次和品类上，以形成旅游精细化服务格局。

（3）文化相关领域

2019年北京市文化相关领域的收入为1401.6亿元，占整个文化产业收入的10.9%。当前文化相关领域的三个门类均属于弱势行业，为了实现全业态协调发展，有必要加强文化相关领域的实力。第一，合理分配文化资源，通过政策手段控制部分文化要素流向弱势文化产业。第二，建设弱势文化产业聚集区，优化配置弱势文化产业生产要素，并进行有效利用。第三，加强弱势文化产业与科技的融合，区块链、人工智能、物联网、5G等新兴技术同行业的链接和融合，可促进产业的转型与升级，从而进一步提高生产效率。

（三）提高文化服务质量，提升文化消费水平

北京市文化产业资产使用效率普遍低于全国平均水平，体现了北京市文化消费与资产投入不协调，同时当前北京市文化消费氛围还比较欠缺、文化消费动力不足，[①] 市民仍存在文化消费观念弱的问题。据调查，北京市青年群体由于工作学习生活等多方面的压力，对文化活动的知晓率低、参与度

① 肖怀德：《文旅融合视角下北京建设世界文化之都的思考》，《旅游学刊》2020年第7期。

低；北京的郊区，由于经济上落后于市区，居民精神文化需求也较短缺，与现代文化对接能力较差。政府需有针对性地提高服务效能，改进服务方式，加强文化宣传力度，满足不同群体的文化需求，提升文化消费水平。

近年来，北京市陆续推出一系列文化消费政策，让更多的优质文化产品惠及群众。2020 年 5 月，北京市惠民文化消费电子券启动发放，优惠文化产品或服务包括购买图书、电影票、景区门票、演出票、文创产品以及一些教育课程等；8 月 7 日，北京举行了做好常态化疫情防控促进文化消费主题新闻发布会，集中发布了第八届北京惠民文化消费季、2020 年北京长城文化节活动、北京国际音乐产业高质量发展促进大会等系列活动的整体安排、政策信息、特色亮点，是北京在疫情防控常态化下促进首都文化消费推出的重大举措。

另外，想要提高文化消费就需要为消费者提供适销对路、物美价廉的文化产品和服务，通过政策扶持的方式，引导不同层次的文化消费，让更多的群众参与文化消费；同时，要加强文化消费监管力度，净化文化消费环境，规范市场主体行为，完善消费投诉机制，维护文化消费者的合法权益。

B.6

北京文化产业安全评价

佟东　王思宁　马瑶*

摘　要：文化产业安全事关经济安全和文化安全，已成为国家经济安全体系的重要组成部分。北京是全国文化中心，关注北京文化产业安全有重要的意义。本报告以分析北京文化产业安全度为目的，运用统计分析方法，从北京文化产业安全的国内环境、对外依存度、对外竞争力和外资控制力四个方面评价北京文化产业安全的现状。本报告认为北京文化产业的国内环境、对外竞争力、对外依存度和外资控制力，对维护北京市文化产业安全是有利的。

关键词：文化产业　产业安全　对外依存度

一　北京文化产业安全的国内环境

文化产业安全的国内环境包括文化产业政策、文化产业吸引就业能力、文化产业资本积累能力、文化产业融资环境、文化产业人才、文化产业产值等六个方面。

* 佟东，博士，北京印刷学院经济管理学院讲师，硕士生导师，主要研究方向为文化产业创新管理；王思宁，北京印刷学院经济管理学院硕士研究生，主要研究方向为传媒经济与管理；马瑶，北京印刷学院经济管理学院硕士研究生，主要研究方向为文化产业与管理。

（一）文化产业政策

对文化产业政策环境的安全评价包括五个主要的方面，即文化改革政策、文化发展政策、文化促进政策、文化支持政策和文化推进政策。这些政策来源于不同的方面，有的来自行业、产业，有的来自国家、地区，而对文化产业安全产生影响比较大的是国家和地区层面的相关政策。图 1 体现的是文化产业政策与文化产业安全的关系，不难看出有利于文化产业繁荣发展的文化产业政策同样有利于文化产业安全的维护；执行效果好、能够达到预期效果的文化产业政策也有利于文化产业安全的维护。反之，不利于文化产业繁荣发展的文化产业政策，或者执行效果不好、没有达到预期效果的文化产业政策则不利于文化产业安全的维护。

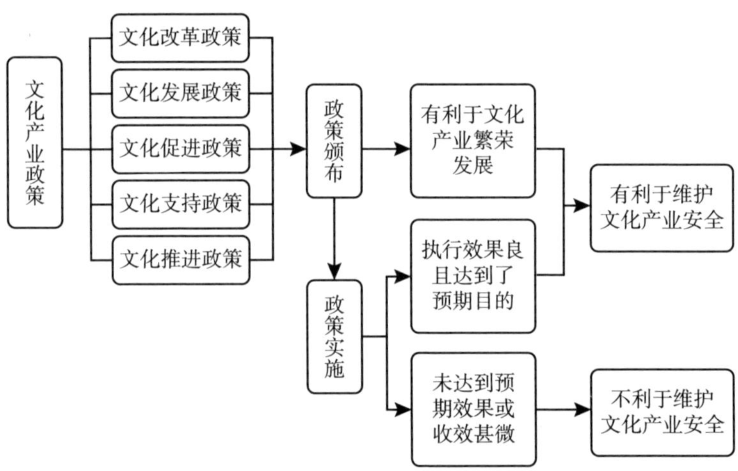

图 1　文化产业政策与文化产业安全的关系

2018～2020 年，中央政府和北京市出台了多项文化及相关产业政策，这些政策的出台，对促进文化产业发展、维护文化产业安全发挥了重要作用（见表 1）。

表 1　2018～2020 年部分文化及相关产业新出台政策

发文机构	发文时间	发文名称
国务院	2020 年 8 月 11 日	《国务院关于同意全面深化服务贸易创新发展试点的批复》
国务院	2020 年 5 月 7 日	《关于做好新冠肺炎疫情常态化防控工作的指导意见》
最高人民法院	2020 年 4 月 21 日	《最高人民法院关于全面加强知识产权司法保护的意见》
中共中央宣传部 国家广播电视总局	2019 年 12 月 21 日	《国有影视企业社会效益评价考核试行办法》
中共中央办公厅 国务院办公厅	2019 年 7 月 24 日	《长城、大运河、长征国家文化公园建设方案》
中共中央办公厅 国务院办公厅	2019 年 11 月	《关于强化知识产权保护的意见》
中共中央、国务院	2019 年 11 月 19 日	《关于推进贸易高质量发展的指导意见》
国务院	2019 年 10 月 30 日	《关于进一步做好利用外资工作的意见》
国务院办公厅	2019 年 8 月 23 日	《关于进一步激发文化和旅游消费潜力的意见》
中共中央办公厅 国务院办公厅	2019 年 2 月	《大运河文化保护传承利用规划纲要》
国务院办公厅	2019 年 1 月 14 日	《关于深入开展消费扶贫助力打赢脱贫攻坚战的指导意见》
国务院办公厅	2018 年 12 月 21 日	《关于加快发展体育竞赛表演产业的指导意见》
国务院办公厅	2018 年 3 月 22 日	《关于促进全域旅游发展的指导意见》
国务院	2019 年 1 月 31 日	《国务院关于全面推进北京市服务业扩大开放综合试点工作方案的批复》
中共北京市委办公厅 北京市人民政府办公厅	2020 年 8 月 22 日	《关于强化知识产权保护的行动方案》
国务院台办等	2019 年 11 月 4 日	《关于进一步促进两岸经济文化交流合作的若干措施》
中共北京市委宣传部 北京市文化和旅游局 北京市财政局	2020 年 7 月 1 日	《北京市非物质文化遗产传承发展工程实施方案》
中共北京市委	2020 年 2 月 14 日	《中共北京市委关于新时代繁荣兴盛首都文化的意见》
北京市文化改革和发展领导小组办公室	2020 年 2 月	《关于应对新冠肺炎疫情影响促进文化企业健康发展的若干措施》

续表

发文机构	发文时间	发文名称
北京市文化和旅游局 北京市发展改革委 北京市规划自然资源委	2019 年 12 月 26 日	《京郊精品酒店建设试点工作推进方案》
北京市知识产权局	2019 年 12 月 9 日	《北京市知识产权资助金管理办法(试行)》
北京市商务局 北京市电影局 北京市新闻出版局 北京市广播电视局 北京市国有文化 资产管理中心 北京海关 天竺综保区管委会 北京市文化和旅游局	2019 年 8 月	《北京市文化旅游领域开放改革三年行动计划》
北京广播电视局 中共北京市委办公厅 北京市经信局	2019 年 5 月 7 日	《北京市超高清视频产业发展行动计划(2019—2022 年)》
中共北京市委办公厅 北京市人民政府办公厅	2019 年 2 月	《关于推动北京影视业繁荣发展的实施意见》
北京市人民代表大会	2019 年 2 月 13 日	《北京市非物质文化遗产条例》
北京市人民政府办公厅	2019 年 1 月	《北京市服务贸易创新发展试点工作实施方案》
北京市大兴区人民政府	2018 年 12 月 20 日	《大兴区促进文化创意产业发展暂行办法》
北京市人民政府办公厅	2018 年 12 月 3 日	《关于推动北京老字号传承发展的意见》
中共北京市委	2018 年 9 月 19 日	《促进城市南部地区加快发展行动计划(2018—2020 年)》
北京市人民政府办公厅	2018 年 7 月 6 日	《关于支持实体书店发展的实施意见》
中共北京市委 北京市人民政府	2018 年 6 月 21 日	《关于推进文化创意产业创新发展的意见》
中共北京市委 北京市人民政府	2018 年 6 月 20 日	《关于加快市级文化创意产业示范园区建设发展的意见》
北京市人民政府	2018 年 3 月 15 日	《北京市人民政府关于扩大对外开放提高利用外资水平的意见》
北京市人民政府办公厅	2018 年 3 月 9 日	《北京市人民政府办公厅关于加强传统村落保护发展的指导意见》

资料来源：根据中国文化产业政策库网站资料整理。

（二）文化产业吸引就业能力

文化产业吸引就业能力从两个方面对文化产业安全产生影响。一方面是吸引就业人数总量，吸引就业人数越多，说明文化产业发展越繁荣，同时能够助推国民经济的发展，有利于文化产业安全的维护；另一方面是吸引就业人数占全部劳动力人数的比重，比重越高，该产业对劳动力的需求越高，反映出文化产业正在不断向更好的方向发展。文化产业吸引就业人数占劳动力人数比重越高，越有利于文化产业安全的维护。图 2 显示了文化产业吸引就业人数占劳动力人数比重与文化产业安全的关系。

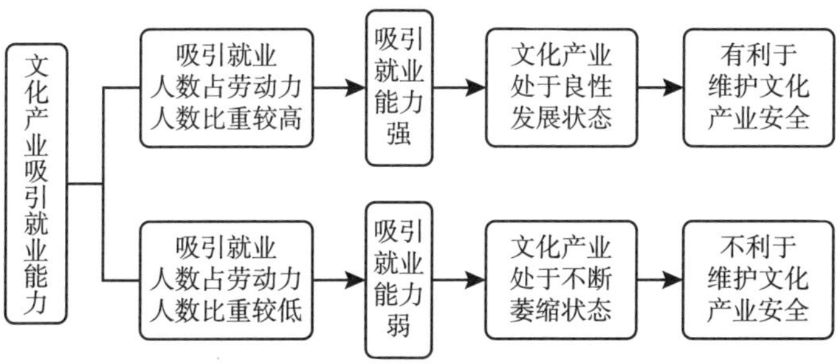

图 2　文化产业吸引就业人数占劳动力人数比重与文化产业安全的关系

随着国家对文化产业发展的进一步重视和一系列相关扶持政策的出台，我国文化产业发展进程明显加快，取得了显著成绩。然而，文化产业的快速发展也暴露出一些突出问题。中国文化产业的发展只体现了增量增长，而内涵发展明显不足。

2013 年北京文化产业就业人数占就业总人数的 3.20%，2018 年增加到 3.77%（见表 2），总体呈上升趋势，具体到各年度，呈波浪式上升趋势，（见图 3）。北京文化产业吸收就业的能力在不断增强，文化产业正处于良性发展状态，这对维护北京文化产业安全是有利的。

文化产业就业人数占就业总人数比重的计算公式为：

$$\text{文化产业就业人数占就业总人数比重} = \frac{\text{文化及相关产业就业人数}}{\text{就业人数}} \times 100\%$$

表 2　2013～2018 年北京文化产业吸引就业能力

单位：万人，%

年份	文化产业就业人数	就业人数	比重
2013	36.4919	1141.0	3.20
2014	42.2395	1156.7	3.65
2015	42.4496	1186.1	3.58
2016	43.5805	1220.1	3.57
2017	49.1534	1246.8	3.94
2018	46.6328	1237.8	3.77

注：表中“文化产业就业人数”为《北京统计年鉴》中的“规模以上文化服务业企业从业人员”与“规模以上文化制造业企业从业人员”之和，“就业人数”为《北京统计年鉴》中的“从业人员年末人数”。

资料来源：历年《北京统计年鉴》。

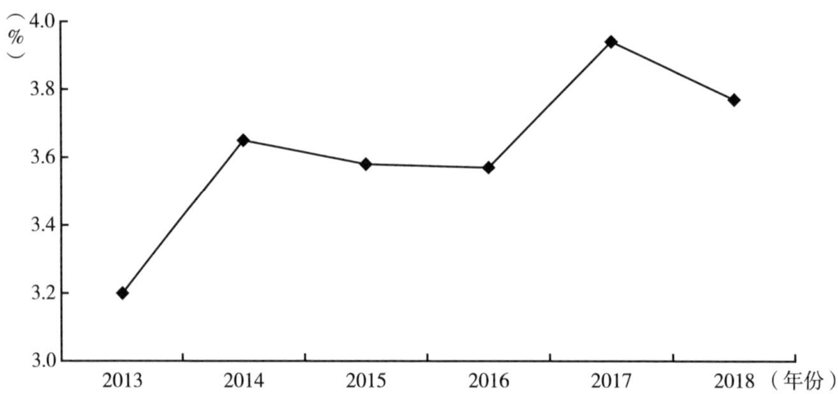

图 3　2013～2018 年北京文化产业就业人数占就业人数的比重

资料来源：历年《北京统计年鉴》。

（三）文化产业资本积累能力

近年来，我国不断加大对文化产业的支持力度，特别是颁布实施了《文化产业振兴规划》等一系列政策，对我国文化产业的快速发展起到了推动作用。在这样的发展环境下，中国文化产业的固定资产投资也迅速增长。图 4 显示了文化产业资本积累能力与文化产业安全的关系。

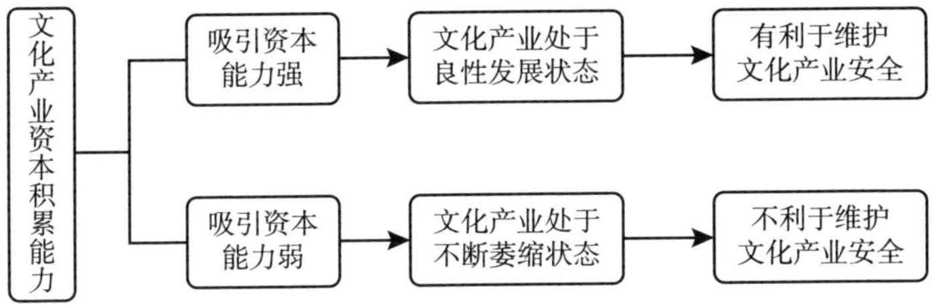

图4　文化产业资本积累能力与文化产业安全的关系

文化产业固定资产投资增长率的计算公式为：

$$文化产业固定资产投资增长率 = \frac{当年固定资产投资额 - 上年固定资产投资额}{上年固定资产投资额} \times 100\%$$

2005年以来，北京市文化产业固定资产投资规模总体不断扩大，投资总额总体不断增加。固定资产投资额从2005年的621357万元增加到2017年的5297383万元，其中2012年增长幅度最大，同比增长63.32%，2014年负增长幅度最大，同比增长-21.80%（见表3、图5）。这表明为了促进文化产业的发展，大量的固定资产投资被用于文化产业，这有利于维护文化产业的安全，促进文化产业的繁荣。文化产业固定资产投资越多，投资增长率越高，越有利于维护文化产业的安全。因此，增加文化产业固定资产投资有利于维护文化产业安全。

表3　2005～2017年北京文化产业固定资产投资及其增长率

单位：万元，%

年份	固定资产投资额	增长率
2005	621357	—
2006	895511	44.12
2007	1203793	34.43
2008	1297396	7.78
2009	1310447	1.01
2010	1763215	34.55
2011	1811466	2.74
2012	2958510	63.32

续表

年份	固定资产投资额	增长率
2013	2919865	-1.31
2014	2283402	-21.80
2015	3542565	55.14
2016	3590935	1.37
2017	5297383	47.52

注：表中“固定资产投资额”为《中国文化及相关产业统计年鉴》中的“文化及相关产业固定资产投资情况”。

资料来源：历年《中国文化及相关产业统计年鉴》。

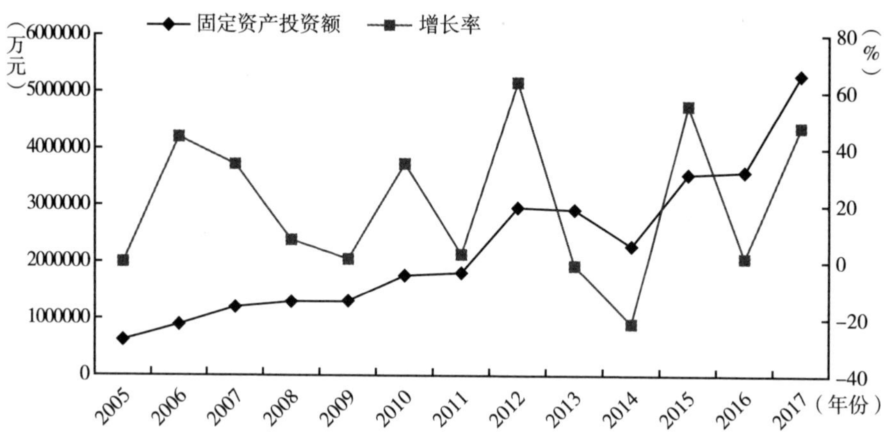

图 5　2005～2017 年北京文化产业固定资产投资额及其增长率

资料来源：《北京统计年鉴 2020》，中国统计出版社，2020。

（四）文化产业融资环境

文化产业的生存和发展必须有一条可持续、高质量的“资本链”，文化产业发展的资本成本和资本效率对文化产业的发展和生存安全起着决定性作用。

文化产业的资本效率低下，不利于文化产业的生存。评价资本效率的指标有很多，通常可以通过货币供应量、货币供应量的增长率、贷款发行量、贷款发行增长率来判断和推断文化产业发展所处的金融环境下市场资金的宽松状态。可以通过测度企业获得银行信贷的难度、进入股市的难度、高科技企业获得风险投资的难度进行衡量。企业的生存和发展也需要资本的支持。无论是从外部获取资本还是依靠内部积累，无论是通过资本市场还是银行贷款发行债券或股票，都存在资本成本问题。资本成本过高会给原本具有竞争力的企业带来沉重负担，影响文化产业的安全。本报告用短期实际利率来衡量文化产业融资环境的安全程度。[①] 图 6 反映了文化产业融资环境与文化产业安全的关系。

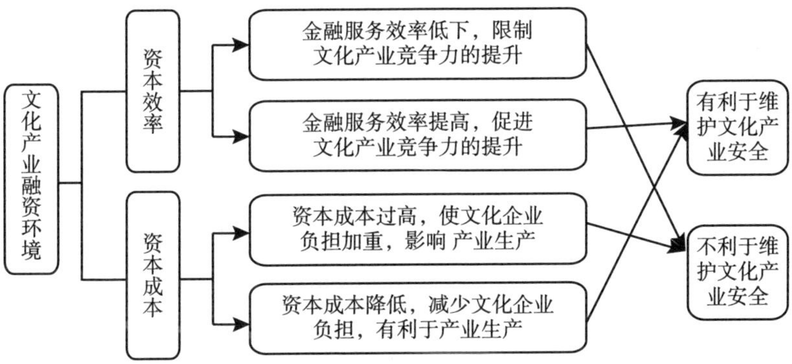

图 6　文化产业融资环境与文化产业安全的关系

资本效率是根据进入股票市场的难易程度、企业获得银行信贷的难易程度以及获得风险资本的难易程度衡量文化产业融资环境，资本成本是以短期实际利率来衡量文化产业融资环境。资本效率低下，不利于文化产业安全；而资本成本过高，会增加企业的成本负担，不利于维护文化产业安全。

自 2006 年 8 月 19 日以来，金融机构的法定贷款利率进行了多次调整，六个月期年贷款利率和一年期年贷款利率出现了两次波动性调整。第一次波动性调整发生在 2006 ~ 2008 年。贷款利率调整的高峰发生在 2007 年 12 月 21 日，六个月期年贷款利率上升至 6.57%，一年期年贷款利率上升至 7.47%；低谷发生在 2008 年 12 月 23 日，六个月期年贷款利率降至 4.86%，一年期年贷款

① 何维达等：《开放市场下的产业安全与政府规制》，江西人民出版社，2003。

利率降至5.31%。第二次波动性调整发生在2009～2015年。在这次调整中，贷款利率调整的峰值出现在2011年7月7日，六个月期年贷款利率上升至6.10%，一年期年贷款利率上升至6.56%；低谷发生在2015年10月24日，六个月期年贷款利率降至4.35%，一年期年贷款利率降至4.35%，该贷款利率水平一直持续到现在（截至2021年8月）（见表4、图7）。

表4　2006年8月19日至2021年8月金融机构法定贷款利率（短期贷款）

单位：%

时间	六个月期年贷款利率	一年期年贷款利率
2006年8月19日	5.58	6.12
2007年3月18日	5.67	6.39
2007年5月19日	5.85	6.57
2007年7月21日	6.03	6.84
2007年8月22日	6.21	7.02
2007年9月15日	6.48	7.29
2007年12月21日	6.57	7.47
2008年10月9日	6.12	6.93
2008年10月30日	6.03	6.66
2008年11月27日	5.04	5.58
2008年12月23日	4.86	5.31
2010年10月20日	5.10	5.56
2010年12月26日	5.35	5.81
2011年2月9日	5.60	6.06
2011年4月6日	5.85	6.31
2011年7月7日	6.10	6.56
2012年6月8日	5.85	6.31
2012年7月6日	5.60	6.00
2014年11月22日	5.60	5.60
2015年3月1日	5.35	5.35
2015年5月11日	5.10	5.10
2015年6月28日	4.85	4.85
2015年8月26日	4.60	4.60
2015年10月24日	4.35	4.35

注：2015年10月24日以来金融机构法定贷款利率未做调整（数据截至2021年8月）。

资料来源：历年《中国统计年鉴》。

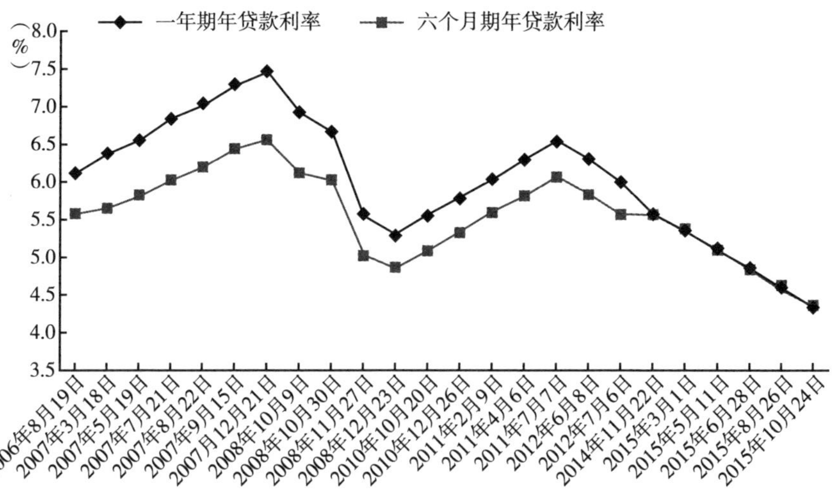

图7　2006 年 8 月 19 日以来六个月期及一年期年贷款利率变化趋势

（五）文化产业人才

由于缺乏具有创新意识和符合国际标准的高端文化人才，文化技术自主研发能力落后，长期以来，中国文化产业的发展一直处于相对低端、容易开发的核心层以外的相关层，如文化旅游、文化制造、文化复制、视听设备生产等，相关层的文化产业甚至占当地文化产业增加值的 80% 以上，而涉及文化产业核心层的文化内容产业相对薄弱，创造的产值较低。图 8 反映了文化产业人才与文化产业安全的关系。

2013 ~2017 年，北京群众文化机构从业人员中专业技术人才的数量总体呈下降趋势，由 2013 年的 756 人下降到 2017 年的 637 人。北京群众文化机构从业人员中专业技术人才占比不断下降，由 2013 年的 0. 21% 下降到 2017 年的 0. 13% 。2013 ~2017 年，北京文化和旅游部门所属艺术表演团体从业人员中专业技术人才的数量呈波动态势，其中专业技术人才数量最多的年份是 2014 年，专业技术人才数量为 873 人，专业技术人才数量最少的年份是 2016 年，专业技术人才数量为 838 人。北京文化和旅游部门所属艺术表演团体从业人员中专业技术人才占比不断下降，由 2013 年的 0. 23% 下降

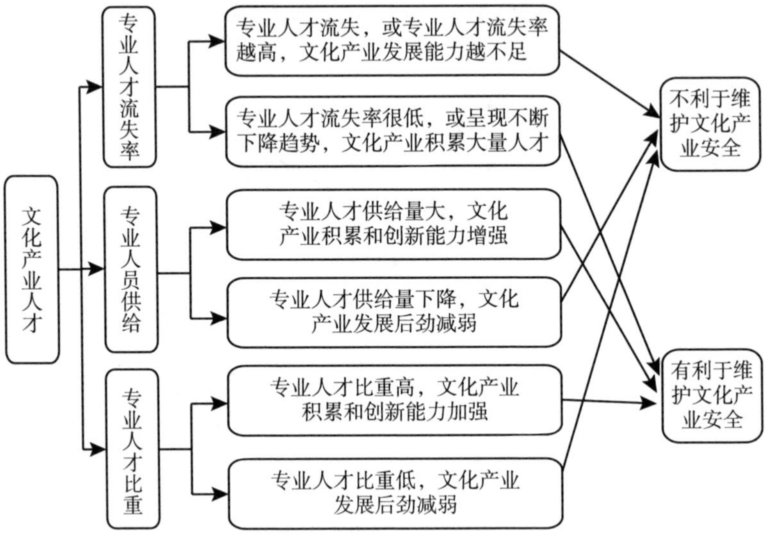

图8　文化产业人才与文化产业安全的关系

到2017年的0.18%（见表5）。由此可以看出，北京文化产业专业人才比重降低，文化产业发展后劲减弱，不利于维护北京文化产业安全。

表5　2013～2017年北京文化产业专业技术人才情况

单位：人，%

年份	群众文化机构		文化和旅游部门所属艺术表演团体	
	数量	占比	数量	占比
2013	756	0.21	847	0.23
2014	705	0.17	873	0.21
2015	685	0.16	853	0.20
2016	703	0.16	838	0.19
2017	637	0.13	866	0.18

资料来源：历年《中国文化和旅游统计年鉴》。

（六）文化产业产值

全国文化中心是北京“四个中心”首都功能中重要的一部分，文化产业不断壮大，已经成为北京传统优势产业。近些年，北京实施疏解非首都功能，取得了显著的效果，北京市发展方向已经转变为以文化为重点发展对象，支撑北京实现首都功能有了新的动力和目标。北京文化产业的不断发展不仅是推动城市发展的重要一环，还是进一步支撑首都城市经济发展的重要部分。

北京的文化有得天独厚的优势，建设全国文化中心和发展文化产业成为关键，这也侧面反映出文化产业在国民经济中的重要作用，在发展的同时要时刻注意文化产业的安全性。

北京在 2018 年全球城市指数排名中排第 9 位，在全球城市综合实力排名中排第 22 位。此外，北京在“文化交流”全球城市指数中排第 7 位。据统计，在中国城市总体格局中，北京城市综合竞争力排名仅次于香港、深圳和上海，排在第 4 位，而城市创新创业指数、创造力指数和城市影响力指数居中国首位，这表明北京的整体竞争力处于全国前列。此外，在中国大陆一线城市中，北京在文化影响力、城市文化竞争力、形象传播影响力、新文化创新活力和文化创意方面均位居第一。这表明北京作为国家文化中心具有雄厚的实力和较强的竞争力，国家文化中心的地位得到进一步巩固和提高。北京的文化发展具有很强的引领和示范作用，在全国处于领先地位。但是，与世界一流的文化城市相比还有一定的差距，作为国际交流中心和全国文化中心，提高国际竞争力仍有必要。未来北京文化产业建设和发展的重要任务就是抵御外部风险，提升北京文化产业安全。图 9 反映了文化产业产值与文化产业安全的关系。

文化产业产值增长率可由以下公式计算得到：

$$\text{文化产业产值增长率} = \frac{\text{当年产业产值} - \text{上年产业产值}}{\text{上年产业产值}} \times 100\%$$

2010～2017 年，北京文化及相关产业增加值占 GDP 比重持续上升，从 2010 年的 11.76% 提高到 2017 年的 13.96%。文化产业在国民经济中的地位明显提高，对维护文化产业安全有利。另外，从产值增长率来看，2010～2018 年，文化及相关产业产值始终保持高速增长。增长率最高的

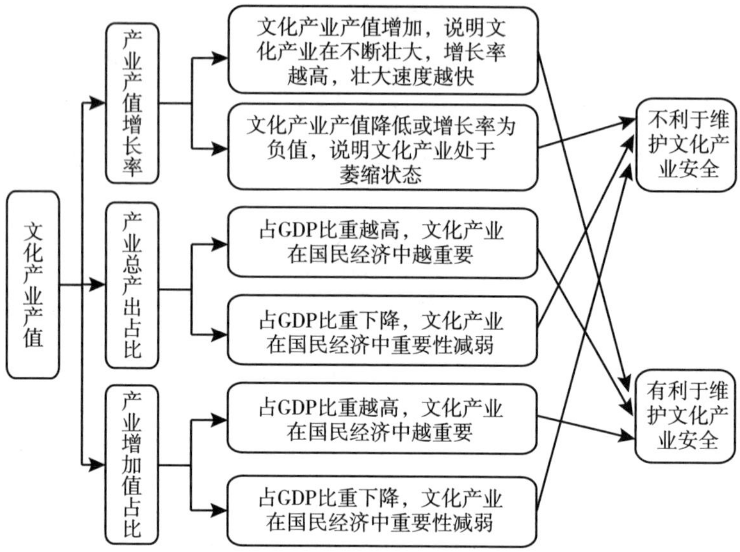

图9　文化产业产值与文化产业安全的关系

年份是 2018 年，为 78.67%（见表 6），这有利于维护文化产业的安全。

表 6　2010～2018 年北京文化及相关产业产值、增加值、产值增长率及占 GDP 比重

单位：亿元，%

年份	产值	产值增长率	增加值	占 GDP 比重
2010	1697.7	—	—	11.76
2011	1989.9	17.21	292.2	11.97
2012	2205.2	10.82	215.3	12.33
2013	2578.1	16.91	372.9	13.02
2014	2826.3	9.63	248.2	13.25
2015	3253.8	15.13	427.5	13.74
2016	3570.5	9.73	316.7	13.91
2017	3908.8	9.47	338.3	13.4
2018	6983.9	78.67	3075.1	9.29

资料来源：历年《中国文化及相关产业统计年鉴》。

1. 北京文化产业产值增长情况

2010~2018 年，北京文化产业增加值累计增长位居全国之首。此外，北京拥有的国家文化出口重点企业和重点项目数量，也均居全国各省区市首位。北京文化产业的受众人群规模大，服务及服务用户占比高，市场规模高达 5600 亿元，客户人群规模达 2 亿人。

如图 10 所示，北京市文化产业产值逐年上升。2018 年，北京规模以上文化产业实现增加值 3075.1 亿元，同比增长 78.67%，占北京市 GDP 的比重为 9.29%。北京文化产业增加值的增长速度均高于同期北京市 GDP 的增长速度。说明北京文化产业主题不断丰富，产业生态逐渐向好。

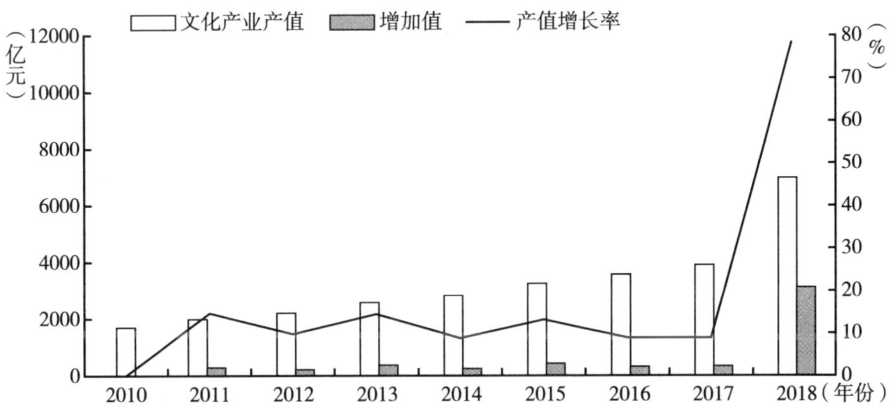

图 10　2010~2018 年北京市文化产业产值增长情况

资料来源：《北京统计年鉴 2020》，中国统计出版社，2020。

综上所述，北京文化产业产值逐年增加，说明文化产业不断壮大，并且增长率总体逐渐向好，说明北京文化产业壮大速度总体越来越快，更有利于维护文化产业安全。

2. 北京文化产业总产出占比

2010~2018 年，文化产业增加值占全市 GDP 的平均比重为 12.58%，持续居全国首位，约比全国高 7 个百分点。

北京市文化产业保持高速发展的态势，文化产业对经济的贡献日益增大，对经济增长的贡献率不断提高。根据国家统计局测算，2005～2016 年，北京文化产业总产值年均增长 16.1%。2015 年北京文化产业总资产达 31893.9 亿元，收入合计 15877.8 亿元，从业人员为 202.3 万人。2016 年北京文化产业总资产约同比增长 19%，达到 37921.3 亿元，合计总收入约同比增长 13%。2017 年北京文化产业总资产高达 37577.1 亿元，收入合计达 17895.6 亿元，盈利状况超出全市整体水平，占全国文化产业利润总额的 51.5%，较 2016 年提高了 0.92 个百分点。

2010～2015 年，北京市文化产业主动调整结构、转变模式、稳定增长，有效缓解了经济下行压力。北京文化产业法人收入和总资产超过万亿元。北京文化及相关产业产值从 2010 年的 1697.7 亿元增加到 2017 年的 3908.8 亿元，年均增长约 18.2%。2017 年文化及相关产业增加值占全市 GDP 的 13.4%，居全国首位（见图 11）。2018 年，全市规模以上文化产业实现收入 10703 亿元，占全市 GDP 的 35.3%。由此可见，文化产业对北京经济的拉动作用越来越重要。

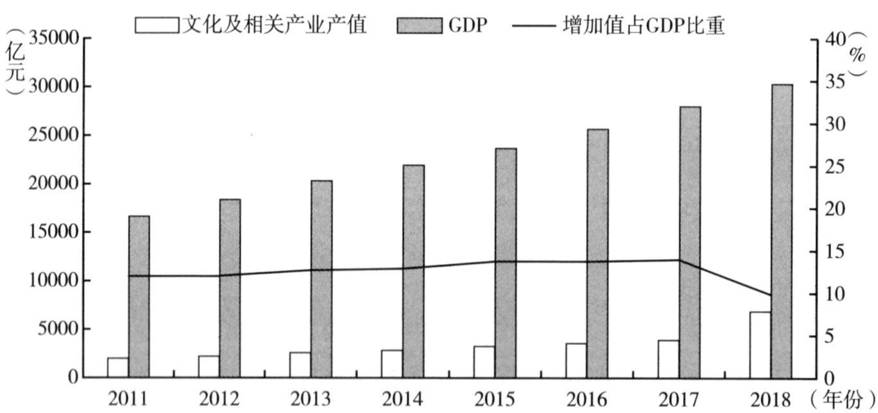

图 11　2011～2018 年北京文化及相关产业产值及增加值占 GDP 比重

资料来源：《北京统计年鉴 2020》，中国统计出版社，2020。

依据支柱产业理论，衡量一个产业是否达到支柱产业的标准之一即该产业增加值占 GDP 比重是否达到了 5%，北京地区文化产业增加值占 GDP 比重领先于全国，并早已突破了5%，因此文化产业无疑已成为北京市支柱产业之一。文化产业的发展与经济增长有必然联系，文化产业的发展程度越高，对经济增长的影响越大，文化产业经济效应越明显。当一个地区经济水平提高时，生活必需品占支出的比重会越来越少。人们有能力追求比物质层面更高的精神需求，无论是货币支出、时间支出，还是消费者对文化产品的需求意愿，都呈大幅度增长的态势。因此，北京市文化产业对经济发展具有巨大的拉动作用，文化产业增加值占GDP比重越高，产业支柱地位越稳固，布局更趋合理，体系更加完善，表示文化产业在国民经济中越重要，越利于文化产业大发展大繁荣，文化产业在国民经济中越重要，越有利于维护文化产业安全。

二　北京文化产业的对外依存度

对外依存度不仅包括进口依存度、出口依存度，还包括国别（地区）依存度。如果对少数国家和地区的依赖度高，很容易导致贸易失衡，并对文化和舆论产生一定影响。如果出口依存度低，对其他国家或地区的出口不足，则表明文化产品的出口创汇能力不足。如果对外国进口的依赖程度较高，特别是对发达国家的依赖程度过高，文化产品的竞争力就需要提高。如果文化产业的开放度和经济外向度较低，将对文化产业参与国际竞争的能力产生影响。从产业安全角度看，北京文化产业处于基本安全状态。然而，根据对文化产业对外依存度的估计和中国文化产业的政府监管，北京文化产业是在制度保护下处于相对安全的状态。在这种环境下成长起来的文化产业在国际市场上缺乏竞争优势。图12反映了文化产业对外依存度与文化产业安全的关系。

（一）进口依存度

文化产业进口依存度是衡量文化产业对进口产品依存度的重要指标。文

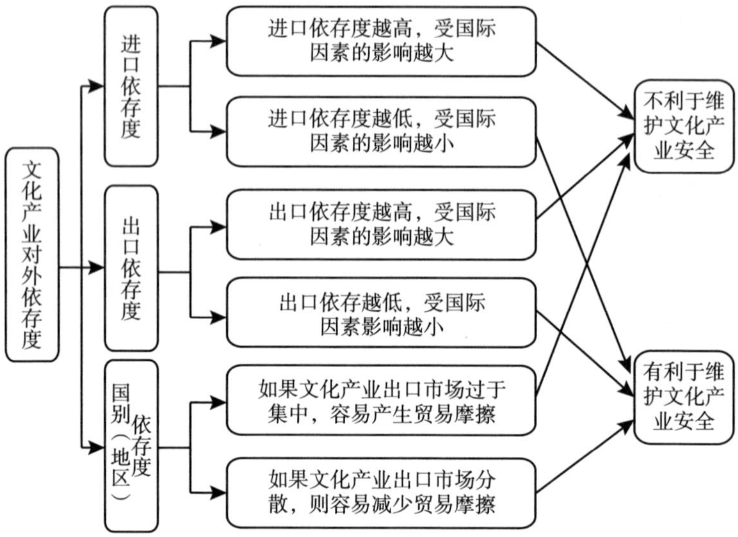

图 12　文化产业对外依存度与文化产业安全的关系

化产业的进口依存度越高，进口文化产品在整个国内市场中的份额越高，进口文化企业在国内文化市场中的地位就越重要，外资流动和国际市场波动对国内文化产业的影响越深远，越不利于维护文化产业的生存安全和发展安全。

文化产业进口依存度的计算公式为：

$$\text{文化产业进口依存度} = \frac{\text{文化产业进口额}}{\text{文化产业总销售额}} \times 100\%$$

2013～2017 年，北京文化产业进口额总体呈减少趋势，由 2013 年的 57.1 亿美元下降到 2017 年的 29.1 亿美元，下降了 49.04%，按当年人民币兑美元汇率计算，北京文化产业进口额由 2013 年的 353.63 亿元下降到 2017 年的 196.48 亿元，下降了 44.44%。2013 年以来，北京文化产业进口依存度呈逐年下降趋势，由 2013 年的 49.63% 逐年下降到 2017 年的 18.05%（见表 7）。进口依存度大大降低有利于维护文化产业安全。

表7 2013～2017年北京文化产业进口依存度

单位：亿元，%

年份	文化产业进口额	文化产业销售额	进口依存度
2013	353.63	712.47	49.63
2014	275.20	796.95	34.53
2015	269.07	910.96	29.54
2016	308.20	1045.55	29.48
2017	196.48	—	18.05

资料来源：表中“文化产业进口额”数据来自《北京文化发展报告》（2016～2017）及《首都文化贸易发展报告》（2018、2019）；“文化产业销售额”数据来自历年《北京统计年鉴》；“2013～2017年人民币兑美元汇率”数据来自历年《中国统计年鉴》。

（二）出口依存度

文化产业的出口依存度是衡量文化产业出口产品依存度的重要指标。一般来说，一个行业的出口依存度越高，表明该行业的产品更多地用于出口，国际环境对产业自身的制约越大，产业安全保障的难度就越大。那么像中国这样一个国内市场巨大的国家，中国文化产业的出口依存度越高，说明国内出口的文化产品越多，产业受文化贸易及世界经济及政治影响的程度越深，越不利于文化产业乃至整个国家的产业安全。

文化产业出口依存度的计算公式为：

$$文化产业出口依存度 = \frac{文化产业出口额}{文化产业总销售额} \times 100\%$$

2013～2017年，北京文化产业出口额总体呈增加态势，由2013年的14.4亿美元上升到2017年的22.1亿美元，提高了53.47%，按当年人民币兑美元汇率计算，北京文化产业出口额由2013年的89.18亿元上升到2017年的149.21亿元，提高了67.31%。2013～2017年，北京文化产业出口依存度总体呈上升趋势，由2013年的12.52%逐年提高到2017年的13.70%，特别是2016年北京文化产业出口依存度达到14.42%（见表8），出口依存度的提升不利于维护文化产业安全。

表 8　2013～2017 年北京文化产业出口依存度

单位：亿元，%

年份	文化产业出口额	文化产业销售额	出口依存度
2013	89.18	712.47	12.52
2014	96.44	796.95	12.10
2015	110.87	910.96	12.17
2016	150.78	1045.55	14.42
2017	149.21	1088.81	13.70

资料来源：表中“文化产业出口额”数据来自《北京文化发展报告》（2016～2017）及《首都文化贸易发展报告》（2018、2019）；“文化产业销售额”数据来自《北京统计年鉴》；“2013～2017 年人民币兑美元汇率”数据来自《中国统计年鉴》。

（三）国别（地区）依存度

如果某一产业出口市场过于集中，容易产生贸易摩擦，产业发展也就存在安全风险。北京文化产品贸易和文化服务贸易的出口对象国（地区）有一定的差别（见表 9）。

表 9　2018 年北京文化产业出口主要对象国（地区）

排名	文化产品出口	排名	文化服务出口
1	美国	1	美国
2	日本	2	中国香港
3	英国	3	东南亚
4	德国	4	韩国
5	澳大利亚	5	德国
6	新加坡	6	英国
7	马来西亚	7	日本
8	加拿大	8	加拿大

资料来源：2018 年《北京服务贸易发展报告》《北京海关统计年鉴》。

从文化产品出口看，排前 8 位的对象国（地区）分别是美国、日本、英国、德国、澳大利亚、新加坡、马来西亚和加拿大，占全部文化产品出口的比重分别为 31.9%、12.7%、6.58%、5.49%、3.26%、2.88%、2.74% 和 2.36%（见图 13）。北京文化产品出口美国的比重约占 1/3，且出口对象国（地区）前 8 位的合计占比达到 67.91%，出口对象过于集中，这对维护文化产业安全不利。

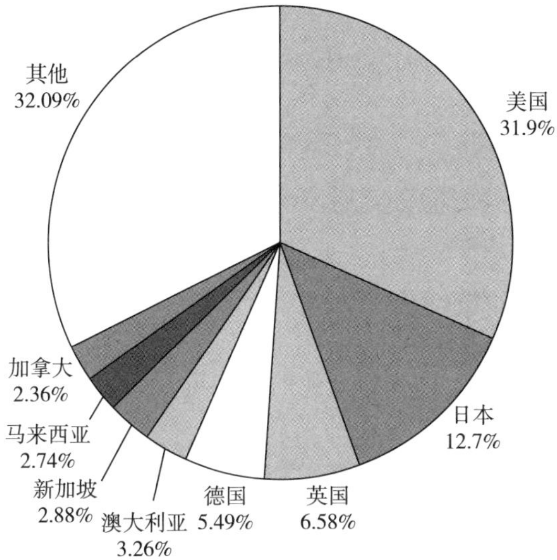

图 13　2018 年北京文化产品出口主要对象国（地区）

资料来源：2018 年《北京服务贸易发展报告》《北京海关统计年鉴》。

从文化服务出口看，排前 8 位的对象国（地区）分别是美国、中国香港、东南亚、韩国、德国、英国、日本和加拿大，占全部文化产品出口的比重分别为 24.7%、22.39%、11.06%、7.02%、6.75%、6.61%、0.66%和 0.45%（见图 14）。

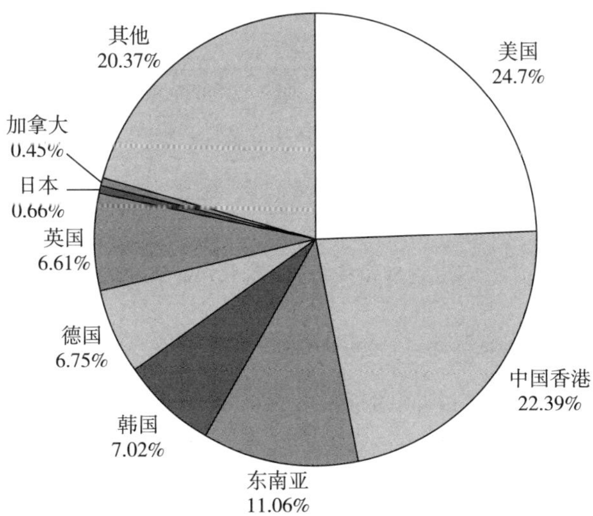

图 14　2018 年北京文化服务出口主要对象国（地区）

资料来源：2018 年《北京服务贸易发展报告》《北京海关统计年鉴》。

北京文化服务出口美国的比重约占 1/4，且出口对象国（地区）前 8 位的合计占比达到 79.64%，出口对象过于集中，这对维护文化产业安全不利。

三　北京文化产业的对外竞争力

（一）文化产业集中度

产业集中度是指行业内少数企业的销售量、产量和总资产对某一行业的支配程度。一般用这些企业的某一指标（多数情况下为销售额）占行业总量的百分比表示。如果产业集中度高，单个企业的市场份额就会大，其创新发展能力也会相应提高，产业的国际竞争力必将提高。文化产业市场结构与文化产业安全的关系见图 15。

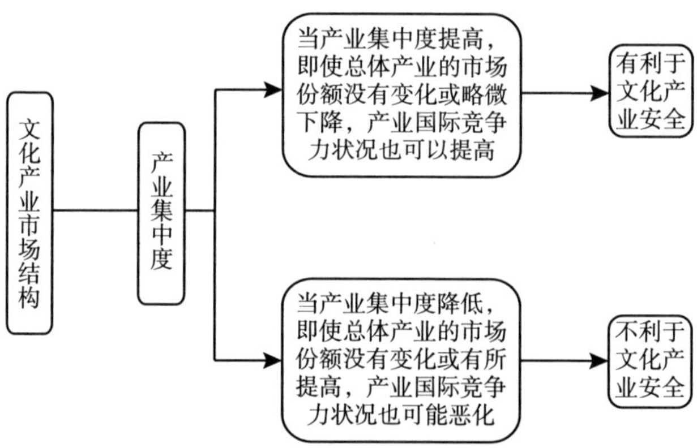

图 15　文化产业市场结构与文化产业安全的关系

文化产业集中度不是文化企业的简单扎堆，而是以文化产业为核心，由大量相关企业及支撑结构共同组成的完整、系统、具有核心竞争力的有机体系。北京作为文化古都及全国文化中心拥有众多各色文化资源。在大力发展文化产业的背景下，北京文化产业趋于专业化，形成了具有地方优势的系统。地区的专业化和集中化更有利于空间经济的合理规划布局、优化资源配置，从而提高产业竞争力。

北京市政府自2006年开始就从政策层面鼓励和支持文化产业发展，产生了北京市文化创意产业集聚区。截至2018年底，北京市文化创意产业集聚区共有30个，分别分布于北京市的16个区县。以中关村软件园、国家新媒体产业基地为代表的10个集聚区为首批文化创意产业聚集区。北京CBD国际传媒产业集聚区、北京新国际展览中心等为第二批文化创意产业聚集区。2011年，北京市文化创意产业领导小组审议通过了包括中国动漫游戏城、北京奥林匹克公园在内的第三批市级文化创意产业集聚区。此外，还有包括八达岭长城文化旅游产业集聚区、北京古北口国际旅游休闲谷产业集聚区在内的7家第四批市级文化创意产业集聚区。从发展的空间布局来看，北京市文化创意产业主要集中在首都功能核心区和城市功能拓展区，主要集中在三环以内。30个市级文化创意产业集聚区，近2/3集中在城市中心区内。北京文化创意产业园区数量和规模领先于全国10个重点省份，说明北京文化创意产业的集聚水平在全国范围内具有较大优势。

综上所述，从北京文化创意产业发展情况来看，北京已经形成具有国际影响力和知名度的文化创意产业集聚区，已经成为中国文化创意产业的先锋。各类创意资源高度集聚，形成了卓越的文化产业园区，从而有力地提升了产业竞争力，在国际上也有较大的知名度和影响力。产业空间集聚、集约发展的态势日益显现，对维护文化产业安全有较大优势。

（二）贸易竞争力指数

贸易竞争力指数（TSC）是衡量市场竞争力的三级指数。当TSC >0时，该行业处于比较优势；当TSC =0时，该行业属于贸易平衡型行业，进出口量基本相同；当TSC <0时，该行业处于相对劣势。文化产业贸易竞争力与文化产业安全的关系见图19。

文化产业贸易竞争力指数计算公式为：

$$文化产业贸易竞争力指数 = \frac{文化产业出口额 - 文化产业进口额}{文化产业出口额 + 文化产业进口额}$$

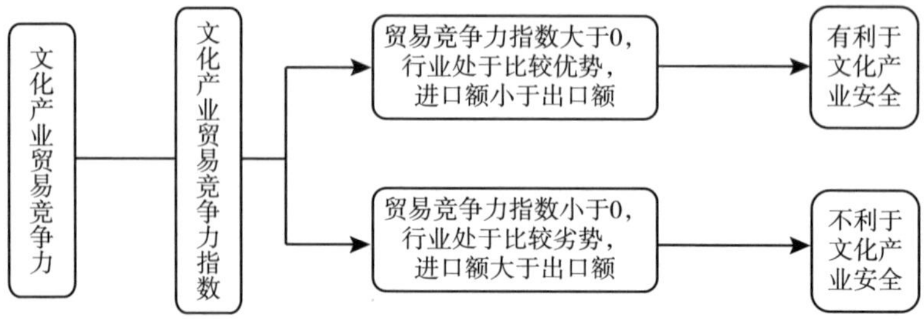

图 19　文化产业贸易竞争力与文化产业安全的关系

近年来，北京市文化企业海外贸易逐步增加，规模不断扩大，重点项目不断涌现。北京市政府大力支持文化产品出口，并提供奖励资金，为文化产业提高贸易竞争力提供了良好的外部条件。商务部、中宣部、财政部、文化和旅游部和国家广播电影电视总局联合发布公告，确定了 335 家“2019～2020 年国家重点文化出口企业”和 129 家“2019～2020 年国家重点文化出口项目”，其中北京市 75 家文化企业被认定为重点企业，“中国影视剧翻译、配音、频道制作服务项目”等 36 个文化项目被确定为重点项目，居中国首位。

通过 2016～2018 年北京文化产业贸易进出口情况可以计算出北京文化产业贸易竞争力指数，结果见表 10。

表 10　2016～2018 年北京市文化产业贸易竞争力指数

年份	指数值
2016	-0.29
2017	-0.14
2018	0.10

由上述分析可以看出，2016 年北京市文化产业贸易竞争力指数为 -0.29，2017 年北京市文化产业贸易竞争力指数为 -0.14，2018 年贸易竞争力指数大于 0。不难看出，2016～2017 年，北京文化产业在进出口方面表现出轻微贸易逆差，文化产业国际竞争力有待提高。2018 年则呈现贸易顺差，说明

北京文化产业出口贸易规模扩大，侧面说明北京文化产业在应对国际贸易风险时，保持着优异的抗风险性和适应性，具有较大的发展潜力。

四　文化产业的外资控制力

外资市场控制反映了外资企业对该行业国内市场的控制程度。它是通过外国企业控制的市场占国内行业总市场的比率来衡量的。图 20 反映了文化产业外资控制力与文化产业安全的关系。

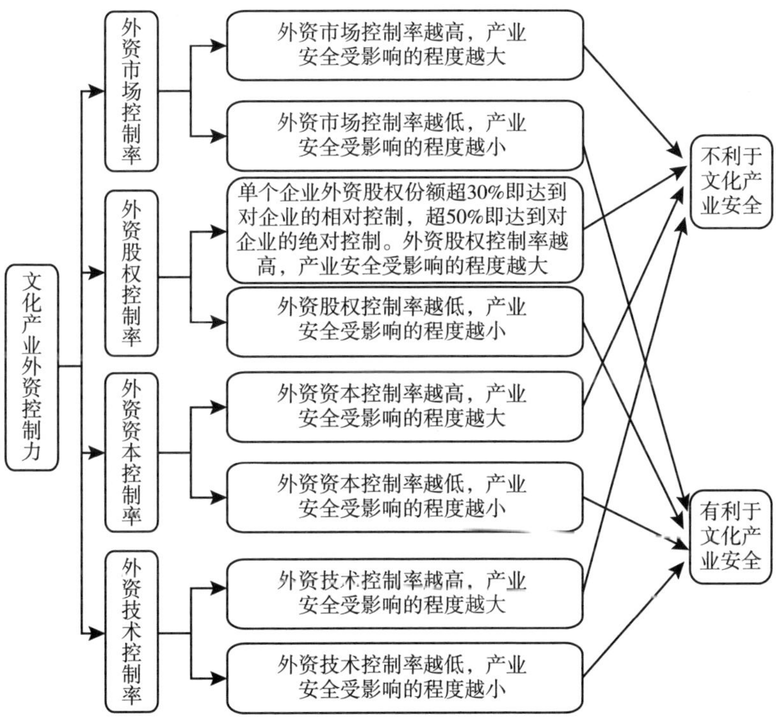

图 20　文化产业外资控制力与文化产业安全的关系

世界银行发展报告认为，文化产业投资是经济领域投资的重要组成部分，是世界经济运作方式的重要因素。北京文化产业的发展不仅要利用民间资产和国外资本市场资产，还要充分利用国外直接投资的资产。这样可以拓展北京文化产业资金来源渠道，可以提高北京文化产业在世界范围内的话语权和国际化程度，同时也能提高行业风险抵抗力。现阶段，北京市文化项目利用外商直接投资的资金很有限，需要利用新的手段和项目来吸引外商投资，包括利用资金建立文化企业、举办大型博览会和公益文化项目，或对北京市已经存在的相关项目进行股权置换来改善股权结构。吸引的外商投资越多，越能够提高北京市整体的文化产业核心竞争力，促进企业改善公司治理体系和管理模式，提高产业的管理水平和治理结构。但在吸引外来资金和外来管理模式的同时，必须保证中华民族文化的独特性，维护文化产业安全，减少外来资金可能带来的不利影响。

（一）文化产业外资控制力

重点文化企业类型可以直观地体现文化进出口企业的市场控制率，北京市及全国其他省区市文化进出口重点企业类型占比分布分别见图 21、图 22。从图中可以得知，国内除北京外，其他省区市除了有限责任公司占比较高外，股份有限公司、私营企业、国有企业、外商投资企业、港澳台商投资企业占比相对均衡，分布较为均匀。全国文化进出口重点企业中外商投资企业和港澳台商投资企业合计占比高达 6.7%。北京市文化进出口企业在有限责任公司和国有企业数量上占有明显优势，说明有限责任公司企业和国有企业是北京市文化进出口重点企业的主要部分。股份有限公司、私营企业、港澳台商投资企业共占 17%，特别是北京地区文化进出口重点企业中没有外商投资企业，港澳台商投资企有且仅有 1 家（见表 11）。由此可知，北京市文化企业外资控制力低，有利于文化产业安全的保护。

表 11　2018 年国家文化进出口重点企业类型比较

单位：家，%

企业类型	北京市数量	占比	其他省区市数量	占比
股份有限公司	6	7.8	50	16.7
股份合作企业	0	0.0	4	1.3
有限责任公司	37	48.1	78	26.0

续表

企业类型	北京市数量	占比	其他省区市数量	占比
私营企业	6	7.8	32	10.7
国有企业	27	35.1	39	13.0
外商投资企业	0	0.0	9	3.0
港澳台商投资企业	1	1.3	11	3.7
其他	0	0.0	2	0.7

资料来源：2018 年《北京服务贸易发展报告》《北京海关统计年鉴》。

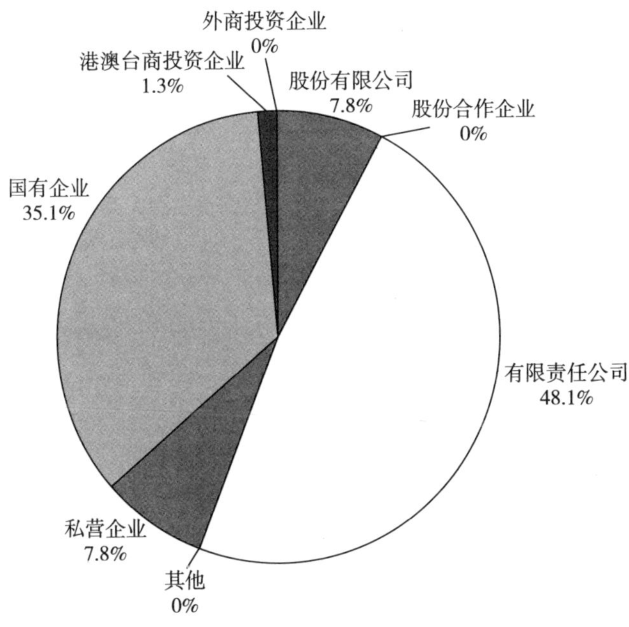

图 21　2018 年北京市文化进出口重点企业类型占比情况

资料来源：2018 年《北京服务贸易发展报告》《北京海关统计年鉴》。

（二）文化金融体系建设

文化产业是一种可持续发展的产业，顺应城市发展的同时，保证具有安全、系统的金融体系，是全国文化中心建设的重要方面。北京创造能力很强，北京市在构建文化金融体系、促进推动文化产业投融资建设方面，取得

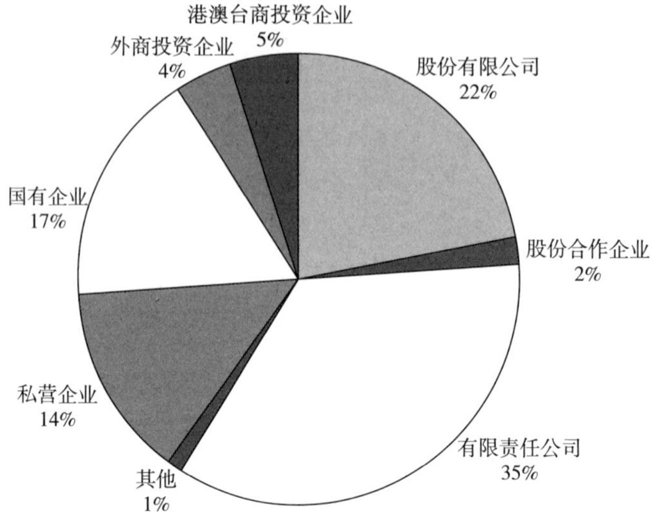

图 22　2018 年全国其他省区市文化进出口重点企业类型占比情况

资料来源：海关总署网站。

了很多卓越的成就，包括北京市的文化企业金融超市、融资租赁公司、财政投入、市场化的互联网金融平台。在北京市，企业有很多融资机会，以资金促进商业模式的创新，更好地提高创业的核心能力，能够更好地促进经营的创新。

北京市文化改革和发展领导小组加强信贷融资对文化企业的支持、加强风险投资对文化企业的支持、引导文化企业充分利用资本市场金融工具、加快国家文化与金融合作示范区建设、加大财政资金对文化企业的扶持力度、夯实文化金融基础工作的各项举措支持。北京市财政局为大力发展北京市文化创意产业，提供专项资金支持，包括贷款贴息、项目补贴、政府重点采购、奖励。采取贷款担保、创立文化产业投资引导基金等措施来支持符合文化创意产业重点支持方向的企业。除专项资金支持以外，北京市委、市政府还批准对国有独资及国有控股文化企业实施股份制改造或跨区域整合，给予国家资本金补充。对于北京来说，文化金融体系建设完善，在资金方面有优势对抗外来风险，有利于维护文化产业安全。

（三）产业资本入侵风险性

如今，全球化经济市场几乎完全开放，同时北京市是包容性非常强的城市，在利用外部资产创造效益的同时，要注意民族保护。当跨国企业失去入侵障碍，会对国家相对薄弱的产业造成打击，甚至产业中的某些民族资本会消失。为抵御外部资本入侵，减少外部资本吸收本国产业资源是非常有必要的。

结构简单、与外界交流单一的产业容易受到产业资本入侵的影响。北京市文化企业涉及文化艺术、新闻出版、广播、电视、电影、广告会展、艺术品交易等多个领域，重点文化出口企业公司有五类。产业结构复杂的地区系统结构丰富，平衡不容易被打破，抵御外部资本入侵的能力更强。对于北京市而言，如果外资企业能够把握本地的市场资源、适应地域环境，那么将会获得更多发展机遇，拥有较大的市场发展潜力。

产业政策对本地区企业的生存和发展有至关重要的作用。缺少战略眼光和前瞻性的产业政策会对本地产业的发展造成干扰，增大产业资本入侵风险。北京市在文化保护方面出台了一系列新的政策、措施，制定了较为完备的文化保护法规、文件，初步形成了全面的文化保护体系，探索出有针对性的文化保护经验方法，不易受到产业资本入侵。未来北京还应该建立新的文化保护理念，继续有针对性地开展文化保护活动来抵御外部风险。北京地区金融保险业、先进制造及装备制造业受外资影响较大，文化产业所受的影响较小，但对文化产业的评估和预测，以及有针对性地抵御外资并购也是非常有必要的。

（四）文化资本输出率

作为全国文化中心和国际交往中心，北京成为展示众多优秀作品的重要窗口，这对北京文化创意产业的发展起到重要推动作用。近年来，北京文化企业海外投资逐渐增多，对外贸易规模逐步扩大，重点项目不断涌现。2018年，北京市持续开展文化活动，为促进国际文化交流举办了多场国际性文化会展，与国外文化企业合作，对外文化贸易呈扩大趋势，外向型文化企业蓬勃发展。此外，北京有一批集聚国际影响力的文化品牌，文化“走出去”模式和内容不断创新，在提升文化软实力方面取得了良好的成效。

2018 年 6 月，商务部、文化和旅游部、中宣部等机构发布了首批 13 家国家文化出口基地，其中包括北京天天竺综合保税区。此外，随着“一带一路”倡议的提出，北京市与“一带一路”共建国家文化创意产业的交流合作及以资本为纽带的文化“走出去”新模式不断拓展，这不仅有利于文化资本大面积输出，还可以吸收外部资本。

另外，文化产业是国家文化软实力的重要表现。当经济发展到一定水平后，会带来经济体的交流和竞争，文化对经济发展的影响和约束会愈发明显。提高文化软实力，必须维护文化产业安全，时刻注意在文化“走出去”过程中的各种问题。只有实现经济与文化的良性互动，提高文化传播力和影响力，才能有效地维护文化产业安全。

Abstract

This book focuses on serving the construction of Beijing Cultural Center and the transformation, upgrading and development of national and Beijing publishing and media industry, integrating school research resources, refining research directions, and carrying out interdisciplinary research on major needs and key issues of Beijing and industry development. After the research and discussion, this book has formed a relatively fixed topic selection direction, which is organized and prepared according to the basically same framework every year, published continuously every year, and continuously deepened and optimized according to the development of cultural industry and research results. These research directions are: Beijing cultural industry statistics and structural optimization research, Beijing National Cultural Center construction and international comparison research, Beijing cultural consumption and public cultural service system research, Beijing cultural industry development policy research, Beijing cultural industry integration development research, Beijing cultural industry innovation development index research, Beijing cultural industry listed company development research safety and evaluation of Beijing's cultural industry, research on Beijing's cultural soft power and cultural communication, and open research on the development of Beijing's cultural industry.

The research results of this report focus on the construction of Beijing National Cultural Center and the high-quality development of cultural industry, and focus on the core layer of cultural industry. The main contents include four parts general report, policy report, industry reports, special reports and this book highlight the position of the publishing media industry in the cultural industry, integrate the publishing media research into the cultural industry research, combine point and area, pay attention to the frontier progress of theory and practice, emphasize the originality, scientificity and practicality of the research, and provide consultation and reference for government decision-making.

The general report systematically expounds the development status of Beijing's cultural industry in terms of overall scale, industrial structure, enterprise operation, industrial integration, cultural consumption, industrial agglomeration, industrial tade and relevant policies in 2020, puts forward deficiencies according to the development status, and puts forward targeted countermeasures and suggestions.

In the policy part, by comparing and analyzing the coordinated development between Beijing and other world cultural centers in terms of cultural industry policy, public cultural service system construction and cultural industry agglomeration, find the existing problems in the construction of Beijing Cultural Center, and promote the construction of Beijing's urban cultural brand and the promotion of urban cultural communication ability in combination with international experience, tring to put forward the constructive strategy of building a national cultural center in Beijing.

The industry chapter takes the listed companies in the press and publishing industry and cultural industry as the research object. Firstly, through the innovation and development index system is applied to the innovation and development conditions and innovation and development quality performance of China's press and publication industry from 2015 to 2019. This paper analyzes and evaluates the industrial main structure, innovative development resources, innovative development environment, innovative output, development quality, social performance and economic performance, in order to provide help for the high-quality development of the press and publishing industry. Secordly, through the research on the development environment and development status of listed companies in cultural and related industries in Beijing, build a comprehensive ability evaluation index system of listed companies in cultural and related industries to evaluate the comprehensive ability of listed companies.

The special topics respectively study the statistics and structure optimization of cultural industry and the security of cultural industry. The results show that make full use of regional advantageous resources, adjust industry internal structure and strengthen cultural publicity, inaddition, the domestic environment, foreign competitiveness, foreign dependence and industrial control of Beijing's cultural industry are beneficial to maintaining the safety of Beijing's cultural industry.

Keywords: Cultural Industry; Press and Publication Industry; Listed Company; Industrial Security

Contents

I General Report

Abstract: This report systematically expounds the development status of Beijing cultural industry in terms of overall scale, industrial structure, business operations, industrial integration, cultural consumption, industrial agglomeration and related policies in 2020. According to the current situation of development, this paper put forward the shortcomings and propound targeted countermeasures and suggestions. Improve the cultural and economic policy system, optimize the layout of the cultural industry structure. Actively cultivate diversified market entities and increase the supply of high-quality cultural products. Focus on the construction of cultural industry talents, build a pool of outstanding talents in the cultural industry. Strengthen the market supervision of the cultural industry and promote the standardized construction of relevant industries. Promote the digital and integrated development of the cultural industry, promote cultural market consumption. Deepening foreign exchanges between the cultural industries and enhance cultural influence comprehensively in an all-round way.

Keywords: Cultural Industry; Industrial Integration; Industrial Structure; High-quality Development; Beijing

Ⅱ Policy Report

Abstract: Beijing has been dedicated itself in building up the national cultural center. Then according to this strategic goal, some long and medium-term development plans have been enacted to build up Beijing as a superior cultural capital with some chinese socialism characters. The key to build up the national cultural center lies in building up the city cultural brand and promoting the comprehensive cultural communication competence, which is the prerequisite to integrate the urban cultural resources, to highlight the urban personality and differences and to exert the urban culture's leading role, and which is the critical symbol for the national cultural center as well. Therefore, it is concerned with the coordinate development of all respective fields in cultural management. The report is to compare and contrast Beijing with other global cultural center in aspects such as cultural industry policy, public cultural service system building, cultural industry convergence, etc., with the aim to analyze the existing problems in building up the national cultural center and find out the efficient solutions to building Beijing's city cultural brand and promoting the cultural communication competence by learning from some successful international lessons. Finally, some constructive strategy is to be presented to construct Beijing as the national cultural center.

Keywords: National Cultural Center Construction; City Cultural Brand; Comprehensive Cultural Communication; Coordinated Development.

Ⅲ Industry Reports

Abstract: As an important part of the cultural industry, the high-quality development of the press and publication industry is a systematic project to reconstruct the ecosystem. It needs all-round innovation from content, form, methods and means, carrier channels, system and mechanism to policies and regulations to stimulate power, enhance vitality and release potential. Taking this as the guiding ideology, this report constructs the innovation and development index of the press and publication industry, evaluates the industrial development conditions and development quality, in order to provide help for the high-quality development of the press and publication industry.

Keywords: Press and Publication Industry; Innovation Development Index; Index Construction; Development Evaluation

Abstract: Listed companies represent the most advanced business entities in an industry, reflecting the development direction and cutting-edge trend of the industry. The improvement of the comprehensive performance of listed companies in Beijing's cultural and related industries is of great significance to promote the expansion and strengthening of Beijing's cultural industry. According to the *Classification of Culture and Related Industries* (*2018*) revised by the National Bureau of statistics in 2018, this report determines the scope of listed companies in

Beijing's culture and related industries and constructs the comprehensive ability evaluation index system of listed companies in culture and related industries by studying the development environment and development status of listed companies in Beijing's culture and related industries, evaluating the comprehensive ability of listed companies. Finally, this report accurately grasps the long board and short board of Beijing's culture and related industries, providing micro level data for Beijing's cultural industry research, making Beijing's cultural industry research solid and detailed and providing decision-making basis for the construction of Beijing's "National Cultural Center".

Keywords: Cultural Industry; Comprehensive Capability Evaluation Index; Listed Company

Ⅳ Special Reports

Abstract: As a national cultural center, Beijing has a good cultural, policy and social environment for the development of cultural industry. The proportion of added value of cultural industry in GDP ranks first in China, but there are still structural problems such as unbalanced industrial development and unbalanced regional development. This report makes an in-depth analysis of the development of various industries and regions of Beijing's cultural industry by using the methods of mathematical statistics, data mining and Boston matrix. Research shows that news and information services and cultural communication channels are industries with high market share and high growth rate, which need to increase investment and actively expand economic scale and market opportunities; content creation and production, cultural entertainment and leisure services, cultural auxiliary production and intermediary services are industries with high growth rate and low market share, which need to actively explore the market situation; the development of other industries lags behind. The comparative analysis of different regions shows that Chaoyang District is an area with high market share and low growth rate, and its cultural industry has become mature; Dongcheng District and Haidian District are areas with high market share and high growth rate, which need to increase investment to support their rapid development; the use efficiency of cultural industry assets in all regions of Beijing is generally low. Therefore, the corresponding optimization strategies are further put forward. Make full use of regional advantageous resources and vigorously develop advantageous cultural industries such as news information service industry, cultural communication channel industry, creative design service industry and content creation and production. In view of the lagging industries such as cultural investment and operation, cultural leisure and entertainment services, it is necessary to adjust their internal structure, make up for their shortcomings, and realize the coordinated development of the whole business type of cultural industry in Beijing. In view of the disharmony between cultural consumption and asset investment, the government needs to improve service efficiency, improve service methods, strengthen cultural publicity, meet the cultural needs of different groups and improve the level of cultural consumption.

Keywords: Cultural Industries; Industrial Structure Optimization; Cultural Consumption

B.6 Evaluation of Beijing Cultural Industrial Security

Abstract: Cultural industry security is related to economic security and cultural security, and has become an important part of the national economic security system. Beijing is a national cultural center. It is of great significance to pay attention to the safety of Beijing's cultural industry. For the purpose of analyzing the security degree of Beijing's cultural industry, this paper uses the statistical analysis method to evaluate the current situation of Beijing's cultural industry security from four aspects: domestic environment, external dependence, external competitiveness and control. The results show that the domestic environment, foreign competitiveness, foreign dependence and industrial control of Beijing's cultural industry are beneficial to maintaining the safety of Beijing's cultural industry.

Keywords: Culture Industry; Industry Security; Foreign-trade Dependence

皮书

智库成果出版与传播平台

皮书定义

皮书是对中国与世界发展状况和热点问题进行年度监测，以专业的角度、专家的视野和实证研究方法，针对某一领域或区域现状与发展态势展开分析和预测，具备前沿性、原创性、实证性、连续性、时效性等特点的公开出版物，由一系列权威研究报告组成。

皮书作者

皮书系列报告作者以国内外一流研究机构、知名高校等重点智库的研究人员为主，多为相关领域一流专家学者，他们的观点代表了当下学界对中国与世界的现实和未来最高水平的解读与分析。截至 2021 年底，皮书研创机构逾千家，报告作者累计超过 10 万人。

皮书荣誉

皮书作为中国社会科学院基础理论研究与应用对策研究融合发展的代表性成果，不仅是哲学社会科学工作者服务中国特色社会主义现代化建设的重要成果，更是助力中国特色新型智库建设、构建中国特色哲学社会科学“三大体系”的重要平台。皮书系列先后被列入“十二五”“十三五”“十四五”国家重点出版规划项目；2013~2022 年，重点皮书列入中国社会科学院国家哲学社会科学创新工程项目。

S 基本子库
SUB DATABASE

中国社会发展数据库（下设 12 个专题子库）

紧扣人口、政治、外交、法律、教育、医疗卫生、资源环境等 12 个社会发展领域的前沿和热点，全面整合专业著作、智库报告、学术资讯、调研数据等类型资源，帮助用户追踪中国社会发展动态、研究社会发展战略与政策、了解社会热点问题、分析社会发展趋势。

中国经济发展数据库（下设 12 专题子库）

内容涵盖宏观经济、产业经济、工业经济、农业经济、财政金融、房地产经济、城市经济、商业贸易等12个重点经济领域，为把握经济运行态势、洞察经济发展规律、研判经济发展趋势、进行经济调控决策提供参考和依据。

中国行业发展数据库（下设 17 个专题子库）

以中国国民经济行业分类为依据，覆盖金融业、旅游业、交通运输业、能源矿产业、制造业等 100 多个行业，跟踪分析国民经济相关行业市场运行状况和政策导向，汇集行业发展前沿资讯，为投资、从业及各种经济决策提供理论支撑和实践指导。

中国区域发展数据库（下设 4 个专题子库）

对中国特定区域内的经济、社会、文化等领域现状与发展情况进行深度分析和预测，涉及省级行政区、城市群、城市、农村等不同维度，研究层级至县及县以下行政区，为学者研究地方经济社会宏观态势、经验模式、发展案例提供支撑，为地方政府决策提供参考。

中国文化传媒数据库（下设 18 个专题子库）

内容覆盖文化产业、新闻传播、电影娱乐、文学艺术、群众文化、图书情报等 18 个重点研究领域，聚焦文化传媒领域发展前沿、热点话题、行业实践，服务用户的教学科研、文化投资、企业规划等需要。

世界经济与国际关系数据库（下设 6 个专题子库）

整合世界经济、国际政治、世界文化与科技、全球性问题、国际组织与国际法、区域研究 6 大领域研究成果，对世界经济形势、国际形势进行连续性深度分析，对年度热点问题进行专题解读，为研判全球发展趋势提供事实和数据支持。

法律声明